Eugen Drewermann

Wenn die Sterne Götter wären …

Eugen Drewermann

Wenn die Sterne Götter wären …

Moderne Kosmologie und Glaube

Im Gespräch mit Jürgen Hoeren

HERDER
FREIBURG · BASEL · WIEN

www.herder.de
Satz: Barbara Herrmann, Freiburg
Druck und Bindung: fgb · freiburger graphische betriebe 2004
www.fgb.de
ISBN 3-451-28348-4

Inhalt

Einleitung 7

Astronomie und Theologie 9

Wie die Sonne zum Leuchten kommt 15

Schöpfung ohne Schöpfer? 20

Von Novae und Supernovae 29

Leben in anderen Galaxien? 39

Gesetz und Zufall 48

Über den Anfang des Universums.
Oder: Warum gibt es das Weltall? 53

Raum – Zeit – Materie 60

Naturwissenschaft und Theologie 68

Die Wirkung Schwarzer Löcher
und das Schicksal des Universums 76

Was ist eigentlich Licht? Oder: Von der
Relativitätstheorie zur Quantenphysik 90

Die Entstehung der Welt in der Quantenphysik
und das Gottesbild Einsteins 101

Gott und die Naturgesetze 113

„Gott würfelt nicht" 123

Naturwissenschaft und Gottesglaube 129

Kann man über Gott richtig denken,
wenn man über die Welt verkehrt denkt? 137

Gott erkennen? 149

Jenseits – Himmel – Auferstehung 156

Wie heute von Gott reden? 165

Kosmische Religiosität – eine Alternative? 177

Freiheit oder Determination? 185

Die Welt als Geschenk erleben 202

Das Neue des Johannes-Evangeliums 206

Liebe braucht Religion 225

Das Geheimnis der Seele 245

Zum Weiterlesen 255

Einleitung

Dieses Buch basiert auf einem Gespräch mit dem Journalisten und Publizisten Jürgen Hoeren. Wenn Bücher im Dialog entstehen, bringt das Vorteile, aber auch unvermeidliche Nachteile mit sich: Günstig zweifellos ist die Unmittelbarkeit direkter Rede, die relative Einfachheit der spontan formulierten Gedanken, die Überschaubarkeit der aus dem Gedächtnis frei erinnerten Fakten und Informationen; nachteilig auswirken werden sich manche Rückgriffe, Wiederholungen und Querverweise, die in einem nicht-systematischen Gespräch unvermeidbar sind; in Kauf nehmen muß man zudem die sachliche Unvollständigkeit in der Schilderung zahlreicher Zusammenhänge. Als ein wirkliches Problem bleibt in dem notwendigerweise reduzierten Raum und der begrenzten Zeit noch etwas anderes: die Reduktion eines überaus komplexen Stoffes auf die reine Mitteilung bestimmter Hypothesen, Theorien oder auch Einsichten der modernen Physik und Kosmologie ohne tiefergehende Angabe der Begründungen und Belege der vorgetragenen Ansichten. An populärwissenschaftlichen Büchern über derlei Themen, die es bei einem bloßen Meinungsrapport bewenden lassen, existiert heute (leider) eine Unmenge; jahrelang kann man in solchen Darstellungen herumlesen, ohne irgend etwas wirklich zu begreifen. Auch dieses Buch will und soll nicht erklären, wie bestimmte physikalische Ansichten oder Einsichten zustande kommen oder gekommen sind; doch gibt es für diesen ersichtlichen Mangel immerhin so etwas wie eine Entschuldigung: An jeder Stelle, bei welcher ein Leser, dessen Neugier geweckt ist, die erwähnten Zusammenhänge tatsächlich verstehen will, mag er weiterlesen in meinem wesentlich ausführlicheren Buch *Im Anfang … Die moderne Kosmologie und die Frage nach Gott* (Düsseldorf – Zürich 2002).

Das vorliegende Gespräch dreht sich vor allem um die theologischen Ansichten, die in diesem Buch dargelegt worden sind; dort findet der Leser auch die an sich unerläßliche Darstellung der wichtigsten Theorien auf dem Gebiete der Astronomie, der Kosmologie, der Relativitätstheorie, der Quantenphysik, der Elementarteilchenphysik und der Stringtheorie in weitaus größerer Ausführlichkeit, und zwar in einer Form, die mit einem Minimum an Mathematik ein Maximum an argumentativer Stringenz bei der Begründung der jeweiligen Lehrmeinungen zu erreichen sucht. Hinweise auf die entsprechenden Stellen sind zum leichteren Nachschlagen jeweils angegeben (mit dem Kürzel „IA" und der Seitenzahl). *Im Anfang …* habe ich geschrieben, um für mich selbst und jeden, der es wissen möchte, einen Weg aus dem Elend der populärwissenschaftlichen Massenproduktion zu öffnen. Vor allem den religiös Interessierten und Suchenden dürften die hier behandelten Themen auf den Nägeln brennen. Und so scheint es trotz allem vertretbar, ja sogar wünschenswert, insbesondere das theologische Nachdenken über diese wohl wichtigsten Menschheitsfragen der Gegenwart in einem eigenen, schon durch seinen Umfang besser zugänglichen Band in leicht verständlicher Gesprächsform weiterzuführen.

8. November 2003 Eugen Drewermann

Astronomie und Theologie

Herr Drewermann, warum beschäftigen Sie sich eigentlich so intensiv mit der Kosmologie, mit der Astrophysik und mit den neuesten Forschungsergebnissen über das Universum? Welche Frage treibt Sie um?

■ Es war einmal eine Zeit, nach der ich in einer gewissen Weise noch Sehnsucht im Herzen trage, in der die Menschen, wenn sie ihren Blick nachts zum Himmel erhoben, vermeinen konnten, in den Himmel zu schauen. Auch heute noch wird jeder, der Priester wird oder Theologie studiert, von der Suche nach Sinn und nach Halt für sein Leben getragen.

Vor viertausend, fünftausend Jahren waren es vor allem Priester und Gelehrte an den Ufern des Nils und an den Strömen Mesopotamiens, die Himmelsbeobachtungen betrieben und erste mathematische Berechnungen über die Abläufe am Himmel anstellten, mit dem Ziel, unser Leben auf Erden in den Händen einer umgreifenden Ordnung befindlich zu sehen. Die Gestirne selbst galten als göttliche Mächte, deren Einfluß jeder menschlichen Manipulation entrückt ist. Astronomie und Theologie bildeten in dieser Zeit eine untrennbare Einheit.

Jahrtausende sind dahingegangen, bis die Menschen speziell in den griechischen Sternsagen und Mythen nicht nur Götter, sondern auch Heroen in den Sternbildern zu erblicken glaubten. Eine Welt voller Poesie!

Manchmal rede ich mit Leuten, die an Astrologie glauben und die mir versichern, daß ihr Horoskop bedeutsame Hinweise auf ihr Schicksal enthalte. Dem mag ich nicht zustimmen. Ich bin mir im klaren darüber, daß es Menschen gibt, deren Persönlichkeit man mit viel Witz und sogar mit zutreffendem Charme typologisch etwa als das Wesen eines Löwen, einer Jungfrau, eines Zwillings oder eines Skorpions bezeichnen kann. Aber das ist eher ein Rest von Totemismus im menschlichen Leben – so, wie wir uns umschauen und, wenn wir jemanden sehr liebhaben, eine freundliche Tierbezeichnung für ihn finden – „mein Täubchen" oder „mein Häschen" – oder andernfalls eine sehr üble Tierbezeichnung – dann ist der andere ein Schwein oder ein Esel. Dafür können die Tiere nichts, und im Grunde können auch die Sterne nichts für die Gedanken, die wir uns über Menschen machen, auch wenn wir uns dabei durch Horoskope auf sie berufen.

Viel intensiver als all dies ist für mein religiöses Interesse an den Sternen in gewissem Sinne die Erinnerung an das Kinderlied *Weißt du, wieviel Sternlein stehen?*

In diesem Gefühl, in diesem Vertrauen bin ich doch groß geworden: Niemand weiß, wieviel Sternlein es sind. Aber es gibt eine gütige Macht und eine unendliche Weisheit, die ein jedes Sternlein, so wie jede Mücke, die im Abendschein eines Sommertages über einem Fluß spielt, kennt und meint und behütet. Mit diesem Kinderglauben habe ich das Ende des Zweiten Weltkrieges überstanden und noch vieles andere. In der Theologie wurde ich immer wieder belehrt, daß es sich genau so verhalte, daß im jesuanischen, biblischen Sinne an Gott zu glauben bedeute, voller Dankbarkeit in die Schönheit, Geborgenheit und Wohlgeordnetheit der Welt zu blicken. Doch dieser Glaube hat sich zunehmend zersplittert.

Warum geht dieser naive Glaube an kosmische Wohlgeordnetheit nicht mehr?

■ Wegen der entsetzlichen Frage des Leids. Es genügt, dem Tanz der Mücken über einem Fluß zuzuschauen. Man wird immer wieder sehen, wie die winzigen Insekten in die Strömung gezogen werden. Manche entkommen noch einmal, die meisten aber schwimmen in ihren Tod davon. Die Schwalben gehen im Frühsommer auf die Jagd nach den Insekten, und natürlich freuen wir uns darüber, mit welch einer Geschicklichkeit sie das tun. Aber sie sind Räuber, die bis zu fünfhundert Insekten täglich brauchen, um überhaupt zu leben, geschweige denn ihre Jungen großzuziehen. Wenn alles Dasein sich gründet auf die Vernichtung von anderem Leben und die Natur schweigend, gleichgültig, jenseits von Leid und Freude all dem beiwohnt, nach Gesetzen, die wir verstehen mögen, die aber niemals die unseren sein können, tut sich ein Graben auf zwischen uns Menschen und der Welt, die uns umgibt. Dieser Bruch war, spätestens als ich zwölf bis vierzehn Jahre alt war, durch keine mir bekannte Theologie mehr zu heilen.

ALBERT SCHWEITZER und später ARTHUR SCHOPENHAUER spielten eine ganz große Rolle bei der Formung meines Weltbildes. Nicht zuletzt habe ich im Biologieunterricht gelernt, daß die Gesetze des DARWINismus sich von dem Bild, das die Theologie über einen gütigen Gott zu verbreiten sucht, diametral unterscheiden. Die Biologen interessieren sich nicht für die philosophischen Fragen nach unserem Menschsein, aber wenn die Theologen diese wesentlichen Fragen objektiv falsch beantworten, ist ein Kind mit vierzehn Jahren ziemlich ohne Führung. Also begann das Suchen, das Forschen in der Literatur nach Konzepten, die mir weiterzuhelfen schienen. Deswegen ist auch meinem intensiven Studium über die Astronomie ein umfangreiches Buch über Biologie vorausgegangen unter dem Titel *... und es geschah so*. Es ging auch dort um die Frage: Welche Gesetze lenken die Evolution, wie hat das Leben entstehen können, wie hat es sich entfaltet?

Das Merkwürdigste ist in meinen Augen, daß die Gesetze, die die Entstehung und Entfaltung des Lebens regeln, auch die Gesetze der Entstehung und der Entfaltung des Weltalls sind. Man hätte es beinahe vermuten können, war aber selten so kühn, es für möglich zu halten. Manche Astronomen neigen heute zu der Meinung, daß selbst die Frage nach dem Beginn des Universums nach DARWINistischen Prinzipien beantwortet werden muß.

Ich stand also mit diesem Buch, über das wir jetzt sprechen, *Im Anfang ...*, bei meiner Beschäftigung mit dem Verhältnis zwischen Astronomie und Theologie im Grunde mitten im Kern der Schöpfungstheologie überhaupt, und als erstes wollte ich all die enttäuschenden Antworten der Theologen auf die Fragen der Astronomie entfernen wie mit einem Wedel den Staub aus einem verstaubten Regal. Es kann ja sein, daß die Theologie den Astronomen manchmal auch richtige Antworten zu geben vermag, aber das ist nicht besser als eine Uhr, die stehengeblieben ist und dabei mit aller Sicherheit zweimal in 24 Stunden die richtige Zeit ansagt; doch selbst das kann man erst dann in Erfahrung bringen, wenn man eine richtiggehende Uhr zum Vergleich nimmt. Mit einem Wort: Ohne daß man sich ernsthaft um die Astronomie kümmert, wird man nicht einmal begreifen, an welchen Stellen die Theologie „recht hat".

Wie haben Sie sich denn der Frage des Universums genähert? Wir blicken ins All und entdecken immer wieder neue Phänomene, die zum Teil schwer erklärbar sind. Es stellt sich immer wieder die Frage, in welch einem Universum wir denn eigentlich leben. Leben wir überhaupt in einem Universum?

■ Wenn man den Theologen Glauben schenkt, muß diese Frage unbedingt bejaht werden. Schon weil es *einen* Gott gibt, kann es nur *eine* Schöpfung geben, und insofern ist der Begriff der Einheit des Alls unverzichtbar. Auch für die Physiker ist das uns zugängliche Universum von einem Satz universaler Gesetze durchzogen. Wir gehen davon aus, daß an jeder Stelle des Universums dieselben mathematischen Regeln gelten und die gleichen Naturgesetze uns helfen, die Vorkommnisse zu verstehen. Wir denken nicht ernsthaft, daß irgend etwas im Universum, das unserer Beobachtung zugänglich ist, sich vollkommen disparat zu der Welt fügt, die wir mit unseren Naturwissenschaften zu beschreiben versuchen.

Auf der anderen Seite war mit dem Gedanken der Einheit der Welt in den Schöpferhänden Gottes immer auch gemeint, daß es so etwas gäbe wie einen Einlinienplan, der alles durchzieht, einen Gott, der in Allwissenheit und Allmacht seine Güte demonstrieren möchte und eine ganze Welt einrichtet, um seine Liebe und Majestät seinen Geschöpfen mitzuteilen. Von diesem Ansatz her sollte man erwarten, daß die Welt einem wohlüberlegten, absichtsvoll geleiteten, immanenten Plan folgte. Dann aber schauen wir uns um und finden statt dessen – wie nach den Aussagen der Biologie, des DARWINISmus, nicht anders zu erwarten – eine unglaubliche Menge von Absurditäten, von Scheitern, von Katastrophen, von, wenn es fühlende Wesen betrifft, unsäglichen Formen von Leid. Von daher muß man sich wirklich fragen: In welchem Sinn läßt sich die Welt als Einheit verstehen? Wir Menschen bilden auf merkwürdige Weise eine Ausnahme inmitten all dessen, was uns umgibt. Wir richten Fragen an die Welt, obwohl wir im Grunde im voraus wissen, daß die Welt uns diese für uns Menschen wesentlichen Fragen nie schlüssig beantworten wird.

Trotzdem haben wir in den letzten hundert Jahren viele neue Antworten gefunden, die auch religiös von größter Bedeutung sind. Um die Dimension dieser Veränderung zu begreifen, müssen wir uns vielleicht in Erinnerung rufen, daß man noch um 1900, also vor ca. 100 Jahren, keine Antwort auf eine so simple Frage hatte wie die, warum die Sonne am Himmel leuchtet. Woher bezieht sie ihre Energie? Man kannte bereits den Elektromagnetismus, die MAXWELLschen Gleichungen, auch die Thermodynamik. Aber all das beantwortete nicht die Fragen, die jedes Kind seiner Mutter einmal stellt: Warum steht die Sonne am Himmel? Warum scheint sie heute so schön? Darauf gab es keine Antwort, denn man kannte kein Naturgesetz, mit dem man das Leuchten der Sonne hätte erklären können. Oder eine andere, ganz selbstverständliche Frage: Wie alt ist die Welt? Auch das will jedes Kind irgendwann wissen, und um 1900 wußten wir es absolut nicht.

Wie die Sonne zum Leuchten kommt

Können wir heute denn sagen, wie alt die Welt ist und wie die Sonne zum Leuchten kommt?

■ In den letzten hundert Jahren haben wir enorme wissenschaftliche Fortschritte gemacht. Diese Tatsache macht mich ein Stück weit glücklich, selbst dann, wenn ich morgens in der Zeitung lese, daß wieder Kriege mutwillig und mit unglaublichem Zynismus ins Land getrieben werden, und zwar mit Hilfe eben derselben wissenschaftlichen Einsichten, die unser Weltbild so sehr verändert haben. Dann denke ich manchmal: Die Menschheit wird nie vernünftig werden. Aber gleichzeitig können wir erleben, daß die Wissenschaften mit enormem Tempo voranschreiten. Und so sind wir in der Tat zum ersten Mal in der Menschheitsgeschichte in der glücklichen Lage, eine gültige Antwort auf Fragen geben zu können, die von den Menschen immer wieder an den Himmel gerichtet wurden. Mit gültig meine ich, daß wir heute über Theorien verfügen, die auf der Interpretation beobachtbarer Daten basieren, die es erlauben, Folgen vorherzusagen, die ebenfalls der Beobachtung unterliegen und in diesem strengen Sinne nachprüfbar, falsifizierbar oder verifizierbar, sind. Solche Antworten können wir heute geben. Dabei hatte man um 1900 noch nicht einmal eine Vorstellung von der Größe der Welt. Es war absolut möglich und noch normal zu glauben, das ganze Universum bestehe lediglich aus unserer Galaxis. Es war 1923, vor genau 80 Jahren also, daß Edwin Hubble mit Hilfe der Entfernungsmessung anhand von Cepheiden-

Veränderlichen zum ersten Mal feststellte, daß der Andromeda-Nebel, die M 31, eine eigene Galaxie außerhalb unserer Milchstraße sein mußte (IA 246). (Cepheiden sind Sterne wie der Deltastern im Sternbild Cepheus, dessen Leuchtkraftschwankungen Rückschlüsse auf seine Größe und damit auf seine absolute Helligkeit zulassen; die beobachtete Helligkeit erlaubt dann Rückschlüsse auf die Entfernung.) Hubble hat die Entfernung zu unserer Galaxis freilich zunächst noch erheblich zu kurz bestimmt. Heute glauben wir zu wissen, daß sie ungefähr 2,25 Millionen Lichtjahre beträgt (IA 246). Man muß sich klarmachen, was das bedeutet.

Das Licht von der uns nächsten Galaxie, die wir heute am Sternenhimmel betrachten können, ist zu einer Zeit ausgestrahlt worden, als der Mensch sich noch auf der Entwicklungsstufe des Homo habilis befand, einer Unterart des Australopithecus. Damals waren wir sozusagen gerade dabei, auf zwei Beinen laufen zu können und ganz primitive Formen der Werkzeugherstellung zu beherrschen. Damit haben wir, zumindest bei einer benachbarten Galaxie, eine konkrete Angabe über die räumliche und zeitliche Ausdehnung des Kosmos. Und das ist der Teil des Universums, der uns räumlich am nächsten liegt. Manche astronomischen Berechnungen sprechen sogar dafür, daß in etwa fünf Milliarden Jahren der Andromeda-Nebel mit unserer Galaxis verschmelzen wird, denn die beiden Systeme bewegen sich aufeinander zu (IA 297).

Wenn wir uns demnach vorstellen, daß es erst 80 Jahre her ist, daß wir die Nase zum ersten Mal aus der Wand unseres viel zu engen Weltbildes haben stecken können und begonnen haben, den Geruch des Universums zu spüren, verschlägt es uns buchstäblich den Atem. Das, was uns in den folgenden acht Jahrzehnten von den Astronomen geliefert worden ist, deutet auf eine so unglaubliche Ausdehnung des Universums in Raum und Zeit hin, daß ich nur staune, wie die Theologen ungerührt danebensitzen und weiter die Bibel auslegen können, als hätten all diese Entwicklungen gar nicht stattgefunden. Wir können heute sehr genau sagen, warum die Sonne leuchtet, und sogar, wann unser Sonnensystem entstanden ist. Wir wissen auch, wie es entstanden ist, und haben eine Menge von detaillierten Möglichkeiten, um über die Besonderheiten unseres Planetensystems und des Planeten Erde im Vergleich zu anderen konkrete Aussagen zu machen. Nur, die Art dieser Erklärungen weicht weit ab von dem, was wir im Rahmen der tradierten Schöpfungstheologie erwarten sollten.

Dann sagen wir es doch einmal: Wie alt ist das Universum, warum leuchtet die Sonne, wie dehnt sich das Universum aus?

■ Große Gelehrte, wie zum Beispiel der Thermodynamiker HERMANN VON HELMHOLTZ, glaubten noch im 19. Jahrhundert, daß allein das gravitativ bedingte Sich-Zusammenziehen der Sonne ausreichen müsse, um ihre enorme Energie zu begründen. JULIUS ROBERT VON MAYER dachte daran, daß die Sonne ihre Energie aus der Bewegungsenergie verschluckter Meteoriten erhalte. Wir sind tatsächlich erst durch ALBERT EINSTEINS Spezielle Relativitätstheorie im Jahre 1905 mit der berühmten Gleichung „Energie ist gleich Masse mal Lichtgeschwindigkeit zum Quadrat" ($E = mc^2$) darauf gekommen, in der Sonne einen riesigen Fusionsreaktor zu sehen, in dem buchstäblich Materie in Energie umgewandelt wird (IA 93–94).

Die Strahlungsenergie der Sonne wird durch zwei Mechanismen von Kernreaktionen erzeugt: zum einen werden im Proton-Proton-Zyklus Wasserstoffkerne in Heliumkerne umgewandelt; darüber hinaus macht der sogenannte Bethe-Weizsäcker-Zyklus (auch als Kohlenstoff-Stickstoff-Sauerstoff-Zyklus bezeichnet) die höheren Fusionsstufen bei entsprechenden Temperaturen verständlich; des weiteren kommt es bei 10^8 Kelvin kommt es zum Heliumbrennen; bei Temperaturen, die 15mal höher liegen, fusioniert Kohlenstoff mit Kohlenstoff, bei 10^9 Kelvin fusionieren Sauerstoffkerne mit Sauerstoffkernen, und bei Temperaturen, die noch zweimal höher liegen, kommt es zum Siliciumbrennen, bei dem unter anderem Eisen entsteht. Das Sauerstoff- und Siliciumbrennen ist für Supernova-Explosionen charakteristisch (IA 101–102).

All das beantwortet viele einfache Fragen: Wie kann so etwas wie wir selbst existieren – ein Gemengsel, das nur lebensfähig ist, wenn es zum Beispiel Eisen gibt, das in den roten Blutkörperchen Sauerstoff binden kann? Wie ist es möglich, daß sogar Kupfer in unserem Körper vorkommt? Wie ist es möglich, daß wir einer Frau, die wir liebhaben, einen goldenen Ring schenken können? Kurz, warum gibt es auf dem Planeten Erde vor allem die schweren Elemente?

Fest steht: Alles kann nur mit dem Allereinfachsten begonnen haben. Das ist atomphysikalisch der Wasserstoff.

Und wir müssen uns nun vorstellen, daß in der Sonne die Energie hauptsächlich durch den Proton-Proton-Zyklus erzeugt wird. Der Grundvorgang ist dabei, daß Wasserstoff zu Helium verschmolzen wird. Die Massenverluste, die dabei entstehen, sind gigantisch, und der dadurch frei werdende Energieausstoß ist es ebenfalls; nur ein ganz Winziges davon erreicht den Planeten Erde, und es genügt, Leben zu wecken.

Und der Wasserstoffanteil und Heliumanteil der Sonne verändern sich dramatisch.

■ Ja; das Tempo dieser Veränderung gibt uns sogar eine erste Antwort auf die Frage nach dem Alter und der Dauer der Sonne. Wenn man von diesem fundamentalen Kernfusionsprozeß redet, der sich in der Sonne bei der Verschmelzung von Wasserstoff zu Helium abspielt, muß man sich ja fragen, wann er begonnen hat. Und daraus ergibt sich auf der Stelle eine weitere Frage: Wann wird er aufhören? Schon die Erklärung dafür, warum die Sonne leuchtet, verändert unser Weltbild, denn sie macht mit der Vorstellung ein Ende, daß die Sonne etwas Ewiges wäre. Doch wenn sie es nicht ist, wird wahrscheinlich auch das ganze Universum nicht ewig sein.

Der erste, der sich überhaupt über solche Fragen Gedanken gemacht hat, war IMMANUEL KANT, der schon in den 50er, 60er Jahren des 18. Jahrhunderts, vor seiner kritischen Phase, seinen berühmten Satz aussprach, daß die beiden Erfahrungen, die ihn dankbar und staunend machten, der Blick zum bestirnten Himmel über uns und der Blick in das Gewissen des Menschen seien. In diesen beiden Blickrichtungen glaubte KANT Ordnung zu finden. Aber er war zugleich der erste, der naturwissenschaftlich im Sinne der Neuzeit darüber nachdachte, wie das Sonnensystem entstanden sein könnte. Und zum Schrecken der Theologen seiner Zeit, aber im Bemühen, Gott tiefer zu verstehen, wandte er einfach die NEWTONschen Gesetze auf einen ursprünglich chaotischen Zustand an. KANT stellte sich vor, daß es einen Nebel oder eine Wolke gegeben hätte, die durch die Eigengravitation kollabiert seien. Und dann hätten, nur durch die Wirkung eines einzigen NEWTONschen Gesetzes, unsere Sonne und die Planeten ringsum entstehen müssen (IA 56–57). Diese Theorie konnte damals nichts anderes sein als eine gute Hypothese, aber sie war genial. Vor allem war der Mut bemerkenswert, mit dem KANT den Gedanken einer geschichtlichen Entwicklung auf den Kosmos anwandte. Denn die Theologen hatten zwar lange davon gesprochen, daß Gott die Welt in der Zeit geschaffen habe, aber nach ihrer Meinung hätte die Welt mit dem siebenten Schöpfungstag, wie immer man den sich vorstellte, vollendet sein sollen.

Schöpfung ohne Schöpfer?

Man konnte sich nicht vorstellen, daß es eine Schöpfung ohne Schöpfer gibt.

■ Man konnte sich drei Dinge nicht vorstellen: Erstens, wie aus Chaos Ordnung werden kann, zweitens, wie das alles ohne eine planende Vernunft in Form eines kreativ gestaltenden Gottes möglich sein kann, und drittens, wie das Weltall selbst ein in der Zeit situiertes Phänomen sein könnte, in der Zeit entstehend und mit der Zeit vergehend. Aber genau darin bestand die Kühnheit des KANTschen Ansatzes. 1943 hat WEIZSÄCKER gerade diese Theorie von KANT auf der Ebene der Entstehung des Sonnensystems auf seine Weise zu aktualisieren versucht (IA 57–58). Darauf werden wir sicher gleich ausführlicher eingehen müssen, wenn wir von der scheinbar bevorzugten Stellung des Planeten Erde im Kosmos sprechen.

Aber Ihre Frage war ja: Wie kann man verstehen, daß die Sonne leuchtet? Wir sagten gerade, daß nach der Fusion des Wasserstoffs zu Helium neue Fusionsprozesse beginnen. Auch das Helium verbrennt, d. h. es fusioniert zu Kohlenstoff, aus dem alle lebendige Materie besteht (IA 104). Unser eigener Körper ist ja im wesentlichen eine Verbindung von Kohlenstoffmolekülen. Der Gedanke, der damit sofort naheliegt, ist außerordentlich, denn es kann gar nicht anders sein, als daß wir in buchstäblichem Sinne Kinder einer Sonne sind. Alle Stoffe, die dazu notwendig sind, daß Sie und ich existieren können, haben ihre Wiege in den Sternen.

Aber nun Vorsicht! Die nächste Frage stellt sich ja sofort: Wie kann denn all das, was in Sternen und somit auch in unserer Sonne an Materie erbrütet wird, ins Weltall kommen? Unsere Sonne behält ihre Stoffe, und ihre Strahlung transportiert keinen Kohlenstoff ins Weltall. Also muß man denken, daß es vor unserer Sonne andere Sonnen gegeben haben wird, und dann müßte man denken, daß sie explodiert sind und mit ihrer Explosion dazu beigetragen haben, das in ihnen erbrütete Material an das Weltall abzugeben (IA 183–184). Als ARTHUR EDDINGTON 1926 sein Buch über die Sonne schrieb, hatte man noch keine Ahnung, wie das alles geschehen sein sollte oder auf welche Beobachtungen am Himmel man sich dabei hätte berufen können. Doch Gemach.

Natürlich ist ein so komplexes Wissenschaftsgebiet wie die Astronomie nicht geradlinig entworfen, sondern durch ganz verschiedene Beobachtungen und Deutungsansätze nach und nach zu einem Ganzen verschmolzen worden. Mehrere Schritte kamen bei dieser Entwicklung zusammen; beginnen wir mit einer fundamentalen Entdeckung der Wissenschaftsgeschichte der Astronomie.

Alles hat ganz simpel am Anfang des 19. Jahrhunderts begonnen, als JOSEPH VON FRAUNHOFER die Spektrallinien des Lichts fand. Seine Erkenntnisse waren bis weit in die Mitte des 20. Jahrhunderts hinein das A und O astronomischer Beobachtung. Denn was es damit auf sich hatte, konnte man 1859 beobachten. Damals hatten GUSTAV KIRCHHOFF und ROBERT BUNSEN das Glück – für andere war es Pech –, von Heidelberg aus eine Feuersbrunst in Mannheim zu beobachten. Dabei hatten sie, gelehrt durch FRAUNHOFER, ein Spektroskop, also ein zigarettenkistchengroßes wissenschaftliches Meßgerät, in ihren Händen und konnten damit feststellen, welche chemischen Elemente in den Flammen von Mannheim anzutreffen waren.

Und das ließ die beiden nicht los: Wenn es möglich ist, mit einem einfachen optischen Meßgerät bei einem beliebigen Feuer die chemische Zusammensetzung des Brennmaterials zu analysieren, warum sollte man das nicht auch bei der Sonne können (IA 90–92)? Dieser Gedanke lag ganz nahe, und trotzdem hat es erstaunlich lange gedauert, bis die Astronomen ihn sich wirklich zunutze machen konnten. Man kannte um 1880 bereits alle noch heute gültigen Gesetze des Elektromagnetismus, man kannte das Verfahren der Spektralanalyse und tat sich dennoch außerordentlich schwer, für den Fortschritt der Wissenschaft daraus Kapital zu schlagen (IA 89).

Aber das änderte sich. Man fing zunächst einmal an, zu beobachten, was sich auf den Gestirnen chemisch antreffen läßt. Und so fand man bestätigt: Auf unserer Sonne gibt es Wasserstoff, Helium und noch einige andere Elemente, aber zum Beispiel kein Gold, weil es viel zu schwer ist. Es kann in der Sonne nicht erbrütet werden (IA 182).

Um 1915 waren es dann der Däne EJNAR HERTZSPRUNG und der Amerikaner HENRY NORRIS RUSSELL, die taten, was alle guten Wissenschaftler versuchen: Sie unternahmen es, das, was sie am Himmel sahen, nach bestimmten Typen und Beschreibungsmustern möglichst genau zu klassifizieren. Das Ergebnis war ganz erstaunlich. Sie stellten fest, daß es verschiedene Arten von Sonnen gibt: „normale“ Sterne, Rote Riesensterne, Weiße Zwerge, Braune Zwerge ... Und dann überlegten sie sich, daß das alles irgendwie miteinander in Zusammenhang stehen könnte. So fing man um 1915 an, für möglich zu halten, daß alle verschiedenen Sterntypen, die man am Himmel beobachten konnte, irgendwie auseinander hervorgegangen wären, so daß man quasi beim Blick in den Himmel das Streckennetz der Evolution des Kosmos erschauen könnte (IA 117–118; 124). Zwar ist der Gedanke in dieser Form nicht ganz richtig, und trotzdem enthält er den Schlüssel zum Verständnis des Weltalls.

Und wie sieht diese Entwicklung der Sternarten aus? Was verstehen wir, wenn wir sie kennen?

■ Sie erlaubt zu begreifen, warum die Sonne heute leuchtet. Und sie erlaubt es zugleich vorherzusagen, wann sie damit aufhören wird und wie sie das tun wird. Alles spricht dafür, daß unsere Sonne und mit ihr das gesamte Sonnensystem vor ungefähr 4,6 Milliarden Jahren entstanden ist. Wir dürfen denken, daß wir etwa in der Mitte ihrer Lebensgeschichte stehen. In drei bis fünf Milliarden Jahren – dieser Zeitraum ist so gigantisch groß, daß ihn sich kein Mensch wirklich vorstellen kann – wird mit der Sonne etwas Neues passieren: Die Wasserstoffvorräte in ihrem Innern werden irgendwann aufgebraucht sein, wodurch ihre Temperatur für eine kurze Zeit auf Grund des Rückgangs der nuklearen Energieerzeugung fallen wird. Das bedeutet, daß sich der Gasdruck im Inneren der Sonne verringert und eine Kontraktionsphase einsetzt. Durch die Kontraktion wird aber neue Energie freigesetzt, die den Stern wieder aufheizt – es kommt zum Heliumbrennen, bei dem Kohlenstoff erbrütet wird, wodurch wieder enorme Mengen an Energie freigesetzt werden. Im Inneren der Sonne befinden sich jetzt Helium und Kohlenstoff, während der verbleibende Wasserstoff an der Oberfläche durch den thermischen Druck immer weiter nach außen getrieben wird.

Mit einem Wort: Die Sonne wird sich ins Gigantische aufblähen, sie wird eine neue Gestalt annehmen, die im Hertzsprung-Russell-Diagramm als Roter Riese bezeichnet wird. Würde es dann noch Menschen auf dieser Erde oder andere intelligente Beobachter geben, würden sie den ganzen Himmel als Sonne sehen, so gewaltig wird die Aufblähung der Sonne für unseren Planeten sein. Sie wird Merkur und Venus, die beiden inneren Planeten, vollkommen verschlingen. Auf der Erde wird durch die ungeheure Hitze das Wasser vollständig verdampfen, die Erdoberfläche wird aufschmelzen, gigantische vulkanische Tätigkeiten werden sich bilden – kurz: Leben, wie wir es heute kennen, wird auf der Erde nicht mehr möglich sein. Aber die Geschichte geht noch weiter.

Nur Temperaturbedingungen, wie sie in einem Roten Riesen herrschen, führen durch die Fusion von Heliumkernen und Kohlenstoffkernen zum Erbrüten von Sauerstoffkernen. Doch auch die Heliumvorräte im Inneren eines Roten Riesen werden irgendwann erschöpft sein. Durch die damit verbundenen Prozesse steigt die Temperatur auf 1 Milliarde Grad an; jetzt kommt es zum Erbrüten von Natrium, Magnesium, Aluminium, Silicium, schließlich von Eisen. Weiter aber geht es nicht. Am Ende, bei 5 Milliarden Grad, werden die Neutrinoabstrahlung und der Energieausstoß so groß, daß die Sonne kollabiert und eine gewaltige Explosion auslöst, die den äußeren Ring der Sonne nach außen treibt. Zurück bleibt ein Weißer Zwerg (IA 134–139).

Am Ende also: Keinerlei Leben, wie wir es heute erfahren.

■ Gesetzt, es gäbe intelligente Wesen, die das alles kommen sähen – und wir könnten für möglich halten, daß in drei oder vier Milliarden Jahren sich die Forschung weit genug entwikkelt hätte, um früh genug Lunte zu riechen –, so könnten jene fernen Intelligenzen (die mit unserer biologischen Linie vermutlich nichts mehr zu tun hätten) vielleicht für 500 Millionen Jahre auf den Mars umsiedeln. Denn die Wasservorräte, die dieser Planet vermutlich in eisförmigem Zustand besitzt, würden dann aufschmelzen und tatsächlich ein der Erde vergleichbares Leben erlauben. Nach Ablauf dieser Zeit müßten jene Wesen wieder vor dem riesigen heißen Sturm der Sonne fliehen und schleunigst umziehen. Als neue Heimat käme dann einer der Monde des Jupiter in Frage, der Mond Europa, der einen enormen Durchmesser besitzt und zum großen Teil mit gefrorenem Wasser bedeckt ist. Wenigstens der Theorie nach könnten in seinen Tiefenschichten auch heute schon Voraussetzungen für die Bildung primitiven Lebens gegeben sein. Dann bliebe noch eine letzte Umzugsplanung, auf den Mond des Saturn, Titan. Auf ihm wurden anhand von Infrarotspektren tatsächlich organische Verbindungen nachgewiesen. Dann wäre der äußerste für lebende Wesen bewohnbare Teil unseres Planetensystems erreicht, und es wäre gar kein Leben mehr möglich, weil die Sonne nach ihrer Aufblähung zu einem Roten Riesen endgültig kollabieren wird. Sie wird dann zu dem werden, was wir einen Weißen Zwerg nennen. Und das gesamte von ihr erbrütete Material wird wie ein Rauchring in das Universum geblasen. Dieser Tod unserer Sonne wird Materie für neue Entwicklungsmöglichkeiten freisetzen, die, ob sie realisiert werden oder nicht, das Ende unseres Sonnensystems markieren. In den Weiten des Universums wird dies ein Vorgang sein, der nur in nächster Nähe bemerkt werden könnte. Wir bräuchten sehr gute Astronomen in unserer Galaxis, damit sie davon etwas feststellen könnten. Im Andromeda-Nebel wäre es vermutlich unmöglich, davon auch nur irgend etwas mitzubekommen. Unspektakulär wäre unser Ende für die Bewohner schon unserer Galaxis und erst recht für sonstige Genien des Universums, und es wäre endgültig. Ganz im Gegensatz zu den Prophezeiungen, die Bibeltheologen etwa aus Markus 13 oder aus der Geheimen Offenbarung über das Ende der Welt ableiten, haben wir hier astronomisch gut begründbare Prognosen (IA 138–139).

Wohin führt das Suchen der Physiker und Astronomen? Und: Gibt uns die Mathematik eine Antwort?

▪ Das Merkwürdige an der Wissenschaft ist ja immer, daß, wenn wir gerade eine Antwort gefunden haben, sofort neue Fragen beginnen. Es ist ein endloses Suchen. Das macht die Physik und die Astronomie so spannend, aber es macht in gewissem Sinne auch, für Theologen jedenfalls, einen verwirrenden Eindruck. Man hätte so gerne eine klare Aussage. Denn dann wäre etwa die Formel, die von JOHANN TITIUS und JOHANN BODE schon im 18. Jahrhundert für die Planetenabstände formuliert wurde, die mathematische Grundlage, nach der der liebe Gott das Sonnensystem eingerichtet hätte – wie schön und einfach! Aber jeder, der die Formel sieht ($e = 0{,}4 + 0{,}3 \cdot 2^n$), weiß sofort, daß sie nie und nimmer ein tieferes Naturgesetz darstellen kann. Sie ist wirklich nur eine Bastlerformel. Und darin liegt eine Warnung für das naturwissenschaftliche Denken: Wenn wir etwas beschreiben und ein mathematisches Verfahren ersinnen, um es exakt erklären zu können, müssen wir die Sache selbst noch lange nicht verstanden haben. Es könnte sein, daß für die ganze Breite der Physik, zum Beispiel in der Quantenphysik, dasselbe gilt. Wir haben mathematische Verfahren, etwas zu beschreiben, aber verstehen wir es deshalb auch schon? Da darf man Zweifel haben. Kurz: Solange wir nicht Gesetze kennen, Mechanismen begreifen, Wirklichkeiten erfahren, die uns helfen zu zeigen, warum etwas so ist, wie es ist, kommen wir mit der Mathematik allein nicht aus (IA 366).

Die Frage lautet also: Durch was für Vorgänge kommt die Sonne zustande? Mit einem bestimmten Drehimpuls bilden sich in bestimmten Abständen die Planeten, aber warum haben eine Vielzahl von Planeten eine Menge von Monden, und warum ist das Ganze überhaupt funktionstüchtig? Das alles wollen wir wissen.

Ausgehend von den Theorien von KANT und von PIERRE SIMON DE LA PLACE aus dem 18. Jahrhundert, hat VON WEIZSÄCKER 1944 ähnliche Gedanken aufgegriffen und mit der Mathematik, die damals zur Verfügung stand – ohne Computermodelle – sich den einfachsten Fall vorgestellt. Wir gehen einmal von einem solaren Urnebel aus, der Kugelgestalt hat, und stellen uns vor, daß er sich in Richtung seines gravitativen Zentrums zusammenzieht. Die Vorgänge, die wir dann annehmen müssen, sind immer dieselben: Es gibt eine Wechselwirkung zwischen der Gravitation, die nach innen zieht, und dem Gasdruck, der thermisch dagegen wirkt. Ein System wird im Gleichgewicht sein, wenn sich beide Kräfte gegenseitig aufheben, im entgegengesetzten Fall wird die Wolke instabil. Wenn sie zu heiß ist, wird sie den Gravitationsdruck überwinden und sich ausdehnen, andernfalls wird die Gravitation überwiegen und die Wolke kollabieren lassen. JAMES JEANS hat um 1920 errechnet, daß bei einer vorauszusetzenden Masse einer Wolke von tausend Sonnenmassen und bei den Temperaturgraden, die im Kosmos herrschen, nämlich wenig über drei Kelvin, die Gravitation ausreichen müßte, um eine solche Wolke instabil zu machen. Ein Prozeß würde beginnen, der dahin führt, daß die gesamte Wolke kollabiert und eine Protosonne sich bildet, die sich unter dem Gravitationsdruck ihres eigenen Gewichtes immer mehr verdichtet und aufheizt, bis eine Temperatur erreicht ist, bei der Wasserstoffkerne zu Heliumkernen verschmelzen und eine Sonne entsteht. Und darum herum bleiben durch lokale Kondensation und Materieanlagerungen eine Reihe von massereichen Gebieten aus der Wolke übrig, die sich zum Teil zu größeren Gebilden zusammenschließen (IA 57–62).

Dieses Erklärungsmodell hat natürlich seine Tücken, denn kein Mensch garantiert uns, daß sich am Anfang dieses Prozesses eine kugelförmige Wolke befunden hat. Warum sollte sie gerade so geformt sein, nur damit sie uns die Berechnungen erleichtert? Wir haben heute indessen eine ganze Reihe von Computermodellen, die mit allen möglichen Ausgangsbedingungen rechnen und zeigen, wie sensibel die weitere Entwicklung einer solchen Urwolke von den Ausgangsbedingungen abhängt. ANTOINE DUQUENNOY und MICHEL MAYOR haben erst um 1990 darauf hingewiesen, daß vermutlich nur ein Drittel aller Sonnen Einzelsterne sind, daß bei diesem Vorgang normalerweise also nicht eine, sondern zwei oder mehrere Sonnen entstehen können. Und dann müssen wir gleich sagen: Wir haben mit unserer Sonne irgendwie schon Glück gehabt, denn Planetenbahnen in Doppelsternsystemen können sich nur auf Dauer stabil halten, wenn sie entweder sehr nahe um eine Komponente liegen oder sehr weit entfernt vom Gesamtsystem der Sterne. Daß unter solchen Bedingungen Leben entstehen könnte, ist nicht ganz ausgeschlossen, aber viel weniger wahrscheinlich, als es bei unserem Sonnensystem der Fall ist (IA 164–165).

Setzen wir also einmal, es gibt unsere Sonne. Dann bleibt die nächste Frage: Woher kommen denn die schweren Elemente? Woher können die Stoffe in dieser Ausgangswolke stammen, die zum Beispiel uns, die Menschen, erst möglich machen? Eisen zum Beispiel, ich erinnere daran. Die Antwort auf diese Frage war ganz merkwürdig, und sie zu finden hat enorm lange gedauert. Theoretisch geben konnte man sie schon ziemlich früh, aber durch Beobachtung einlösen erst viel später bei einem gewaltig erweiterten Kenntnisstand der Atomphysik und wesentlich besseren Beobachtungsmöglichkeiten.

Von Novae und Supernovae

Der Kosmos ist gekennzeichnet von Werden und Vergehen. Sterne erscheinen plötzlich an einer Stelle, wo es sie vorher nicht gab. Wir sprechen von Novae und Supernovae. Wie ist dieses Phänomen zu erklären?

■ Vielleicht beginnen wir unsere Erklärungen mit einer Entdeckung, die schon um 1300 v. Chr. im Alten China gemacht wurde. Dort beobachtete man das, was man eine Nova nennt. Solche Nova-Ausbrüche hat man auch im Abendland beobachtet. Wie der Name sagt, bedeutet eine Nova einen neuen Stern, nova stella (IA 152). Doch darin lag und liegt ein theologisches Problem: Wenn die Welt von Gott fertig eingerichtet ist, sollte eigentlich nichts vollkommen Neues mehr auftauchen. Aber siehe da, am Himmel erscheinen plötzlich Sterne an einer Stelle, wo es sie vorher nicht gab. Da muß etwas passiert sein. Was also ist eine Nova? Das wußte man nicht.

Später dann entdeckte man die Supernovae, und besonders bedeutsam wurde eine Supernova, die 1885 Ernst Hartwig im Andromeda-Nebel fand: die S Andromedae (IA 168). Die Sache war so geheimnisvoll und blieb es auch bis weit ins 20. Jahrhundert, daß kein Geringerer als Karl Jaspers in seinem wichtigen Buch *Vom Ursprung und Ziel der Geschichte* der Menschheit im Schatten der Atombombe die Erklärung vorschlug, daß diese Nova-Explosionen womöglich von Intelligenzen stammen könnten, die ihren Planeten atomar in Brand gesetzt hätten, genauso wahnsinnig wie wir selbst. Dabei ist für einen Philosophen die Frage womöglich schon bemerkenswert, ob in diesem Weltall Lebewesen zu Intelligenz erwachen können, ohne daran irre zu werden, in dieser Welt leben zu müssen. Aber physikalisch ergibt das Ganze natürlich keinen Sinn. Selbst wenn wir die Welt in einem Atomkrieg zugrunde richten würden, wäre der Energieausstoß weit unterhalb von dem, was wir einem normalen Nova-Ausbruch zutrauen müssen (IA 169–170).

Dessen physikalische Grundlagen sind in gewissem Sinne mit bloßem Auge zu erahnen.

Obwohl von einer Nova bei ihm nichts zu erkennen ist, kann zur Veranschaulichung der Sirius herangezogen werden, der für den nächtlichen Beobachter als sehr heller Stern in der Nähe des Orion am Südhimmel zu sehen ist. Schon in der Antike war er als Gestirn hochberühmt, auch gefürchtet. Was wir mit bloßem Auge nicht sehen können, ist, daß der Sirius ein Doppelstern ist. Daher kommt seine scheinbare Größe und Helligkeit (IA 141–143). Einfacherweise kann man ein solches Doppelsternsystem in Stern A und Stern B einteilen. Der Stern A ist heute im Doppelsternsystem Sirius der größere. Aber vorstellen muß man sich, daß ursprünglich Stern B der größere war, bis er als erster zu einem Weißen Zwerg kollabierte, während seine fortgeschleuderte Materie von Sirius A eingefangen wurde. Sirius A wird sich nun irgendwann zu einem Roten Riesen aufblähen, der dann seinerseits Sirius B fast berühren wird. Sirius B saugt hernach von Sirius A einen riesigen Materiestrom zu sich hinüber, der allerdings nicht direkt auf seine nur sehr kleine Oberfläche stürzen kann, sondern auf eine Umlaufbahn um Sirius B geführt wird. Es bildet sich so eine Massenzuwachsscheibe, eine „Akkretionsscheibe" (IA 153; 157–158). Bei einem solchen Vorgang spielen sich Prozesse ab, die Reimar Lüst um 1952 zum ersten Mal mathematisch gültig beschrieben hat. Das Ergebnis dieser Prozesse können wir uns am einfachsten vorstellen, wenn wir uns daran erinnern, was beim Entleeren einer Badewanne passiert. Wir ziehen den Stöpsel und sehen dann, wie das Wasser in Strudelform hinabsinkt. Genau so ein Strudel bildet sich in dem, was wir als Akkretionsscheibe bezeichnen. Die Materie wird so dicht zusammengepreßt, daß die Partikel durch ständige Kollisionen sich gleichzeitig aufheizen und abbremsen. Schließlich stürzt die Materie auf den Weißen Zwerg, wo das einsetzende Wasserstoffbrennen die Oberfläche weiter aufheizt. Es wird von dort so viel Energie abgestrahlt, daß auch der Wasserstoff in der Akkretionsscheibe zündet – wie eine Wasserstoffbombe gigantischen Ausmaßes (IA 158; 161). Voraussetzung für eine Nova ist also dem Modell nach ein Doppelsternsystem, dessen eine Sonne ein Weißer Zwerg ist, der auf Grund seiner Masse die Materie seines Begleiters auf ein außerordentlich kleines Feld zu sich hin zieht.

Im Gegensatz zu den Novae aber war HARTWIGS S Andromedae etwas, das außerhalb aller Vorstellung lag: Man kam darauf, daß man das etwa Zwanzigmilliardenfache der Sonnenleuchtkraft versammeln müßte, um das zu erklären, was man da als eine Supernova zu sehen bekam. Derlei Berechnungen wirkten so abstrus, daß sie sogar zum Argument dafür wurden, daß die Andromeda-Galaxie eben doch nur ein Teil unserer Milchstraße sei und die Sternenexplosion sich keinesfalls in einer so weiten Entfernung, wie es 2,25 Millionen Lichtjahre sind, abgespielt haben könne. Vielleicht bestand ja das Universum doch nur aus unserer Galaxis? Daß die Supernova tatsächlich da stehen konnte, wo man sie mittlerweile nach HUBBLES Berechnungen vermutete, und daß sie solch eine Energie ausstoßen sollte, schien außerhalb jeder Vorstellbarkeit. Trotzdem verhielt es sich so (IA 169). Aber wie?

Schon 1934 hatte der Schweizer Astronom FRITZ ZWICKY

vermutet, daß die Supernova-Explosionen mit der Entstehung von Neutronensternen identisch sein könnten. Doch lange Zeit ließen sich Neutronensterne nicht nachweisen (IA 172).

Es gibt ja neue technische Möglichkeiten: Hat uns die Satellitenbeobachtung ganz neue Räume erschlossen?

■ In gewissem Sinne ja; denn nun kommt es noch viel toller. Man muß hinzufügen, daß wir heute nicht mehr nur im optischen Bereich Sterne beobachten, sondern auch die von Neutronensternen ausgesandte Röntgenstrahlung nachweisen können. Da Röntgenstrahlung die Erdatmosphäre nicht durchdringen kann, konnte man erst nach der Entwicklung der Satellitenbeobachtung wirklichen Nutzen aus der Röntgenastronomie ziehen. Zusätzlich aber war schon 1931 durch die Experimente von Karl Jansky die Grundlage der Radioastronomie mit der Entdeckung des „Radiofensters" geschaffen worden. So kam es 1967 dazu, daß Susan Bell mehr durch Zufall als durch Absicht mit einem speziellen Radioteleskop auf einen regelmäßig pulsierenden Himmelskörper, einen Pulsar (pulsating star), von enormer Energie stieß. Ein Jahr später fand man, erneut mit Hilfe der Radioastronomie, ausgerechnet im Krebs-Nebel, an der Stelle einer Supernova, die im Jahre 1054 beobachtet worden war, einen Pulsar. Es ließen sich also Supernova-Explosionen, Neutronensterne und Pulsare miteinander in Verbindung setzen (IA 173–174). Das war der eine Teil des Puzzles. Was aber sollte man damit anfangen? Wie hingen die verschiedenen Erscheinungen zusammen?

Neutronensterne sind unmittelbar nach ihrer Entstehung 10 Millionen Grad heiß; ihre abgegebene Energie, die große Mengen an Röntgenstrahlung aufweist, ist gewaltig; ihr Magnetfeld ist äußerst stark; die Geschwindigkeit, mit der sie um ihre eigene Achse rotieren, ist enorm. Die heiße Oberflächentemperatur setzt extrem schnelle Elektronen frei, die aber nur an den beiden magnetischen Polen den Stern verlassen können. Pulsare verstrahlen also ihre gebündelte Energie so ähnlich, wie man auf Helgoland des Nachts den Leuchtturm pulsieren sieht. Er ist nautisch heute ohne Bedeutung, aber für Touristen wie mich immer schön zu beobachten. Ganz ähnlich können Neutronensterne wie Leuchttürme des Weltalls in regelmäßigen Abständen gerade in die Richtung der Erde ihre Strahlen aussenden, sofern der oder beide magnetischen Pole für einen kurzen Moment zur Erde zeigen; mit der Rotation des Neutronensterns entsteht so eine regelmäßige Pulsation. Und eben darin liegt die Erklärung für die Entdeckung von SUSAN BELL (IA 173–175). Man hatte einen Pulsar gefunden und identifizierte ihn mit einem Neutronenstern. Bis dahin hatte man noch voller Aufregung geglaubt, daß da technisch hochentwickelte Intelligenzen sein könnten, die uns irgendeine Botschaft mitteilen wollten. Davon kann aber natürlich keine Rede sein.

Ein zweiter, ganz anderer Teil des Puzzles war es, daß SUBRAHMANYAN CHANDRASEKHAR rein theoretisch berechnet hatte, was passiert, wenn Sterne einer bestimmten Masse kollabieren (IA 171).

Heute unterscheiden wir entsprechend zwei Typen von Supernovae. Die Supernovae vom Typ I können wir als explodierende Weiße Zwerge ansehen. Vor dem Supernova-Ausbruch besteht der Weiße Zwerg überwiegend aus Kohlenstoff und Sauerstoff, den Reaktionsprodukten des Heliumbrennens. CHANDRASEKHAR ging für seine Berechnungen von einem Weißen Zwerg aus mit einer Masse, die mindestens dem 1,44fachen der Sonnenmasse entspricht. Überschreitet ein Stern die CHANDRASEKHAR-Grenze von 1,44 Sonnenmassen, so wird er instabil und kollabiert unter seiner eigenen Massenanziehung. Und noch mehr: Die dabei freiwerdende Energie ermöglicht weitere Kernreaktionen und löst eine riesige Explosion aus, die den Weißen Zwerg vollkommen zerreißt (IA 180). Es bleibt von ihm nichts mehr übrig. Das ist das Ende einer Supernova von Typ I.

Aber: Warum, wenn wir das schon annehmen, soll es nicht auch Materieansammlungen geben, die viel höher liegen als bei den ausgerechnet 1,44 Sonnenmassen der CHANDRASEKHAR-Grenze? Man kann weiterrechnen, und das haben die Astronomen natürlich getan. Dabei stellten sie fest, daß wir bei Gebilden von mehr als acht Sonnenmassen noch ganz andere Prozesse erleben können. Bei einem Weißen Zwerg bleibt die Atomphysik in gewissem Sinne noch die uns vertraute und gewohnte. Wenn wir aber von einem Roten Überriesen ausgehen, mit einer Masse von mindestens acht Sonnenmassen, können wir uns vorstellen, daß Gravitationsbedingungen geschaffen werden, die so enorm sind, daß sie, bildlich, aber doch nicht ganz unkorrekt gesprochen, selbst die Atome zerquetschen können, daß sie mit anderen Worten die Elektronen mit den Protonen im Atomkern zu Neutronen verschmelzen können, so daß wir am Ende nur noch Neutronen übrigbehalten (IA 172). Und genau das ist das Ergebnis einer Supernova vom Typ II: Es bilden sich nach Abstoßung der äußeren Schichten reine Neutronensterne unter einem gigantischen Druck der Eigengravitation (IA 181–183).

Was bedeutet das alles für unsere Frage, warum es uns Menschen geben kann?

■ Das Ergebnis all unserer bisherigen Überlegungen ist: Wir beobachten im Grunde bislang immer wieder nur dasselbe. Es geht um zwei Kräfte – Thermodynamik und Gravitation –

und um deren Wechselspiel. Was immer dabei herauskommt, ob es sich nun um eine Wolke handelt, die zur Sonne kollabiert, oder um einen Roten Überriesen, der zu einem Neutronenstern kollabiert – es geht um Vorgänge, die ganz und gar ohne Ziel, ohne Absicht sind, vollkommen determiniert durch die Ausgangsbedingungen. Das ist das Eigentümliche bei all dem und sollte die Theologen nachdenklich stimmen.

Es war mithin ein langer Weg, um die einfache Frage zu beantworten, warum es uns geben kann. Denn Tatsache ist, daß Elemente höherer Ordnung im Periodensystem der Elemente nur in einer Supernova erbrütet werden können. Nur eine Supernova vom Typ II verfügt über die Energie, um die Fusion von chemischen Elementen jenseits des Eisens zu ermöglichen; denn die Fusion von Eisen zu noch schwereren Elementen verbraucht Energie, anstatt sie freizusetzen (IA 181).

Daraus läßt sich ein weiteres Postulat ableiten: Damit es uns geben kann, muß in der Nähe der Wolke, aus welcher unser Sonnensystem entstanden ist, mindestens eine Supernova bereit gewesen sein, zu explodieren, und all ihr erbrütetes Material in diese Wolke abgegeben haben. Und wenn das so ist, müssen wir auch nicht länger denken, daß dic Kompression dieser Ausgangswolke nur durch ihre Eigengravitation bedingt gewesen sei. Höchstwahrscheinlich war sogar der Explosionsdruck der Supernova selbst mit ein Auslöser für die Entstehung unseres Sonnensystems. Das hört sich alles recht phantastisch an, es gibt für solche Annahmen aber reale Fakten und Beweise.

Wie läßt sich die Geschichte der Erforschung unseres Sonnensystems skizzieren?

■ Die Geschichte der Erklärung unseres Sonnensystems ging weiter damit, daß 1969 im nördlichen Mexiko in der Nähe von Pueblito de Allende ein Meteorit, ein kohliger Chondrit (ein kohlenstoffhaltiger Steinmeteorit also) niederging. Für Astronomen sind Meteoriten Boten des Weltalls, die urtümlichen Botschafter des Anfangs. 1974 nahmen Wissenschaftler die Untersuchung des Allende-Meteoriten auf. Dabei kam heraus, daß bestimmte Stoffe, bestimmte Isotope, in diesem Meteoriten in einem anderen Häufigkeitsverhältnis vorkommen als sonst in der Natur. Man muß hinzufügen, daß das Isotopenverhältnis in der Natur so unglaublich genau eingestellt ist, daß auch nur geringfügigste Abweichungen normalerweise nicht vorkommen. Aber nun kamen sie vor. Man fand einen erhöhten Anteil des Isotops Magnesium-26, das nur aus radioaktivem Aluminium-26 gebildet worden sein konnte, das seinerseits bei der Entstehung des Meteoriten in ihm eingeschlossen worden sein mußte. Daraus folgerte man, daß sich in dem mexikanischen Meteoriten offensichtlich Zustände erhalten haben mußten, die vor Entstehung unseres Sonnensystems fixiert worden waren. Und das Schöne dabei: Da es sich um radioaktive Isotope handelte, hatte man auch eine Zeitinformation. Man muß ja lediglich die Zerfallszeit des jeweiligen Isotops in Rechnung stellen und weiß dann, wann dieses Isotop entstanden sein muß. Da die Halbwertszeit von Aluminium-26 nur 720.000 Jahre beträgt, können zwischen der Bildung von Aluminium-26 in einer Supernova und seiner Aufnahme in den Meteoriten höchstens einige wenige Millionen Jahre vergangen sein. Auch in anderen Meteoriten, die man untersuchte, wichen die Isotopenverhältnisse für die Zerfallsprodukte anderer radioaktiver Substanzen wie zum Beispiel des Iod-129 sowie des Plutonium-244 charakteristisch vom Normalwert ab (IA 213–217).

Auf diese Weise kam man zu der Theorie, daß vor 4,55 Milliarden Jahren eine Supernova explodiert sein muß, deren Schockwelle vermutlich zum Auslöser dafür wurde, daß unsere solare Urwolke zusammengedrückt und die Bildung unserer Sonne ermöglicht wurde. Bei der Explosion dieser Supernova wurde das im Allende-Meteoriten eingeschlossene Aluminium-26 gebildet. Man konnte sogar aus weiteren Isotopen-Anomalien errechnen, daß es vor 4,65 Milliarden Jahren eine zweite, frühere Supernova gegeben haben muß, die unter anderem die Isotope Iod-129 und Plutonium-244 in unsere solare Urwolke ausstieß, und daß beide Supernovae in unglaublich schneller Folge und in räumlich unglaublich dichter Konfiguration dahin geführt haben, daß sich die chemische Zusammensetzung in unserer Ausgangswolke gerade so gestalten konnte, wie wir sie heute in unserem Planetensystem antreffen (IA 221).

Wir haben mit all dem jetzt eine phantastische Antwort auf die Frage nach der Entstehung unseres Sonnensystems, aber natürlich gehen die Fragen sofort weiter: Geschehen solche Supernova-Ausbrüche wirklich so selten, wie es uns heute vorkommt? Hat Gott vielleicht gerade diese zwei Supernovae gestartet, damit wir irgendwann daraus entstehen konnten, oder handelt es sich dabei, was man physikalisch vermuten darf, nur um Zufallsereignisse, die aber wieder anderen, höheren Gesetzen unterliegen?

Ehe wir zu solchen Fragen kommen, sollten wir uns aber noch ein bißchen weiter über unser Planetensystem unterhalten, denn auch da müssen wir noch einiges hinzufügen, um zu begreifen, wie phantastisch das Zusammenspiel von Zufällen und gesetzmäßigen Notwendigkeiten bei der Entstehung unserer Existenz war.

Ja, wenn sich, bildlich gesprochen, nur millimeterweise etwas an den Gravitationskräften verändern würde, würde das System ja nicht mehr funktionieren.

■ Da sind Sie schon bei einer der rätselhaften, auch bis heute nicht beantworteten Fragen, zu der wir sicher noch später kommen: wie es um die freien Konstanten in der Physik bestellt ist. Sie haben vollkommen recht: Wenn nur irgend etwas, zum Beispiel die Masse des Protons oder die Größe der Gravitationskonstanten, um ein weniges, etwa in der sechsten Stelle hinter dem Komma, variieren würde, hätte das Weltall eine vollkommen andere Entwicklung genommen oder wäre gar nicht erst im Sinne eines Universums möglich gewesen (IA 1032–1033). Wir können aber, ungeachtet dieser buchstäblich tiefen Frage, erst einmal an der Oberfläche mit Erstaunen feststellen, daß Leben, wie wir es kennen, tatsächlich nur unter Bedingungen wie auf der Erde möglich ist.

■

Leben in anderen Galaxien?

■

Ist es ausgeschlossen, daß es auf anderen Planeten, die wir noch gar nicht kennen, in anderen Galaxien, auch so etwas wie eine Erde oder Leben geben kann?

■ Wir haben uns ja im Grunde gerade ein Modell erarbeitet, das verständlich macht, warum es unsere Sonne gibt, und man darf denken, daß überall im Weltall millionen- und milliardenfach ähnliche Prozesse ablaufen, in denen sich mit einer hohen Wahrscheinlichkeit vergleichbare Strukturen bilden können, wie wir sie auf der Erde antreffen. Insofern neigen viele Astronomen dazu anzunehmen, daß es beliebig oft im Weltall Leben geben könnte. Ich stimme dem sehr zu. Man kann eine lange Formel bilden, eine einfache Multiplikation der Voraussetzungen, die für Leben im Universum erfüllt sein müssen: Es muß ein bestimmter Zeitraum für die mittlere Lebensdauer einer Zivilisation gewählt werden, es müssen bestimmte Größenverhältnisse eingehalten werden wie zum Beispiel der Abstand eines prinzipiell bewohnbaren Planeten von seiner Sonne, und so weiter. Das Problem ist, daß die Entfernungen im Universum so gigantisch sind, daß wir eigentlich nicht die geringste Chance haben, miteinander auch nur in Funkkontakt zu kommen (IA 1037–1038).

Wir haben eben schon gesagt, daß ein Funkverkehr zur nächsten Galaxie, zum Andromeda-Nebel, hin und zurück 4,5 Millionen Jahre an Austausch von Licht- oder Funksignalen benötigen würde. Vergleichen wir das einmal mit den Befunden der Paläontologie und ihren Zeitmaßen: Von den Anfängen der Menschwerdung bis heute trennen uns ungefähr vier bis fünf Millionen Jahre. Vor etwa sechs Millionen Jahren gabelten sich gerade die Entwicklungslinien zum Schimpansen und zum Homo. Kein Mensch wird ernsthaft glauben, daß es uns in vier Millionen Jahren immer noch geben wird, auch wenn unser Planet und unser Sonnensystem noch eine Lebenszeit von etlichen Milliarden Jahren zu erwarten haben. Gemessen an unserer so kurzen „zivilisatorischen Phase" sind diese evolutiven Zeiträume so gigantisch außerhalb jeder Vorstellung im Rahmen dessen, was wir Geschichte nennen, daß wir eigentlich die Hoffnung aufgeben sollten, als intelligente Wesen einander im Weltraum zu begegnen (IA 1037–1038).

Kurz und gut, wir haben die hohe Wahrscheinlichkeit, daß Entstehungsprozesse wie diejenigen, die unserem Planetensystem zugrunde liegen, im Weltall immer wieder vorkommen. Freilich nicht überall, sondern nur in bestimmten Zonen; und wieder ergibt sich daraus sogleich das nächste Problem. Die Frage ist ja: Was leitet den Prozeß der Entstehung von Sternen, die zu Supernovae werden, mithin der Ansammlung derart großer Gaswolken in bestimmten Regionen der Galaxis ein? Warum gab es gerade in der Nähe unserer Region gleich zwei Supernovae? Explodieren Supernovae statistisch verteilt im Weltall oder treten sie in einigen Regionen gehäuft auf? Verteilt sich die Materie ganz zufällig im Weltall oder folgt ihre Verteilung bestimmten Gesetzen, einem notwendigen Muster? Was hat es mit unserer ganzen Galaxis, mit der Milchstraße, auf sich?

Beruht unsere Existenz auf lauter Zufälligkeiten?

■ Innerhalb unseres Sonnensystems gibt es eine Reihe von Zufälligkeiten, die alle nötig sind, um Leben, wie wir es kennen, hervorzubringen, so daß eine Gleichheit identischer Abläufe an zwei beliebigen Orten im Weltall auf phantastischen Unwahrscheinlichkeiten basiert. Da ist zum Beispiel schon die einfache, aber sehr wichtige Tatsache, daß unser Planet ein ziemlich starkes Magnetfeld besitzt. Was es damit für die Entstehung und Entwicklung des Lebens auf sich hat, läßt sich schnell sagen: Daß die Sonne strahlt, ist wunderbar. Aber was sie neben der normalen elektromagnetischen Strahlung aussendet, der sogenannte Sonnenwind, ist eine so hoch energetische Emission aus ionisierten Teilchen: aus Elektronen, Protonen und Alphateilchen, daß sie ohne das Magnetfeld der Erde kein höheres Leben auf unserem Planeten erlauben würde. Das Magnetfeld aber lenkt den Sonnenwind ab, es leitet ihn auf die Pole und macht es so möglich, daß wir unter seiner Schutzhülle einigermaßen ungestört leben können (IA 38–41).

Wie gefährlich der Sonnenwind ist, macht die Tatsache deutlich, daß zum Beispiel das Personal in Transatlantikflugzeugen, die auf 20.000 Metern Höhe über die Nordpolarroute fliegen müssen, dieser Strahlung massiv ausgesetzt ist und entsprechend hohe Krebsrisikoraten zu verzeichnen hat.

Die Frage ist also zunächst einmal: Was ist das mit dem Erdmagnetismus? Wo kommt er her? Und jetzt beginnt wieder eine Geschichte unglaublicher Zufallsereignisse bei der Entstehung unseres Sonnensystems.

Im Jahre 1600 hat der Engländer William Gilbert zum ersten Mal versucht, eine Erklärung zu geben, wie der Erdmagnetismus funktioniert. Naturwissenschaftler beobachten ja zunächst einmal und versuchen dann, eine plausible Theorie zu bilden. Das Magnetfeld der Erde ist, wie schon gesagt, in Form von zwei Halbkugeln beschreibbar, und man könnte sich einfach vorstellen, daß sich dazwischen so etwas wie ein Stabmagnet befindet. Wo der nun herkommen sollte, wußte um 1600 natürlich niemand (IA 44–45).

Dann aber fand im Jahre 1798 Henry Cavendish, auch ein Engländer, heraus, welche Masse die Erde besitzt. Es war eines der genialsten wissenschaftlichen Experimente: CAVENDISH bestimmte die Größe der Gravitationskonstanten (G) durch eine Versuchsanordnung auf seinem Schreibtisch, indem er zwei Kugeln bekannter Masse an den Enden eines Stabes befestigte und dieses hantelartige Gebilde an einem dünnen Faden aufhängte; dann beobachtete er die Drehung des Stabes gegenüber zwei anderen Kugeln bekannter Masse in bekannter Entfernung; als die Kraft, die nötig war, diese Drehung zu bewirken, fand er die Anziehungskraft F. Und als er die hatte, konnte er die Gravitationskonstante G und dann die Masse der Erde bestimmen. Es ist nach der bekannten NEWTONschen Gleichung F nämlich gleich G mal dem Produkt der Massen zweier Körper (m_1, m_2), dividiert durch das Quadrat ihrer Mittelpunktsentfernung: $F = \frac{G\, m_1\, m_2}{d^2}$.

Aus dieser Gleichung läßt sich bei bekanntem F durch Umformen G ermitteln. Da man mit einfachen Fallversuchen auch die Erdanziehungskraft F_G auf einen Körper von bekannter Masse (m_2) messen kann, ist bei Kenntnis von G jetzt ebenso die Masse der Erde (m_1) zu berechnen. Kennt man aber die Masse der Erde, so braucht man sie nur noch durch ihr Volumen zu dividieren, um ihre Dichte zu bestimmen. Wie groß der Erdumfang ist, weiß man eigentlich schon seit den Tagen des ERATOSTHENES – ungefähr 40.000 km, hatte der berühmte Grieche in Alexandrien schon im 3. Jahrhundert v. Chr. herausgefunden. Damit kannte man auch das Volumen. Man bestimmte also die Dichte der Erde und fand sogleich, daß sie unmöglich nur aus leichten Elementen aufgebaut sein kann. Nicht einmal schweres Gestein ist imstande, eine so große Dichte zu bewirken. CAVENDISH war der Erste, der infolgedessen postulierte, daß es im Erdinneren schwere Materialien wie Eisen und Nickel geben müsse. Und beim Eisen liegt der Gedanke an Magnetismus nahe (IA 35–38).

Freilich weiß jeder Bergmann, daß es so nicht funktionieren kann, wie man sich das im Sinne GILBERTS vorstellte. Man fährt in die Erde ein und hat nach wenigen hundert Metern bereits große Probleme mit der Hitze. Je tiefer man in die Erde kommt, desto heißer wird es. Bereits in ca. 20 km Tiefe erreicht man Temperaturen, bei denen Eisen seine magnetischen Eigenschaften verliert. Es gibt keine Strukturen mehr im Eisen, die mit dem „Symmetriebruch" von Magnetismus kompatibel wären. Also woher kommt der Magnetismus (IA 44–45)?

Wir neigen heute zu dynamischen Theorien über die Entstehung des Magnetismus. So entwickelte WALTER ELSASSER die heute allgemein anerkannte Dynamotheorie, wonach die Bewegungen in der flüssigen Zone des Eisens, im äußeren Erdkern also, wie ein riesiger Generator wirken, der elektrische Ströme und damit ein Magnetfeld erzeugt; die Bewegungen des flüssigen Eisens sollten durch Konvektionsströme und durch die Erdrotation zustande kommen. Und an dieser Stelle könnte der Mond eine gewichtige Rolle spielen (IA 45–47).

Der Mond übt nämlich auf Grund der Gezeitenbewegung von Ebbe und Flut eine Bremswirkung auf die Erde aus. Ohne den Mond wäre die Erdrotation so gleichmäßig, daß längst alle Eigenbewegungen in ihrem Inneren ausgeglichen wären wie die homogenisierte Flüssigkeitsbewegung in einer Kaffeetasse, in der wir nur lange genug gleichförmig in kreisenden Bewegungen gerührt hätten. Durch die Gravitationskraft des Mondes aber kommt es zu einer differentiellen Rotation zwischen dem flüssigen Kern und dem festen Erdmantel, da der flüssige Kern hinter der Abbremsung etwas zurückbleibt. Und dann wieder könnte man sich vorstellen, daß es zu Reibungen zwischen den äußeren und inneren, den leichteren und schweren Schichten kommt und sich die entstehenden Wirbel in dem flüssigen äußeren Kern zu einem starken Magnetfeld ordnen.

Darin könnte man so etwas sehen wie eine Verstärkung des Dynamo-Prinzips zur Entstehung des Erdmagnetismus (IA 52–53).

Nehmen wir einmal an, das alles wäre so, dann entsteht die Frage, woher wir das Glück haben, daß es den Mond gibt. GOETHE und die Romantiker waren ganz begeistert vom Mond. Alle Liebenden, hoffe ich jedenfalls, sind es auch heute noch. Doch was ich gerade erklären möchte, ist, daß wir über die Romantik hinaus vermutlich einen elementaren Grund haben, dem Mond jede Nacht dafür zu danken, daß er am Himmel steht. Denn ohne Erdmagnetismus gäbe es uns ganz sicher nicht.

Man muß nämlich hinzufügen, daß der Sonnenwind vom Erdmagnetfeld so abgelenkt wird, daß er seinerseits einen Schutzschild bildet gegenüber der kosmischen Strahlung, und die wäre im Grunde noch viel gefährlicher als selbst der Sonnenwind; sie stammt von Supernova-Explosionen, aber auch von anderen noch weit spektakuläreren Ereignissen, etwa im Umfeld von Schwarzen Löchern. Alles in allem also sind wir zweifach gut behütet (IA 43–44). Und das alles verdanken wir, zumindest mittelbar, dem Mond. Also: Wo kommt er her?

Newton, ein Physiker, war ja zum Beispiel der Meinung, daß dahinter eben doch die große Macht des Schöpfers steht.

■ Ja, ganz sicher. Man könnte denken, es sei alles so wunderbar eingerichtet, daß es besser gar nicht gehe. Der Beweis: Es gibt uns. Und etwas Besseres kann es wohl nicht geben. Also haben wir den Zirkelschluß, daß, weil es uns gibt und weil alles auf uns hingeführt hat, es einen Plan geben muß, der wollte, daß wir sind. Diesem Narzißmus können wir aber in unserem Fall, bei der Entstehung des Mondes, nicht folgen, ganz im Gegenteil.

Es gab eigentlich nur drei Theorien, die in dieser Frage überhaupt denkmöglich schienen. Die erste stammte von GEORGE DARWIN, einem Sohn Charles Darwins, Ende des 19. Jahrhunderts, der in seiner Tochter- oder Abtrennungstheorie vermutete, daß der Mond womöglich durch die Fliehkräfte der rotierenden Erde von ihr abgetrennt worden sein könnte. Noch um 1920 dachte man, daß die Erdbewegung selbst, also die Eigenrotation des Planeten Erde, durch die Zentrifugalkräfte Material ausgeschleudert haben könnte, indem sie einen Tropfen gebildet hätte, der dann als Mond abgetrennt worden wäre. Diese Theorie scheiterte indessen zum einen ganz und gar daran, daß die Geschwindigkeit, der Drehimpuls der Erde, nicht groß genug ist, um ein solches Ereignis zu produzieren; zum zweiten passen die Unterschiede in der chemischen Zusammensetzung von Erde und Mond nicht zu dieser Annahme. Aus dem gleichen Grund scheiterte auch als zweites die sogenannte Schwestertheorie, nach der die Erde sich zugleich mit dem Mond aus derselben Staubwolke gebildet haben sollte. Es blieb als drittes die Einfangtheorie: Die Erde hätte ein so großes Gravitationsfeld, daß sie den Mond einfach einfangen konnte. Der zog seine Bahnen und geriet in ihr Gravitationsfeld. Tatsächlich ist so etwas nicht unmöglich. Dic beiden Marsmonde Deimos und Phobos etwa sind Asteroide, die vom Mars in ihre Umlaufbahn gezwungen wurden (IA 69–71). Es spricht manches dafür, daß es auch andere Monde in unserem Sonnensystem gibt, die auf solche Weise ihre Bahn geändert haben. GERARD KUIPER etwa entwickelte die Theorie, daß der Planet Pluto ursprünglich ein entwichener Satellit des Neptun gewesen sei, der mit dem Neptun-Mond Triton den Planeten umlief, bis eine Wechselwirkung Triton in die heutige rückläufige Bahn brachte und Pluto in eine Bahn um die Sonne führte; aus einem Mond wurde ein Planet (IA 64). Wenn aber die Erde tatsächlich den Mond gravitativ eingefangen hätte, sollte man annehmen, daß die chemische Zusammensetzung des Mondes ziemlich verschieden wäre von der der Erde. Spätestens aber seit der Mondlandung wissen wir, daß sich im Gegenteil die chemische Zusammensetzung der Erde und des Mondes außerordentlich ähnelt, ja von kleinen Abweichungen abgesehen, bis in die Isotopenverteilung identisch ist.

Also müssen Mond und Erde etwas miteinander zu tun haben. Was unterscheidet sie? Was haben sie gemeinsam?

■ Sie haben etwas miteinander zu tun. Aber es gibt auch charakteristische Unterschiede. Zum Beispiel scheint der Mond bis in den Kern hinein pulvertrocken zu sein; es gibt kaum Wasser. Die Frage stellt sich jedenfalls inzwischen so: Wenn der Mond nicht mit der Erde entstanden ist, wenn er auch nicht von ihr eingefangen wurde, wo kommt er dann her?

In der Sache kam man merkwürdigerweise erst durch die Geologie weiter. Schon 1873 hatte der Brite RICHARD PROCTOR die Hypothese von der Entstehung der Mondkrater durch Meteoriten-Einschläge entwickelt (IA 74). Nun erkannten immer mehr Geologen und Paläontologen die Bedeutung von Einschlagskatastrophen in der Geschichte der Erde wie auch des Mondes. Wir können uns die Auswirkung einer solchen Einschlagskatastrophe für unsere eigene Evolution bewußtmachen, wenn wir darüber nachdenken, warum etwa die Dinosaurier ausgestorben sind. Warum endete das Mesozoikum am Ende der Kreide so plötzlich vor 63 Millionen Jahren? Was ist da passiert (IA 69)?

LUIS ALVAREZ und sein Team legten eine Theorie vor, die von dem Einschlag eines Meteoriten ausging. Im Golf von Mexiko, genauer in der Bucht von Campeche, vor der mexikanischen Halbinsel Yucatán, sollte ein Meteorit von enormer Größe niedergegangen sein und dadurch so etwas wie einen atomaren Winter erzeugt haben. Ein solcher entsteht, vereinfacht gesagt, durch einen Hitzesturm, dessen Kohlenstoffausstoß die Sonne verdüstert, die Photosynthese zum Erliegen bringt und riesige Landstriche in Eis und Schnee verwandelt. Damals wurde offenbar die Nahrungskette für fast alle Dinosaurier unterbrochen, so daß nur bestimmte Tiere überleben konnten, so zum Beispiel die Vorläufer der Krokodile, die zur Not sogar zwei Jahre ohne jede Nahrung auskommen. Die Impaktortheorie von ALVAREZ erklärt damit auch, warum plötzlich Säugetiere eine Chance auf dieser Erde bekamen und daraus wiederum wir Menschen hervorgingen. All diese Zusammenhänge schienen jetzt recht plausibel. Zudem fand man, daß in einer Schicht von vor 63 Millionen Jahren, im Übergang von der Kreide zum Tertiär, das sehr seltene chemische Element Iridium gehäuft vorkommt. Iridium findet sich auf der Erde eigentlich gar nicht. Es stammt klassischerweise von Meteoriten.

Es war kein Wunder, daß Astronomen wie WILLIAM HARTMANN eine Einschlagskatastrophe jetzt auch zur Erklärung der Mondentstehung in Erwägung zogen. HARTMANN stellte sich vor, daß die noch junge Erde während einer frühen Phase des Sonnensystems mit einem Protoplaneten von der Größe des Mars kollidiert sei. Der Einschlag muß so wuchtig gewesen sein, daß ein Teil der Erdkruste abgespalten und in den Erdorbit katapultiert wurde, wo sich der Mond bildete. Damals, in der Mitte der 70er Jahre, widersprachen noch viele dieser Theorie. Konnte es wirklich so gewesen sein: Der reine Zufall schenkte uns den Mond (IA 71–72)?

■

Gesetz und Zufall

■

Läuft diese Annahme nicht auf ein merkwürdiges Zusammenspiel von Gesetz und Zufall hinaus?

■ Später dann haben Willy Benz, William Slattery und Alastair Cameron im Computer simuliert, mit welcher Wucht denn so ein Impaktor hätte einschlagen müssen. Und sie kamen darauf, daß ein Himmelskörper von etwa 6.000 km Durchmesser bei einer Geschwindigkeit von etwa elf Kilometern pro Sekunde, wenn er auf der Erde einschlüge, einen Effekt haben würde, der zu einem Massenauswurf führte, wie er im Mond tatsächlich anzutreffen ist. Und seither spricht alles dafür, daß es wirklich so war (IA 71–72). Diese Impaktor-Theorie der Mondentstehung erklärt zum Beispiel, warum es auf dem Mond kaum Wasser gibt: Die Hitzeentwicklung ließ überhaupt nicht zu, daß Wasser übrig blieb – alles verdampfte. Diese Theorie erklärt aber auch die große Übereinstimmung in der Zusammensetzung des Gesteinmaterials bei Erde und Mond, sie erklärt die enorme vulkanische Tätigkeit in der Frühphase des Mondes. Sie hat zudem den Vorteil, von einer Tatsache auszugehen, die jeder sieht, der die Augen nachts zum Himmel erhebt: der Mond ist mit Meteoriteneinschlagskratern übersät. Er entstand durch Kollision mit einem Protoplaneten, und er wurde bombardiert von Meteoriten. Und wieder kann man auch in diesem Punkte dem Mond dankbar sein, denn er hat offensichtlich eine ganze Menge Meteoriten, die sonst auf die Erde gestürzt wären, wie ein Staubsauger abgefangen. Auch diesen Vorteil verdanken wir dem Mond – neben dem Jupiter, der selbst wie eine kleine Sonne von zu geringer Masse, um das atomare Feuer zu entzünden, der Hauptattraktor für Meteoriten in unserem Planetensystem ist.

Aber jetzt kommen wir unwillkürlich zu einem ganz eigenartigen Gedanken. Wir wissen, daß es zwischen Mars und Jupiter, da, wo nach der Formel von Titius und Bode eigentlich ein Planet sein sollte, einen Asteroidengürtel gibt, der offenbar aus einem Planetoiden entstand, der bei der Kollision mit einem anderen Planetoiden in zahlreiche Bruchstücke zerfiel (IA 68). Könnte es da nicht sein, daß jener Impaktor, der die Erde traf und den Mond bildete, nur etwas größer hätte sein müssen, und es wäre zu einem Crash gekommen, der die Erde vollkommen zerrissen hätte (IA 71–72)? Dann befände sich statt der Erde in unserem Planetensystem ein zweiter Asteroidengürtel, und ganz sicher gäbe es uns in diesem Falle nicht. Ein solches Geschehen wäre absolut möglich gewesen; es ist weit und breit kein physikalisches Gesetz erkennbar, das es ausgeschlossen hätte.

Wir müssen also denken, daß bereits in unserem eigenen Sonnensystem eine unglaubliche Mischung von exakt formulierbaren Gesetzen und dem Spiel des reinen Zufalls sowohl zerstörerische wie auch lebenfördernde Zustände produziert.

Ein zweites Phänomen, auf das man in diesem Zusammenhang natürlich hingewiesen hat, ist die Existenz des Merkur. Er ist so eigenartig, daß er, im Bilde gesprochen, eigentlich nur aus dem besteht, woraus auch der Erdkern aufgebaut ist: aus schwerem Metall. Vermuten darf man, daß er von einem Impaktor getroffen wurde, der so groß war, daß der gesamte äußere Mantel abgesprengt wurde, so daß nur noch der schwere Metallkern übrig blieb (IA 73). Und noch einmal: Ein gleiches hätte offenbar mit der Erde passieren können, und dann hätte es nie eine Evolution gegeben, durch die wir Menschen möglich geworden wären.

Aber ist das Ihre These: Der Kosmos ist bestimmt von Zufall und Chaos? Es gibt nur Katastrophen, die wir zufällig überlebt haben – doch nirgendwo gezielt eine göttliche Hand, ein göttlicher Plan? Hat die Natur wirklich aus ihren Kräften zufällig das geschaffen, was heute von uns erkannt wird?

■ Wozu uns bereits das wenige, das wir bisher gesagt haben, als Theologen oder Glauben suchende Menschen in meinen Augen förmlich zwingt, ist jedenfalls die Änderung des theologischen Erklärungsmodells. Die Theologen haben eigentlich bis in die Gegenwart hinein immer wieder die außerordentliche Unwahrscheinlichkeit unserer Existenz ins Feld geführt, um mit Gott als einer alles erklärenden Ursache argumentieren zu können. Man muß es ja zugeben: Es ist notwendig, daß die Entfernung Sonne – Erde genau diesen Betrag und keinen anderen hat. Es ist ebenso nötig, daß die Erde sich dreht – wenn sie das nicht täte, würde die eine Seite so beheizt sein und die andere so kalt, daß schon die Bewegung der Atmosphäre auf dem Planeten Erde eine enorme Turbulenz erhielte. Es ginge uns buchstäblich die Luft aus. Es müssen neben den thermischen Bedingungen auch die Druckverhältnisse auf der Erde genau stimmen, um Leben zu ermöglichen. Wäre die Erde ein bißchen kleiner, würde die Atmosphäre längst wie auf dem Mars sich ins All verflüchtigt haben, wäre sie sehr viel größer, könnten wir gar nicht erst damit rechnen, daß Prozesse wie die Bildung einer Atmosphäre, die uns ermöglicht haben, zustande gekommen wären (IA 54). An jeder Stelle müssen wir sagen: Es mußte alles genau so sein, damit das dabei herauskam, was herausgekommen ist, inklusive jetzt des

Mondes. Also: ohne den Impaktor vor 4,4 Milliarden Jahren gäbe es kein Erdmagnetfeld (IA 73), ohne jene zwei Supernova-Explosionen – wir wiederholen uns – vor 4,55 und 4,65 Milliarden Jahren gäbe es kein Sonnensystem mit unserem Planeten Erde. Alles mußte genau so sein, damit es gerade so werden konnte, wie es jetzt ist. Daraus haben die Theologen an jeder Stelle gefolgert, daß da ein höherer Plan am Werke sei. Dank und Preis also dem Herrn! Aber: genau so kann es sich nicht verhalten!

Denn im Gegenteil, was wir sehen, ist gerade dieses außerordentliche Spiel von Zufall und Notwendigkeit, das keinen vorgängigen Plan kennt. Man kann diesbezüglich am einfachsten mit dem Desaster am Ende des Mesozoikums argumentieren: Ein ganzes Erdzeitalter bricht zusammen und mit ihm nahezu die gesamte Fauna und Flora. Das Leben hat gigantische Zeiten gebraucht, um sich bis dahin zu entwickeln, doch dann wurde das alles, wenn denn die ALVAREZ-Theorie stimmen sollte, in einem unglaublich kurzen, katastrophalen Ereignis wieder zurückgenommen. Sollte, dürfte ein gütiger, weiser Gott so handeln? Doch die Einschlagstheorie hat für sich, daß solche Katastrophen immer wieder passiert zu sein scheinen – Meteoriteneinschläge auf dieser Erde eher als Regel denn als Ausnahme. Und wir müssen nun denken: Es sind sogar dieselben Bedingungen, denen wir unter anderem auch etwas Nützliches abgewinnen! Ohne Meteoriten-Einschlag kein Mond, durch Meteoriten-Einschlag aber der Zusammenbruch der Dinosaurierwelt ... (IA 76–77)

Ein Leben, das sich unter solchen, für menschliche Begriffe absurden Verhältnissen bildet, kann natürlich nur dankbar sein, daß es überhaupt entstanden ist. Aber wem soll es danken? Einer planenden Vernunft ganz sicher nicht. Wir müssen den Weg, den IMMANUEL KANT um 1765 beschrieben hat, heute mit Erschütterung noch einmal gehen. KANT hat damals einfach gemeint, daß das Wirken der Gesetze erkläre, wie aus Chaos Ordnung wird. Das stimmt natürlich. Aber daß sich das Chaos nie aufhebt, sondern im Gegenteil ständig im Hintergrund lauert, um wieder zuzuschlagen, das hat KANT damals noch nicht gesehen, als er vorkritisch meinte, mit seiner Theorie den zentralen Beitrag zu einer natürlichen Theologie (einer Physikotheologie) geleistet zu haben.

■

Über den Anfang des Universums. Oder: Warum gibt es das Weltall?

■

Sie sagen: Ständig lauert das Chaos. Könnte man auch sagen: Ewig lauert das Chaos? Gibt es einen Anfang und ein Ende dieses Universums? Was besagt der Begriff Endlichkeit? Kann man von einem geschlossenen System oder sollte man von einem unbegrenzten System sprechen?

■ Das Interesse der Theologen konzentrierte sich bis in die Gegenwart hinein verständlicherweise immer stärker auf die Fragen nach dem Anfang als nach dem Ende der Welt (das ja durch die „Offenbarung" ohnehin „bekannt" schien). Man muß aber, um zu einer ehrlichen Antwort auf solche Fragen zu kommen, sich noch einmal bewußtmachen, worauf wir bis zu dem Punkt, an den wir jetzt gelangt sind, schon alles zu verzichten gelernt haben.

Der britische Biologe Richard Dawkins hat einmal gemeint, vor Charles Darwin sei es völlig unmöglich gewesen, nicht an Gott zu glauben. Er hat diese Ansicht einfach damit begründet, daß auch nur der Anblick eines Kätzchens oder eines Schmetterlings etwas so Bezauberndes und Wunderbares bedeute, eine so unglaubliche Kette des Zusammenspiels von Naturgesetzen und eine solche Unwahrscheinlichkeit ihrer absichtslosen Zusammenfügung, daß man sich habe absolut nicht vorstellen können, wie dergleichen ohne planende Vernunft, rein nach dem Prinzip des Zufalls, möglich gewesen sein sollte. Also mußte es doch eine planende Vernunft geben. Seit Charles Darwin aber, seit den 60er Jahren des 19. Jahrhunderts, verhält es sich anders. Charles Darwin war der Erste, der als Erklärungsmodell für die uns nächststehende Tatsache der Existenz des Lebens das Wechselspiel von Zufall und Notwendigkeit aufgeboten hat. Gerade nicht die planende Vernunft, sondern der Zufall, kombiniert mit Gesetzmäßigkeit, bringt das Kunstwerk des Lebens hervor. Mit CHARLES DARWINS Theorien ist das Postulat eines Gottes als Erklärung für die Entstehung und Entwicklung des Lebens logisch unvereinbar. Man kann nicht beides gleichzeitig sagen. Man kann nicht sagen: „Es gibt eine planende Vernunft, die am Anfang der Welt alles das vorhergesehen und gewollt hat, was es später gab" – und gleichzeitig: „Alles, was entstanden ist, ist einer Kette von unausdenklichen Zufällen zu verdanken". Beide Aussagen sind logisch miteinander unverträglich. Und ich betone noch einmal: Beide Aussagen sind vor allem des Faktors des Leids wegen unvereinbar. Von einem gütigen Gott müßten wir erwarten, daß er Sorge trägt, bestimmte Katastrophen auszuschalten, entweder in den Grundbedingungen der Einrichtung des ganzen Weltgebäudes oder, wenn das nicht möglich ist, dann durch ein konkretes Eingreifen im jeweiligen Einzelfall.

Der Begriff eines solchen Eingreifens ist für die Theologen im christlichen Abendland, bibelgestützt, immer wieder absolut unverzichtbar gewesen. Immerzu hat nach ihrer Vorstellung Gott eingegriffen: Er hat Abraham berufen, er hat Moses die Offenbarung gegeben, er hat in Christus Wunder auf der Erde gewirkt, er hat in die Kirchengeschichte eingegriffen, und wenn man ganz kühn ist, mag man sogar hoffen, daß er bei einem späteren Konzil nochmals eingreift, um tatsächlich auch an „seiner" Kirche etwas zu ändern. All das ergibt eine großartige Geschichte. Vergleicht man diese Überzeugung aber mit dem, was sich in der Naturgeschichte zeigt, ist die Frustration gewaltig und für jede Art von Enttäuschungsatheismus gut.

Man erklärt zum Beispiel in den Religionsstunden einem Zwölf-, Dreizehnjährigen, er solle zuversichtlich sein, daß Gott in seinem Leben etwas tun werde – Gebete erhören, sich der Notlage von Menschen, von ganzen Völkern zuwenden. Und dann sieht man, wie es in der Welt wirklich zugeht. Spätestens vor 63 Millionen Jahren, beim Einschlag des Meteoriten in der Bucht von Campeche, hätte Gott eingreifen müssen. Das gesamte Leben stand damals auf dem Spiel, und es ist absolut nichts passiert, was einem göttlichen Eingriff gleichkäme. Oder war etwa die Katastrophe selbst die Art, wie die Gottheit „einzugreifen" beliebte? Dann hätten sich die Lebewesen damals wohl lieber keinen Gott gewünscht. Doch um paradox zu bleiben: Wäre der Meteoriten-Einschlag damals nicht passiert, hätten die Säugetiere wahrscheinlich nie eine Chance zu dem Aufstieg gehabt, der später die Affen und noch später die Menschen hervorgebracht hat. Wir müßten in gewissem Sinne sogar dem Einschlag des Meteoriten vor 63 Millionen Jahren in der Bucht von Campeche mit Dankbarkeit gegenüberstehen. Aber natürlich geht das nicht: In dieser Art darf keine gütige Vernunft aktiv werden! Das Bild, das sich im Hintergrund der Naturgeschichte malt, ist mit dem Bild eines gütigen, weisen und allmächtigen Gottes, das von den Theologen entworfen wurde, absolut unvereinbar. Und das ist das wirkliche Problem.

Im weiteren haben die Theologen von den Einzelheiten der Evolution abgesehen und sich in das Problem der Entstehung des Lebens aus anorganischer Materie zu retten versucht. Man mochte denken: Nun gut, die Evolution des Lebens ist unter bestimmten Gesetzmäßigkeiten und Teilschritten zustande gekommen, für die wir einen Gott als erklärende Ursache nicht länger in Anspruch nehmen müssen, aber der Übergang vom Unbelebten zum Belebten bleibt doch weiterhin völlig unerklärbar. Denn tatsächlich, die Physik und Chemie, die wir bis weit in die Mitte des 20. Jahrhunderts hinein betrieben haben, konnten diesen Übergang nicht erklären.

In meinem Buch ... *und es geschah so* habe ich auf Hunderten von Seiten mir selbst und dem Leser klarzumachen versucht, welche Theorien heute belegen, daß, mit STUART KAUFFMAN gesprochen, für die Erzeugung von Leben „breite Boulevards der Wahrscheinlichkeit" anstelle von „schmalen Gassen des seltenen Zufalls" bestehen. Wir müssen den DARWINismus nur auf die Evolution der unbelebten Materie selbst anwenden. Wir erweitern einfach das Erklärungsmodell, um auch die Frage nach dem Mechanismus der Entstehung des Lebens zu beantworten, und kommen damit sehr weit. Das Problem ist nicht, daß wir nicht erklären könnten, wie lebende Strukturen sich zu bilden vermögen, das Problem ist, daß wir nicht wissen, welche der an sich möglichen Erklärungen zutrifft, welch einen Weg das Leben historisch wirklich genommen hat. Uns fehlt die Genauigkeit in der Beobachtung und Interpretation etwa der eingefrorenen Zufälle in der Zellstruktur der Eukaryoten, der Zellen mit einem Zellkern, und in den speziellen Mechanismen ihrer Selbstreproduktion. Wir können uns eine Menge vorstellen und denken, und es funktioniert auch in unseren Modellen, aber wir wissen nicht, wie es wirklich war, welches unserer vielen Modelle den evolutiv tatsächlich beschrittenen Weg wiedergibt. Es scheint gleichwohl nur eine Frage der Zeit zu sein, wann wir eines Tages unter der Vielfalt von konkurrierenden Hypothesen die wahrscheinlichste herausfinden und zur Standardtheorie verfeinern, um sie dann durch langes Beobachten zu überprüfen und am Ende zu verifizieren. Aber es gilt schon jetzt: Das Leben, wie es wurde, das Leben, das wurde, fiel in der Mitte des 20. Jahrhunderts bereits als Argumentationsbasis der Theologen aus. Die Folgen sind enorm: Man braucht Gott nicht mehr, um zu erklären, warum es das Sonnensystem gibt, man braucht Gott nicht mehr, um zu erklären, warum es Leben auf der Erde gibt, und man braucht ihn auch nicht mehr, um zu erklären, warum es uns Menschen gibt. Das war bereits die Ahnung des Marquis De La Place, der auf die Frage: *„Und wo haben Sie Gott gelassen?"* einfach sagte: *„In meiner Hypothese hatte ich ihn nicht nötig, Sire."* Diese Einstellung verbreitet sich. Geblieben ist im letzten Drittel des 20. Jahrhunderts nur noch die Frage: Aber warum gibt es denn das Weltall, warum ist überhaupt etwas und nicht nichts? Das ist die alte Frage der Metaphysik, zu der wir heute von der Physik zurückgeführt werden.

Aber die Naturgesetze, die man in der Physik gefunden hat, nahm man immer als Gottesbeweise.

■ Genau an dieser Stelle, denke ich, hat am Ende des 20. Jahrhunderts sich die gesamte Bewußtseinslage verändert, und diese Tatsache ist in ihren Folgen theologisch gar nicht abzuschätzen. Über 2000 Jahre hin haben die Theologen ein merkwürdiges Konstrukt aufgebaut, in dem sie die biblische „Theologie" zu der Doktrin ausgestalteten, daß ein Gott als Schöpfer, den man sich personhaft vorstellte, begabt mit dem Besten, was wir Menschen uns denken können – mit Vernunft, Güte, planender Weisheit und mit großer Macht –, wie ein altorientalischer Monarch die Wirklichkeit geformt habe, und zwar aus dem einzigen Grund, seine Güte und seine Herrlichkeit anderen Wesen zu schenken und vor ihnen zu manifestieren. Mit Hilfe der griechischen Naturphilosophie hat man dazu den Begriff der Ursache herangezogen und Gott zur obersten Ursache all dessen erklärt, was überhaupt erklärungsbedürftig war. Spätestens dann, wenn die Naturwissenschaftler nicht weiter wußten, hatte man Gott als die einzig erklärende Ursache zur Verfügung. Zum Beispiel: Solange man die Entstehung des Lebens naturwissenschaftlich nicht erklären konnte, galt sie als überhaupt nur mit Gott erklärbar. Auch die Feinabstimmung im Aufbau unseres Planetensystems schien nur mit Gott erklärbar. Heute wissen wir auf Grund der Vielzahl unableitbarer Zufälle, daß dieses ganze Erklärungsmodell schlichtweg falsch ist, und wir müssen jetzt auch als Physiker mit prinzipieller methodischer Strenge sagen: Kein Gott, der nötig ist, um irgendein Phänomen der Natur zu begründen, kann für einen Physiker akzeptabel sein. Eine Theorie, die voraussetzt, daß man etwas nur mit der Existenz eines Gottes erklären könnte, kann keine physikalische Theorie sein. Die Methodik der Physik selbst kann nur darin bestehen, daß man sich zu jeder gegebenen Wirkung eine Ursache denkt, und zwar so, daß die Ursache selbst wieder die Wirkung einer anderen Ursache ist. IMMANUEL KANT hat in der *Kritik der reinen Vernunft* vor über 220 Jahren schon sehr gut beschrieben, daß der Verstandesgebrauch jenseits der beobachtbaren Tatsachen in einem ständigen Widerspruch, in einer reinen Dialektik, enden wird, indem man die Suche nach immer neuen Ursachen an einer bestimmten Stelle entweder einfach abbricht und eine erste Ursache annimmt, genannt Gott – dann hört man auf mit der Nachforschung; oder man tut das nicht und kommt dann zu einem Regreß ad infinitum. In letzterem Falle kann man sich sogar vorstellen, daß das ganze Universum mit dieser alles begründenden Wirklichkeit, mit dem unendlichen Wechselspiel vernetzter Ursachen, identisch ist. Ein solcher Gedanke ist absolut möglich; er wird in den pantheistischen Systemen von BARUCH SPINOZA im 17. Jahrhundert bis in die Gegenwart, bis zu ALBERT EINSTEIN und vielen seiner Nachfolger, gerade so konzipiert. Beides ist denkbar. Die Tatsache aber, daß es in der naturwissenschaftlichen Methodik nicht akzeptabel ist, eine weltimmanente Ursache als Tätigkeit Gottes zu interpretieren oder Gott selber als eine Ursache für die Welt und in der Welt zu identifizieren, schließt einen ganzen Typ von theologiegeschichtlich vermittelter Reflexion über Religion heute definitiv aus. Es bleibt beim heutigen Wissensstand, sagen wir es nochmals, an ungelösten Problemen allerdings noch die Frage: Was war am Anfang? Warum gab es überhaupt einen Anfang?

Raum – Zeit – Materie

Die Frage nach dem Anfang hat den denkenden Menschen immer bewegt: Wissen wir etwas über diesen Anfang? Die Zeitdimension ist ja ungeheuer wichtig. Aber auch das Verhältnis der drei physikalischen Größen, also von Raum, Zeit und Materie.

■ Wir können uns die Sache vielleicht am einfachsten wissenschaftsgeschichtlich deutlich machen. Wir erinnern uns, daß mit der Entfernungsbestimmung des Andromeda-Nebels als eines extra-galaktischen Objektes im Jahr 1923 die räumlichen Dimensionen des Universums immer gigantischer wurden. Aber was ist es mit unserer Galaxis? Wie sieht sie aus? Wo befinden wir uns? An welchen Stellen sind eigentlich die Orte der Sternentstehung in unserer Galaxis? Diese Frage haben wir vorhin noch unbeantwortet stehen lassen, können sie aber jetzt anhand einer Fülle neuerer Beobachtungen einigermaßen sicher beantworten.

Wir denken heute, daß es die Spiralarme in Spiralgalaxien sind, in denen sich bevorzugt Sterne wie unsere Sonne bilden (IA 239). In Frage kommen dabei vor allem die großen Gas- und Staubwolken, wie zum Beispiel der Orion-Nebel, in dem man die Entstehung neuer Sterne besonders gut mit Hilfe der Infrarot- und der Radio-Astronomie beobachten kann (IA 201–204). Daß wir den Orion-Nebel auch mit einem einfachen Fernglas trotz seiner Entfernung von 1700 Lichtjahren immer noch hell leuchten sehen können, liegt daran, daß es sich um eine sogenannte H-II-Region aus ionisiertem Wasserstoff handelt. Die fast vollständige Ionisierung der Wasserstoffatome erfolgt durch die sehr energiereiche Strahlung der massiven jungen Sterne. Der Zyklus von wiederholter Ionisation und Rekombinationsleuchten erzeugt dann die helle, sichtbare Nebelemission. An manchen Stellen des Orion-Nebels verdichtet sich die Wolke zu „Riesen-Molekülwolken-Komplexen". Liegen nun ein H-II-Gebiet und ein Molekülwolken-Komplex dicht genug nebeneinander, so erzeugt der Druck, der vom H-II-Gebiet herrührt, und der Druck, der vom Sternenwind der jungen Sterne ausgeht, eine gemeinsame Stoßwelle in der Molekülwolke, eine sogenannte Dichtewelle. Diese Regionen gigantischer Molekülwolken verteilen sich charakteristisch in den Spiralarmen der Galaxien. Man stellt sich nun vor, daß die Dichtewellen die Galaxien durchlaufen – so wie jemand, der auf Wasser schlägt, eine Wellenfront erzeugen wird – und stoßartig Materie zusammenpressen, wodurch sie Prozesse einleiten, die zur Entstehung von Sternen führen können. Eine ganze Galaxie ist demnach ein dynamisches System, bei dem die Dichtewellen Sterne bis hin zu Supernovae entstehen lassen, deren Explosionen wieder zu Dichtewellen führen, die die Spiralarme durchlaufen. Genau genommen stellen die Spiralarme selbst den Wellenkamm einer Dichtewelle dar. Doch das ist noch nicht alles (IA 239; 274–275).

Was die Entstehung von Supernovae angeht, so haben wir den Gedankengang vorhin abgebrochen, als wir bei mehr als acht Sonnenmassen angelangt waren, um zu begründen, warum es Supernovae vom Typ II geben kann. An dieser Stelle müssen wir fortfahren. Denn natürlich ist es willkürlich, sich vorzustellen, daß es nur Materieansammlungen von rund achtfacher Sonnenmasse geben sollte. Warum nicht die hundertfache Sonnenmasse, warum nicht die tausendfache Sonnenmasse? Nichts ist unmöglich – vielleicht! Jedenfalls kann man solche Zustände berechnen. Es war bereits La Place, der sich 1795 darüber Gedanken machte, was geschehen würde, wenn ein Stern eine so große Gravitationskraft erreichen würde, daß er das Licht einfach festhielte. Könnte es nicht sein, überlegte er, daß die massereichsten Körper im Weltall überhaupt nicht zu beobachten wären, weil ihr Licht aus ihrem Gravitationsfeld nicht zu uns käme (IA 629)?

Dieser Gedanke läßt sich präzisieren. Man spricht von der Entweichgeschwindigkeit (v_E), die nötig ist, um ein gravitatives Feld zu verlassen. Mit welch einer Geschwindigkeit kann zum Beispiel eine Rakete dem Schwerefeld der Erde entkommen? Die Entweichgeschwindigkeit beträgt bei der Erde 11,2 Kilometer pro Sekunde. Das ist schon eine ganze Menge. Aber man kann eine solche Geschwindigkeit in den Raketentreibstufen technisch erzeugen. Wenn wir uns einmal die allgemeine Formel dafür anschauen, so ist sie sehr einfach: Die Entweichgeschwindigkeit v_E ist gleich der Wurzel aus zweimal GM durch r, wobei G wieder die Gravitationskonstante bezeichnet, M die Masse des großen Körpers und r seinen Radius (IA 159): $v_E = \sqrt{\frac{2GM}{r}}$.

Wenn wir uns nun vorstellen, daß wir Himmelskörper von immer größerer Masse und immer kleinerem Radius betrachten, so werden wir irgendwann auf ein Objekt stoßen, bei dem die Entweichgeschwindigkeit über der Lichtgeschwindigkeit läge. Auf dem Sirius B zum Beispiel beträgt die Entweichgeschwindigkeit 3.400 km/s, also „nur" 0,011mal die Lichtgeschwindigkeit, auf einem Neutronenstern immerhin schon 200.000 km/s, also 0,67mal die Lichtgeschwindigkeit (IA 186–187). Noch höhere Massekonzentrationen müssen dahin führen, daß auch kein Licht, gar nichts mehr, keinerlei Information, aus einem solchen Gravitationsfeld nach außen dringt. Und das ist es, was LA PLACE ahnte. JOHN WHEELER hat für einen solchen Zustand einen Begriff gefunden, der sich wegen seiner mystischen Assoziativität durchgesetzt hat: ein *Schwarzes Loch* (IA 191).

Was ist ein Schwarzes Loch? Welche Wirkung geht von ihm auf die Masse aus? Würden sich die Naturgesetze aufheben?

■ Wir sagten eben, daß Supernova-Explosionen vom Typ II zu Neutronensternen führen. Wenn wir uns vorstellen, daß eine gigantische Masse kollabiert aus Atomkernen und Elektronen und ihr Gravitationsdruck dahin führt, daß nicht nur die Atomstrukturen, sondern sogar die Elementarteilchenstrukturen, also die Neutronen und Protonen und die sie bildenden Quarks, aufgelöst werden, so würde ein solches Gebilde immer weiter kollabieren. Die Naturgesetze, die uns bekannt sind, würden ihr Ende finden. Und gerade das ist der Fall bei einem Schwarzen Loch. Es saugt mit seiner ungeheuren gravitativen Energie alles in der Umgebung ein und nimmt dabei an Masse immer mehr zu, aber es kommt aus ihm nichts mehr heraus. Es ist ein Materieschlucker ohne Ende.

Immerhin können wir sagen, warum sich die uns bekannten Naturgesetze aufheben: EINSTEINS Spezielle Relativitätstheorie hat ja zur Grundlage die Erkenntnis, daß entsprechend den Strukturen der Raum-Zeit Längenkontraktion, Zeitdilatation und Massenzuwachs zusammenhängen müssen, um die Konstanz der Lichtgeschwindigkeit als einer fundamentalen Naturkonstante zu bewahren. Die drei Komponenten, die Sie eben nannten – Zeit, Raum und Materie –, sind in der Speziellen Relativitätstheorie also grundlegend aufeinander bezogen: Je mehr Masse an einem Raumpunkt vorhanden ist, desto langsamer läuft die Zeit und desto kürzer wird die Länge in der Bewegungsrichtung. Massenzuwachs und Zeitdilatation müssen sich kompensieren, um den Impulserhaltungssatz zu retten. Die Verlangsamung der Zeit muß wiederum durch eine Längenkontraktion in Bewegungsrichtung ausgeglichen werden, damit die Gleichheit der Naturgesetze an allen Orten im Universum gegeben ist (IA 481). In der Allgemeinen Relativitätstheorie hängt die Raumstruktur selbst von der Anwesenheit von Masse und Energie ab auf Grund der Äquivalenz von Beschleunigung und Gravitation. Wenn wir uns nun vorstellen, daß ein Schwarzes Loch eine unglaubliche Masse in sich trägt, so müssen wir denken, daß die Zeit dort gewissermaßen stillsteht und daß sich der Raum auf einen winzigen Punkt, auf ein Nichts, verkürzt; eine Singularität entsteht (IA 330).

Für unsere Augen ist so etwas nicht vorstellbar, und so stellte sich natürlich die Frage: Kann man Schwarze Löcher überhaupt beobachten, oder ist das alles nur eine rechnerische Möglichkeit, die sich aus der Relativitätstheorie ableitet, aber nie beweisen läßt? So viel schien festzustehen: Schwarze Löcher wären das Ende jeder physikalischen Entwicklung. Jedenfalls glaubte man das eine ganze Zeit lang und ging auf die Suche, ob es denn so etwas wie Schwarze Löcher wirklich gibt.

Tatsächlich hat sich EINSTEIN selber zunächst sehr schwer damit getan, zu denken, daß das ganze Universum einer Prozeßstruktur in der Zeit unterliegen könnte und somit als ganzes eine Entwicklung hätte. Im Jahre 1915 hatte er seine *Allgemeine Relativitätstheorie* herausgegeben. Er hatte mit dieser Theorie den Zusammenhang von Materie und Raumstruktur zu beschreiben versucht, und doch hatte er damit im eigentlichen etwas ganz Erstaunliches für die Kosmologie entdeckt. Die Grundtatsache ist simpel: In einem Gravitationsfeld kann alles passieren, außer daß etwas in vollkommener Ruhe bleibt. Man kann, wie wir sahen, einen Stein so schnell werfen, daß er aus dem Schwerefeld eines Körpers entflieht.

Man kann ihn auch langsamer werfen, dann wird er über eine Parabelbahn wieder zurückkommen. Aber unmöglich ist es, daß ein geworfener Stein zu irgendeinem Zeitpunkt seiner Flugbahn in Ruhe verbleibt. Und das gilt im Prinzip für das ganze Universum. Irgend etwas muß mit ihm geschehen: entweder es kollabiert oder es expandiert, aber in ewiger Ruhe befindlich sein kann es nicht.

EINSTEIN war über diese Folgerungen aus seiner eigenen Theorie ziemlich erschrocken; er hing 1917 noch so sehr dem statischen Weltbild an, daß er eine eigene kosmologische Konstante einführte, die die Gravitationskraft genau so aufheben sollte, daß ein in sich ruhendes Universum gewährleistet wurde, und zwar an jedem Ort des Weltalls. Dieses Konstrukt war ein reiner Notbehelf, aber was tut ein genialer Physiker nicht alles, wenn es um den Bestand der Welt geht (IA 607)! Selbst die mathematischen Ableitungen des russischen Meteorologen (!) ALEXANDER FRIEDMANN im Jahre 1922 konnten ihn zunächst nicht überzeugen (IA 609). Es war dann 1929, daß EDWIN HUBBLE bei der systematischen Untersuchung von Spektren darauf stieß, daß sich die beobachteten Galaxien von uns entfernen – und zwar um so schneller, je weiter sie von uns weg sind (IA 250).

Eine solche Vorstellung war merkwürdig. Denn das erste, was sie nahelegte, war der Eindruck, wir stünden im Mittelpunkt der Welt, und alle anderen flöhen von uns weg. Aber so ekelhaft, meinte humorvoll ARTHUR EDDINGTON, könnten wir doch auch nicht sein. Natürlich *weicht alles* voneinander weg. Das gängige Bild, das man den Kindern darbietet, um dieses Phänomen zu veranschaulichen, ist das Aufblasen eines Luftballons, auf dem viele Punkte aufgemalt sind, die sich alle bei Ausdehnung der Ballonmembran voneinander entfernen. Ganz günstig ist das Bild freilich nicht, weil es in einem solchen Ballon immer noch einen bestimmbaren Mittelpunkt gibt, der unverändert bleibt. Besser ist es deshalb, man zieht die Frauen zu Hilfe und erklärt die Entwicklung des Weltalls nach dem Gärungsprozeß eines von Hefe zur Ausdehnung genötigten Rosinenkuchenteigs: Die Rosinen würden in diesem Vergleich dann den Galaxien entsprechen, und je mehr der Kuchenteig sich ausdehnt, desto mehr entfernen sich auch die Rosinen voneinander (IA 254). So ähnlich ...

Gibt es im Universum einen Mittelpunkt?

■ Auf der einen Seite sagten wir eben, daß sich die Dimensionen im Raum ins Gigantische ausdehnen. Wie aber sollen wir das Universum selbst beschreiben? Es gibt Hunderte von Milliarden Galaxien, jede von Hunderten von Milliarden Sonnen gebildet. Die Galaxien selbst ordnen sich wiederum zusammen zu höheren Strukturen, zu Galaxienhaufen. Wir zum Beispiel gehören einer Lokalen Gruppe zu, die aus 29 Galaxien besteht (IA 281–283); diese Galaxienhaufen können sich wieder zu noch höheren Ordnungssystemen, den Superhaufen, miteinander verbinden (IA 285). Es ist so ähnlich, wie wenn man mit dem Löffel in einer Kaffeetasse herumrührt, in die man etwas Milch hineingegossen hat: Es bilden sich Schlieren. So ähnlich wie miteinander verbundene fadenförmige Muster wirkt auch die Verteilung der Galaxien und der Galaxienhaufen im Raum. Man spricht von einer Schwammstruktur des Weltalls und meint damit Blasen, riesige Leerräume, auf denen hauchdünn aufgelagert ist, was wir als Galaxien bezeichnen (IA 299–300). – Vielleicht ist dies ein gutes Bild: Ich selbst habe früher als Kind gerne mit Pustefix gespielt. Es war schön, den großen Seifenblasen nachzuträumen und zu sehen, wie das Licht sich darin bricht; übrigens handelt es sich dabei um einen Vorgang, der bis heute nicht wirklich verstanden ist: Warum bricht sich Licht so wunderschön? Die Quantenelektrodynamik bietet zwar einen äußerst exakten Formalismus zur Beschreibung, und doch bleibt dieses Wunder für uns im Grunde unbegreifbar (IA 814–816). – So ähnlich jedenfalls mag man sich das Weltall vorstellen: Da sind hauchdünne Gebilde, deren geringfügige Unebenheit dazu führt, daß Materie sich lokal konzentriert und Galaxien bildet, bestehend aus Sonnen, aus Spiralarmen, aus kosmischem Staub, aus H-II-Regionen, aus Molekülwolken, wie wir es eben beschrieben haben – und dann kommt am Ende so etwas dabei herum wie unser Planetensystem und wie Lebewesen, die sogar darüber nachdenken können, warum es das alles gibt.

Naturwissenschaft und Theologie

Was bedeuten diese Erkenntnisse für die Theologie?

■ In all dem liegt für Theologen ein nicht zu verhehlender Schrecken. Die scheinbare Unendlichkeit des Raumes macht unsere eigene Stellung so überaus nebensächlich. Wir erinnern uns: Alles begann mit der Entdeckung des KOPERNIKUS, daß wir nicht im Mittelpunkt des Sonnensystems stehen, sondern daß just die Sonne diese Stellung einnimmt. Dieser Umsturz von 1543 wurde theologisch als eine narzißtische Kränkung empfunden und bis in die Gegenwart hinein mehr totgeredet als integriert. Doch jetzt zeigt sich, daß wir nicht einmal auf den ganzen Kosmos bezogen irgend etwas Bedeutendes darstellen – ganz sicher nehmen wir keine Mittelpunktstellung ein. Vielmehr sehen wir: Es gibt überhaupt keinen Mittelpunkt in diesem ganzen Universum.

Welche Konsequenzen hat die Einsicht: Es gibt keinen Mittelpunkt im Universum? Es gibt auch kein oben und unten in diesem Universum.

■ Es gibt selbstverständlich kein oben und unten! Es gibt keinerlei Richtung, die im Raum und in der Zeit darauf hinweisen würde, daß es uns je hätte geben sollen. Das alles war und bleibt für die Theologie sehr schwierig.

Doch noch einmal zur Geometrie beziehungsweise zur Physik des Raumes. Die Raumvorstellung, die in EINSTEINS Allgemeiner Relativitätstheorie zugrunde gelegt wird, ist ein wenig schwer vorstellbar. Die Spezielle Relativitätstheorie von 1905 hatte es nur mit Bewegungsabläufen in Raum und Zeit zu tun; sie wollte sicherstellen, daß die Naturgesetze gültig bleiben, unabhängig vom Bewegungszustand eines Beobachters; dann aber mußten Raum und Zeit relativ zu eben diesen Bewegungsabläufen sein. Das alles galt aber nur in Inertialsystemen, also in ruhenden Systemen und in Systemen mit unbeschleunigter, gleichförmiger Bewegung; mit anderen Worten: es handelte sich um eine vollkommen idealisierte Theorie (IA 419–421). Nichts auf Erden bewegt sich in dieser Art; alles unterliegt der Schwerkraft. Der entscheidende Schritt von der Speziellen zur Allgemeinen Relativitätstheorie, mithin zur Einbeziehung der Gravitation, gelang EINSTEIN durch die Entdeckung der Äquivalenz von Gravitation und Beschleunigung, von schwerer und träger Masse, mit dem Ergebnis, daß der Raum selbst in Anwesenheit von Masse gekrümmt ist.

Den Kindern erklärt man diese Tatsache am besten mit einem Gummituch, das ausgespannt ist und sich verformt, wenn man eine Eisenkugel darüberrollt (IA 536). Ist die Eisenkugel sehr schwer, wird die Verformung sehr groß sein; ja, es kann sein, daß die Eisenkugel so schwer ist, daß sie womöglich sogar die Spannung des Gummituchs zerreißt. In diesem Falle hätten wir den Zustand eines Schwarzen Lochs: Es gibt vom Gummituch, von der Umgebung her, keinen Zugang mehr zu diesem anderen Zustand; es ist ein Loch im Raum entstanden. Die Raumstruktur selbst zerreißt. Um den Sachverhalt richtig zu verstehen, dürfen wir das Gummituch nicht mehr als einen Gegenstand im Raum betrachten; es ist ein bloßes Analogon für die Raumstruktur selbst.

Mit Hilfe dieser Vorstellung läßt sich gut beschreiben, was für uns sonst recht unverständlich bliebe: daß zum Beispiel selbst Lichtstrahlen im Gravitationsfeld der Sonne gekrümmt werden oder warum die Merkurbahn abgelenkt wird – Vorhersagen, die in der Folgezeit immer wieder genauestens überprüft und bestätigt wurden. Die Verlangsamung der Zeit durch den Einfluß der Gravitation läßt sich heute mit Atomuhren leicht feststellen; man mißt einfach den Unterschied, je nachdem, ob man die Uhren auf der Erde laufen läßt oder in einem Flugzeug mit ihnen einmal um die Erde fliegt. Die Relativitätstheorie ist ohne Zweifel in diesem Sinne keine Theorie mehr, als sie zu den bestüberprüften Aussagen der Physik überhaupt gehört. Man kann mit ihr eine Menge erklären. Und ihre kosmologische Aussage über die Raumstruktur des Universums lautet, daß der Kosmos endlich, aber unbegrenzt ist. Damit meinte EINSTEIN, daß wir uns das Weltall wie die Oberfläche einer Kugel vorstellen sollten, auf der es keinen Punkt gibt, an dem ein Ende zu markieren wäre. Solange die Erde oder das ganze Universum für eine Scheibe galt, mußte natürlich irgendwo eine Stelle wie bei den Säulen des Herakles sein, an der es nicht weiterging. Das aber ist niemals so, sondern der Raum selbst ist gekrümmt durch die Anwesenheit von Materie und Energie, und auch der Zeitablauf ist abhängig von der Gravitation. Raum und Zeit bilden in dieser Betrachtung eine Einheit, ein raumzeitliches Kontinuum, dessen Struktur von Ort zu Ort, je nach der Anwesenheit von Materie und Energie, unterschiedlich ist. Zur Beschreibung dieser vierdimensionalen Wirklichkeit ist die Vektorrechnung beziehungsweise die Tensorrechnung am besten geeignet.

Das war schon ein Problem der GAUßschen Mathematik: CARL FRIEDRICH GAUß stellte im 19. Jahrhundert bereits die Frage, wie man die Krümmung der zweidimensionalen Kugeloberfläche aus der Sicht von „Flachländern" beschreiben könnte, ohne die Verwendung einer dritten Dimension, so daß die Krümmung eine intrinsische Eigenschaft der Ebene selber wäre. Klar ist, daß die EUKLIDische Geometrie auf einer Kugeloberfläche mit ihrem Axiom nicht funktioniert, parallele Strecken kämen nie zusammen. Im Gegenteil, jeder, der einen Globus betrachtet, wird feststellen, daß die Meridiane aufeinander zuführen und sich am Pol schneiden. Deshalb wird die Winkelsumme eines Dreiecks, das man auf einer Kugeloberfläche bildet, niemals 180 Grad sein, sondern stets größer. Schon am Äquator betrüge die Summe zweier Winkel 180 Grad, und der dritte Winkel, der sich bildete, müßte hinzuaddiert werden (IA 523–527). Ein Schüler von GAUß, BERNHARD RIEMANN, hat dieses Rechnen in höheren Dimensionen, diese Algebraisierung der Geometrie, weitergetrieben, und es ist im Grunde seine Art von Geometrie, die EINSTEIN auf die vierdimensionale Beschreibung des Weltalls übertrug, der wir dreidimensionalen Wesen so ähnlich gegenüberstehen wie jene Flachländer einer Kugeloberfläche.

Wenn wir also von „endlich, aber unbegrenzt" sprechen, so ist die Vorstellung einer Kugeloberfläche aus der Sicht von Flachländern am einfachsten. Ein Lichtstrahl, der im Universum immer weitergehen würde, würde irgendwann zu seinem Ausgangspunkt zurückkehren. Das ist eine sinnvolle Aussage dieses EINSTEINschen Weltbildes: Der Inhalt des in sich gekrümmten Weltalls ist nicht unendlich, sondern hat eine, wenn auch vielleicht sehr hohe, bestimmbare Größe. Da sich das alles immer noch etwas schwierig anhört, gebe ich ein kleines Bonmot: ALBERT EINSTEIN pflegte zu sagen: *„Zwei Dinge im Leben sind unendlich: die menschliche Dummheit und das Universum. Nur beim Letzteren bin ich mir noch nicht ganz sicher."* So wird es sein. Seine wirkliche Formel zur Beschreibung des Kosmos also war: endlich, aber unbegrenzt.

Bleibt die begründete Frage nach dem Anfang des Universums! Und die Frage: Wie geht die Theologie damit um?

■ Um es noch einmal zu sagen: Für die Theologen war der Horror vacui angesichts dieser Aussage gewaltig – die riesige Ausdehnung der Welt im Raum. Wir wissen heute, daß die Quasare (Quasistellare Radioquellen) diejenigen Objekte sein dürften, die von uns am weitesten entfernt sind (IA 192). Man nimmt an, daß sie Galaxien am Anfang ihres Entstehens darstellen, unglaubliche Energiebündel, die uns aus den weitesten Tiefen des Weltalls, aus Milliarden von Lichtjahren Entfernung, erreichen (IA 334).

Für die Theologen sind im Rahmen ihrer geozentrischen und anthropozentrischen Schöpfungs- und Erlösungslehre solche Abmessungen schier erdrückend. Doch nun kam plötzlich Hoffnung auf durch den Gedanken, daß ein Weltall, das nicht nur gigantisch groß ist, sondern das expandiert, einmal angefangen haben muß, sich auszudehnen: Es muß selber einen Anfang gehabt haben. Dieser Gedanke gab den Theologen Wasser auf ihre Mühlen. In der Zeit schienen sie wiederzufinden, was ihnen im Raum entging. Wenn die Welt angefangen hat, muß es dann nicht jemanden gegeben haben, der sie gestartet hat? Was also war mit dem Anfang? Wann war der Anfang? Wie kam er zustande? Ein ganzes Bündel von Fragen, auf die um 1929 natürlich kein Mensch eine Antwort wußte.

Man wußte aber bereits, daß die Fluchtgeschwindigkeit einer Galaxie proportional zu ihrer Entfernung ist, mit der HUBBLE-Konstanten als Proportionalitätsfaktor. Um den Anfang der Welt herauszufinden, brauchte man also nur den Anfang der von Hubble nachgewiesenen Expansionsbewegung zu berechnen. Eines läßt sich simpel sagen: Eine einfachere Formel als die dabei verwendete ist schwer denkbar. Sie lautet schlicht: A (wie Anfang der Welt) gleich eins durch H (die Hubble-Konstante). Man muß also lediglich den reziproken Wert der Hubble-Konstante berechnen und kommt zum Anfang. Das Problem ist nur: Wie groß eigentlich ist die Hubble-Konstante? Daran rätseln wir noch heute herum, denn sie hängt ab von der Materiedichte des Universums. Wichtig aber bleibt sie, denn je nachdem wie klein oder groß sie ist, müssen wir den Anfang unterschiedlich datieren. Zumindest die Größenordnung des Alters der Welt aber ist bekannt: Die Schätzungen liegen zwischen 12 Milliarden und 20 Milliarden Jahren. Seitdem also muß es das Universum geben (IA 250–255).

Für die Theologen war die Idee eines Uranfangs der Welt, wie der Jesuit Georges Lemaître sie schon 1927 aus Einsteins Gleichungen – unabhängig von Alexander Friedmann – ableitete, natürlich spektakulär. Endlich hatte man etwas, das in der Zeit bestimmbar war, und da nichts aus nichts kommen kann, schien klar, daß Gott die Welt gemacht haben mußte. Diese Argumentation herrscht vor allem in der katholischen Kirche bis heute.

Stephen Hawking hat eine kleine Episode dazu überliefert: Er war in den 80er Jahren zu einem von den Jesuiten organisierten Astronomenkongreß nach Rom gereist, und Papst Johannes Paul II. empfing alle Gäste mit der lächelnden Bemerkung, sie sollten wohl darüber debattieren, wie die Welt sich entwickelt habe, aber nicht darüber spekulieren, wie der Anfang der Welt zustande gekommen sei, denn dieser liege in den Händen Gottes. Stephen Hawking war sehr erschrocken darüber, denn, so schreibt er ein wenig amüsiert, er sei am selben Tage wie GALILEI geboren, und es sei just sein Thema auf diesem Kongreß gewesen, über den Anfang der Welt nachzudenken. Er hat, wie er versichert, sein Möglichstes getan, um den Vatikan schleunigst zu verlassen, ehe man erführe, wovon in seinem Referat die Rede gewesen sei.

Mit anderen Worten: Wir haben bis in die höchsten Kreise speziell der katholischen Kirche immer noch den Glauben, daß es möglich ist, Gott als oberste Ursache von allem zu definieren. Und stimmt es nicht? Selbst wenn wir alles getan haben, das Weltall leer zu fegen von falschen Gottesbeweisen, ist die Existenz der Welt an sich scheinbar immer noch ein unwiderleglicher Gottesbeweis. Was also ist es um Himmels willen mit dem Anfang?

Ich sagte vorhin, daß sich die Spekulationen der Naturwissenschaftler gerade über diese Frage deutlich von denen der Theologen unterscheiden, und schon die Tatsache, daß solche Hypothesenbildungen über den Anfang überhaupt möglich sind, macht einer ganzen Ära den Garaus, in der man das Unerklärbare oder noch nicht Erklärte von Gott herleiten zu können oder zu müssen glaubte.

Im Gegensatz zu theologischen Dogmen oder Spekulationen werden naturwissenschaftliche Hypothesen stets an Beobachtungen überprüft und können über kurz oder lang verifiziert oder falsifiziert werden.

Wir sprachen gerade noch von den Schwarzen Löchern und davon, daß sie eine Reihe von vorhersehbaren und überprüfbaren Beobachtungen zulassen. Zum Beispiel führt die Vorhersage EINSTEINS, daß Licht in Gravitationsfeldern abgelenkt wird, zu der Erwartung, daß ein sehr starkes Gravitationsfeld das Licht von weiter entfernt liegenden Galaxien wie eine Linse um sich herumlenken wird; in diesem Falle sollten sich statt der einen Galaxie zwei identische Bilder der Galaxie beobachten lassen, und zwar einfach durch die Brechung der Lichtstrahlen im Gravitationsfeld einer so starken Materieansammlung wie eines Schwarzen Loches. In der Tat: Solche Phänomene hat man beobachtet. Es gibt also Schwarze Löcher, die wir als solche zwar nicht direkt sehen können, die aber aus ihren Wirkungen heraus zu erkennen sind (IA 192–193). Es steht auch zu vermuten, daß vielleicht Supernovae in Gegenwart von Schwarzen Löchern geboren werden, denn warum soll nicht in einem Doppelsternsystem auch einmal ein Schwarzes Loch entstehen und entsprechende gigantische Energien freisetzen?

Die Wirkung Schwarzer Löcher und das Schicksal des Universums

Aber was hat es mit den Schwarzen Löchern als solchen auf sich?

■ Das Merkwürdige ist: Auf der einen Seite gibt es scheinbar nichts Sinnloseres als Schwarze Löcher. Sie sind buchstäblich das Ende von allem. Alles fällt in sie hinein, und nichts mehr kommt aus ihnen heraus. Die Energieabstrahlung in der Umgebung Schwarzer Löcher, wie wir sie im Röntgenbereich beobachten können, ist immens. Es ist, als wenn die Materie noch einmal aufschriee, bevor sie endgültig verschlungen wird. Lediglich durch quantenphysikalische Prozesse kann es sein, daß Schwarze Löcher, wie STEPHEN HAWKING gezeigt hat, Strahlung abgeben und dadurch selber in immensen Zeiträumen von 10^{80} Jahren womöglich sich wieder auflösen (IA 197–198).

Sind diese Schwarzen Löcher so etwas wie ein Staubsauger?

■ Schlimmer als ein Staubsauger! Sie sind so etwas wie Allesfresser. Doch das ist nur die eine Seite ihrer Wirkung. Auf der anderen Seite sind sie auch die größten Energiegeneratoren, die möglich sind. Und nun kommt etwas kosmologisch Interessantes: Inzwischen neigen die meisten Astronomen dazu, die Existenz von Galaxien selbst mit der Anwesenheit von Schwarzen Löchern zu verbinden.

Die allgemeine Vorstellung ist, daß die Strukturen der Galaxien, wie EDWIN HUBBLE sie in den 20er Jahren des 20. Jahrhunderts klassifiziert hatte, sich nicht einfach von den elliptischen Galaxien zu den Spiralgalaxien auseinander entwickelt haben können, sondern daß selbst bei der Formenbildung der Galaxien viele Zufälle eine Rolle spielen. Galaxien, sagten wir vorhin schon, wie etwa die unsere oder die M 31, der Andromeda-Nebel, können miteinander verschmelzen, und dabei verformen sich natürlich ihre Strukturen. Solche merkwürdigen Galaxien – irreguläre Galaxien, wie man sie nennt – lassen sich sogar relativ oft beobachten (IA 260–261). Die Rattenschwanz-Galaxie, die Wagenrad-Galaxie oder andere mit bizarren Namen besitzen noch Strukturen, die darüber Kunde geben, daß sie vor einiger Zeit mit anderen Galaxien kollidierten oder bei deren Vorbeizug gravitativ beeinflußt wurden (IA 288; 296). Tausende von Sternen wurden dabei aus ihrer Bahn gelenkt. Wenn so etwas unserer Galaxis passierte, hätte das natürlich gigantische Konsequenzen auch für ein Planetensystem wie das unsere.

Doch woher gewinnen die Galaxien überhaupt ihre relativ stabile Form?

■ Man denkt sich, daß die Strukturen der Galaxien sich begründen, indem Schwarze Löcher in ihrer Mitte als Gravitationsanker wirken. Die Spekulationen gehen bei dieser Theorie freilich hin und her. Baut sich das Universum von unten nach oben auf? Gibt es zuerst Galaxien und dann größere Strukturen? Oder ist es gerade umgekehrt: Waren erst die großen Strukturen da und haben sich dann ausgefällt zu den kleineren? War es so, daß erst einmal die Galaxien existierten und dann Schwarze Löcher hindurchzogen und sie verformten, oder war es gerade umgekehrt, also so, daß es Schwarze Löcher gab, die in Riesenräumen die Sterne anzogen und galaktische Strukturen bildeten?

Die Annahme, daß diese zweite Meinung zutrifft, scheint sich heute durchzusetzen. Vor allem die enorme Energieemission der Radiogalaxien sowie der sogenannten SEYFERT-Galaxien mit ihren Aktiven Galaktischen Kernen scheint am besten durch die Anwesenheit eines riesigen Schwarzen Lochs in ihrem Innern erklärbar (IA 303; 307–309). Manche Autoren sind fest davon überzeugt, daß im Kern jeder Galaxie ein Schwarzes Loch steckt. Das mag nun sein oder auch nicht. Im Kern unserer Galaxis jedenfalls könnte ein Schwarzes Loch stehen. Das läßt sich beobachten. Der Infrarot-Astronomie-Satellit (IRAS) zum Beispiel hat etwas wie ein Schwarzes Loch sichtbar gemacht. Da das Zentrum der Milchstraße hinter einem dichten Staubschleier liegt, der das sichtbare Licht absorbiert, ist das Verfahren der Wahl naturgemäß die Infrarotastronomie, die es erlaubt, die Ausblendung von Objekten durch kosmischen Staub aufzulösen, indem die Erwärmung des kosmischen Staubes unter der Strahlung eben im Infrarotbereich sichtbar gemacht wird. Entsprechende Infrarot-Satellitenaufnahmen erlauben uns, in das sonst Unsichtbare hineinzusehen. Und da können wir sogar schauen, wie sich vor ungefähr 28.000 Jahren jenes Objekt im Kern unserer Galaxis verhalten hat. Denn aus dieser Zeit dringen seine Informationen zu uns (IA 239–240). Damals, sehen wir heute, war es nicht gerade sehr gefräßig, aber doch dabei, zu tun, was es auch sonst tun wird, nämlich dies und das zu verschlucken (IA 241–242).

Möglicherweise sind es auch Schwarze Löcher, welche die Raumstruktur des Kosmos auf riesige Distanzen hin, für ganze Galaxienhaufen und Superhaufen, verändern. So ist es vorstellbar, daß eines Tages gewaltige Galaxienansammlungen ineinander driften. Es gibt zum Beispiel ein Objekt, das man den Großen Attraktor nennt, auf den hin sich unsere Milchstraße mitsamt unserer Lokalen Gruppe und des Lokalen Superhaufens derzeit zubewegt (IA 300–301). Da würden natürlich Schwarze Löcher die plausibelsten Objekte als Anziehungspunkte darstellen. Möglich ist, daß gigantische Strukturen des Kosmos schließlich in einem Schwarzen Loch kollabieren. Alles, was bis dahin war, würde dann verschwinden. In einem Schwarzen Loch macht es absolut keinen Unterschied mehr, welche Ausgangsinformationen einmal bestanden haben. Ob da ein Schweizer Käse verschluckt wird oder ein Mensch oder ein Fernsehapparat oder einfach kosmischer Staub, ist dem Schwarzen Loch absolut egal. Ein Schwarzes Loch ist, wenn man so will, ein OCKHAMsches Messer über alle denkbaren möglichen Aussagen. Wir sagten schon: Die Zeit bleibt so gut wie stehen, der Raum gewinnt Dimensionen, die nicht mehr beschreibbar sind, die Gültigkeit aller uns bekannten physikalischen Gesetze findet ihr Ende. Es ist kaum ein Zustand denkbar, in dem das Ende von allem so deutlich vor Augen tritt wie in einem Schwarzen Loch.

Auch über das Ende der Welt kann man sich heute eine ganze Menge begründeter Vorstellungen machen. Wenn alles expandiert, wie geht es dann weiter? Die eine Möglichkeit ist, daß die Expansion sich immer weiter fortsetzt und sich sogar beschleunigt. Das ist der Fall, wenn die Dichte an Materie und Energie im Kosmos einen bestimmten Wert, die sogenannte kritische Dichte, unterschreitet. Das Universum wäre in diesem Falle unendlich groß und offen. Die Raum-Zeit wäre negativ gekrümmt wie eine Satteloberfläche. Die zweite Möglichkeit: Die kritische Dichte würde überschritten, und die Expansion würde sich eines Tages wieder umkehren. Dann müßten wir annehmen, daß alles, das ganze Universum, sich am Ende zu einer Singularität zusammenzieht. Der ganze Kosmos würde dann verschmelzen zu einem einzigen punktförmigen Schwarzen Loch. Das Universum wäre in diesem Fall endlich, unbegrenzt und geschlossen. Die Raum-Zeit wäre positiv gekrümmt wie eine Kugeloberfläche. Dazwischen besteht natürlich auch die dritte Möglichkeit, daß die Raum-Zeit nicht gekrümmt, sondern flach ist und es eine unendliche gleichförmige Expansion des Weltalls gibt. Was der Fall ist, hängt von der Dichte der Materie und Energie im Kosmos ab (IA 609–612).

Kann man denn etwas darüber sagen, wie das weitere Schicksal des Universums sein wird? Führt uns ein Begriff wie der „Urknall" weiter?

■ Wir sind in den letzten Jahren überhaupt erst dabei, diese ganz wichtigen Fragen definitiv, wie wir annehmen, entscheiden zu können. Es ist eine glückliche Zeit, miterleben zu können, daß wir auf uralte Menschheitsfragen zum ersten Mal überhaupt tragfähige, begründbare Antworten zu geben vermögen. In der Tat haben erst Ende 2001 Beobachtungen Aufschluß darüber gegeben, wie das weitere Schicksal des Universums sich gestalten wird.

Man muß, um die Zusammenhänge zu erläutern, geschichtlich ein bißchen zurückgehen. Im Jahre 1964 machten sich zwei Hochfrequenzphysiker, ARNO PENZIAS und ROBERT WILSON, an die Aufgabe, Radiowellen aus den Randzonen der Milchstraße zu untersuchen, und fanden, daß, beliebig aus welcher Region, ein gewisses Rauschen, eine schwache Radiostrahlung wahrnehmbar war. Diese Störung mißfiel ihnen, sie wollten sie abstellen, wußten aber nicht, wodurch sie wirklich verursacht wurde. Sie vermuteten sogar Taubenkot auf ihren Antennen. Schließlich machten sie in der Sprache der

Hochfrequenzphysiker in einer entsprechenden Fachzeitschrift eine Mitteilung von ihrer Beobachtung, die aber zunächst unbeachtet blieb. In dieser Zeit hatte ROBERT DICKE, ein amerikanischer Physiker und Astronom, sich Gedanken darüber gemacht, was es eigentlich mit dem Anfang der Welt auf sich habe. Natürlich war man nicht einfach im Jahre 1929 stehengeblieben. Vor allem der russisch-amerikanische Astronom GEORGE GAMOW, der immer wieder für überraschende Hypothesen gut war, hatte die Theorie vom Urknall entwikkelt: In einer unglaublichen Konzentration von Energie und Masse sollte explosionsartig das ganze Weltall entstanden sein (IA 332–333). Wenn das wirklich so gewesen ist, müßten damals bestimmte, extrem hohe Temperaturen erzeugt worden sein – übrigens solche, von denen wir annehmen, daß sie einen Energiezustand abbilden, in dem alle uns bekannten vier Naturkräfte eine vollkommene Einheit gebildet hätten, also ununterscheidbar waren. Diese vier Kräfte sind: Elektromagnetismus, Gravitation, starke Wechselwirkung und schwache Wechselwirkung. Entsprechend den großen vereinheitlichten Theorien (grand unified theories) – den Theorien also, die im Grunde Relativitätstheorie und Quantenphysik zusammenzudenken versuchen (IA 878) – herrschte am Anfang also eine absolute Einfachheit und Einheit aller Naturkräfte sowie der sie vermittelnden Elementarteilchen. Erst als das Weltall abkühlte, indem es sich ausdehnte, wurden die Naturkräfte durch Symmetriebrüche ausgefällt: bei 10^{32} K die Gravitation, bei 10^{28} K die starke Wechselwirkung, und bei 10^{15} K trennte sich die schwache Wechselwirkung vom Elektromagnetismus (IA 959).

Wenn das so war, dann müßte von dieser ungeheuren Temperatur des Anfangs natürlich auch selber irgend etwas übriggeblieben sein. Die ständige Ausdehnung des Weltalls müßte die

Temperatur immer weiter abgekühlt haben. Dementsprechend konnte man mutmaßen, wie hoch diese Temperatur derzeit noch sein würde. Klar war: Diese Temperatur müßte im ganzen Universum gewissermaßen den Hintergrund bilden, sie müßte als eine Art Echo des Urknalls eine Hintergrundstrahlung bilden. Man vermutete, daß die Wellenlänge dieser Strahlung einer Temperatur von ungefähr zehn Kelvin entsprechen würde (IA 332).

DICKE also arbeitete 1964 mit Antennen, um zu erforschen, ob sich eine solche Strahlung feststellen ließ. Und dann kam plötzlich die Nachricht: PENZIAS und WILSON haben da etwas gefunden, dessen Wellenlänge einer Strahlung von etwa drei Kelvin entspricht! Das lag zwar weit unter dem, was DICKE vermutete, aber er war sich sicher: Das mußte es sein. Genau das mußte es sein.

Wir haben also die Hintergrundstrahlung als Echo des Urknalls, wir können demnach beweisen, daß es einen Urknall gab. Wir können ihn sogar hören. Wir können heute noch hören, wie alles anfing! Eine solche Entdeckung war für die Physik natürlich eine Sternstunde im wörtlichsten Sinne. Vor allem: Wir können heute en détail nachbilden, wie alles geschah. Denn mit der Entstehung der Naturkräfte entstanden ja auch die Elementarteilchen, bildeten sich die Strukturen der Materie. Um das zu verstehen, müssen wir allerdings ein bißchen Elementarteilchenphysik betreiben.

Entsprechend der in den 60er Jahren des 20. Jahrhunderts durch MURRAY GELL-MANN und, unabhängig von ihm, GEORGE ZWEIG entwickelten *Quark-Theorie* sind alle Teilchen, wie z. B. die Nukleonen (Protonen und Neutronen) aus Quarks aufzubauen: aus dem sogenannten d (down)-Quark mit der Ladung -1/3, das dem Elektron entspricht, und dem u (up)-Quark mit der Ladung 2/3, das dem Elektronneutrino entspricht (up und down hat natürlich nichts mit rauf und runter zu tun, es ist lediglich ein Name); über diesen beiden Grundzuständen lassen sich, als Obertöne gewissermaßen, die höherenergetischen und massereicheren s (strange)- und c (charm)-Quarks finden, die dem Myon und Myonneutrino entsprechen, sowie das b (bottom)- und das t (top)-Quark, welche dem Tau-Lepton und dem Tauneutrino analog sind. All diese „leichten Teilchen" bilden daher die drei Familien der Leptonen (IA 1015).

Grundlegend ist hier nun eine Entdeckung, die Paul Dirac schon 1930 machte: daß es zu allen Teilchen je ein Antiteilchen, zu aller Materie also Antimaterie geben müsse.

10^{-35} Sekunden nach dem Urknall bei einer Temperatur von 10^{27} K muß das Universum noch von sogenannten X-Bosonen gewimmelt haben, die die wechselseitige Umwandlung von Quarks und Leptonen vermittelten. Auch zu diesen X-Teilchen gab es Anti-X-Teilchen; beide Teilchen zerfielen, allerdings unsymmetrisch: Aus ihrem Zerfall entstanden etwas mehr Quarks als Antiquarks, etwas mehr Materie als Antimaterie (IA 960). Gleichwohl finden wir heute in den Mesonen (Pionen, Kaonen usw.) eine Teilchengruppe, die aus je einem Quark und seinem eigenen oder einem anderen Antiquark aufgebaut ist; ihre Lebensdauer ist unglaublich kurz – zwischen etwa 10^{-8} und etwa 10^{-24} Sekunden (IA 837–838).

Nach 10^{-3} Sekunden der kosmischen Expansion, als die Temperatur auf eine Energie von etwa 500 MeV (Megaelektronenvolt) gesunken war, wurden je drei Quarks zu sogenannten Baryonen („schweren Teilchen") zusammengeschweißt; zu diesen gehörten vor allem das Proton (uud) und das Neutron (udd). Auch die Protonen und Antiprotonen, die Neutronen und die Antineutronen vernichteten sich in dieser „hadronischen Ära“ des Universums, und am Ende blieb wegen des winzigen Überschusses der Quarks über die Antiquarks etwa ein Proton und ein Neutron pro einer Milliarde Photonen übrig. So entstand eine Art See aus Neutrinos, Elektronen, Positronen und Photonen, durchsetzt von Protonen und Neutronen. Dabei bildeten sich mehr Protonen als Neutronen, da diese etwas leichter sind und ihre Erzeugung mithin etwas weniger Energie benötigt (IA 960–961).

Zwischen 10^{-3} bis 10 Sekunden nach dem Urknall begann dann eine Phase der Kernsynthese. Normalerweise zerfällt ein freies Neutron in etwa 15 Minuten in ein Proton, ein Elektron und ein Antineutrino; das ganze Weltall würde bald aus Protonen bestanden haben, hätten die Neutronen nicht schnell genug unter dem Einfluß der starken Kernkraft (der starken Wechselwirkung) sich mit Protonen zu Deuterium und Helium verbunden. Und dann, in den nächsten 10 bis 500 Sekunden, war das ganze Universum wie ein einziger riesiger Kernfusionsreaktor, in dem Wasserstoff zu Helium verbrannte. Wir können entsprechend dem Standardmodell vom Urknall daher recht genau abschätzen, wieviel Helium damals erbrütet wurde – etwa 25 % der Masse des Kosmos. Tatsächlich stimmen die Beobachtungen mit dieser Vorhersage überein – ein starkes Argument, zu glauben, daß unsere Vorstellungen von der Entstehung des Universums im großen und ganzen richtig sein müssen: Überall im Weltall treffen wir auf etwa 25 % Helium; es muß also wirklich aus jener kurzen Zeit nach dem Urknall stammen und es kann nicht lokal in Sternen erbrütet worden sein (IA 962)! STEVEN WEINBERG hat in seinem schon älteren, aber immer noch gültigen Buch *Die ersten drei Minuten* diese Zusammenhänge hervorragend dargestellt.

Vielleicht sollten wir noch ein wenig skizzieren, wie es dann weiterging: Als die Energie der Photonen im Universum weiter sank, etwa 300.000 Jahre nach dem Urknall – die Temperatur lag damals nur noch bei einigen tausend Kelvin –, kondensierte das Plasma aus freien Elektronen und Kernen, und Wasserstoffatome entstanden. Die Photonen wurden nicht länger an den freien Elektronen gestreut, so daß die Strahlung von der Materie abgekoppelt wurde. Das Universum wurde durchsichtig. Auch dieser Moment ist wichtig. Denn bis dahin hatte der Strahlungsdruck alle Dichtefluktuationen in der Verteilung der Materie ausgeglichen. Von jetzt an müssen die vorhandenen Fluktuationen unter dem Einfluß der Gravitation verstärkt worden sein. Die ersten kosmischen Strukturen bildeten sich (IA 963).

All das bietet nur eine sehr oberflächliche Übersicht über die Abläufe, in denen wir die Entwicklung des Weltalls zu rekonstruieren versuchen; im Grunde müßte es viele Stunden lang erweitert und ergänzt werden; die Genauigkeit der Angaben und die unglaubliche Fülle an Vorhersagen und beobachtbaren Details aber ist dabei wohl am meisten beeindruckend. Andererseits bietet sich auch immer wieder Grund zu neuen Überlegungen oder auch zu Korrekturen des sogenannten Standardmodells.

Schon 1917 zum Beispiel hatte Willem de Sitter aus der Allgemeinen Relativitätstheorie eine Explosion am Anfang der Welt abgeleitet, bei der es zu einem exponentiellen Anwachsen des Raumes gekommen sein müßte – sehr viel schneller, als es im Standardmodell angenommen wird (IA 971). Zum weiteren wird das Standardmodell durch das sogenannte Horizontproblem in Frage gestellt. Wir haben gerade gesagt, daß es Fluktuationen in der Energie- und Materieverteilung gegeben haben wird – fügen wir hinzu: die im Grunde quantenphysikalisch begründet sind; wir sagten weiter, daß diese Fluktuationen unter dem Einfluß der Gravitation erst zu kosmischen Strukturen führen konnten, als 300.000 Jahre nach dem Urknall Strahlung und Energie voneinander entkoppelt wurden, wobei sich die erwähnte Hintergrundstrahlung bildete. Sie ist nun aber weit homogener in jeder Richtung des Kosmos, als sie „eigentlich“ sein dürfte (IA 972–973). ALAN GUTH und andere haben deshalb in den 80er Jahren die Inflationstheorie eingeführt. Danach soll es eine Vakuumfluktuation am Anfang der Welt gegeben haben, die in einem unvorstellbar kurzen Zeitraum, innerhalb von etwa als 10^{-30} Sekunden, das frühe Universum exponentiell ausgedehnt und alle vorhandenen Fluktuationen weitestgehend ausgeglichen hätte. Selbst eine so große Vakuumfluktuation, wie die Entstehung unseres Universums sie erfordern würde, verstößt nicht gegen den Energieerhaltungssatz, wenn man berücksichtigt, daß Energie, die in einem Gravitationsfeld gespeichert ist, negativ ist. Bei seiner Erzeugung wird also Energie freigesetzt, aus der die kosmischen Strukturen entstehen konnten (IA 982–984). Diese Theorie hat sich allgemein durchgesetzt, weil sie auch noch eine Reihe anderer Probleme zu lösen verspricht. Manche sehen sogar die Urknalltheorie dadurch widerlegt; ich glaube jedoch eher, daß die Inflationstheorie eine Modifikation und Ergänzung darstellt, der vermutlich noch eine Reihe anderer folgen werden.

Wir müssen uns diese Tatsache immer wieder klarmachen: Nichts in den Naturwissenschaften ist dogmatisch fest; alles gibt nur gerade das wieder, was wir im Augenblick zu wissen meinen, und alles, was wir wirklich wissen, ist stets nur der Anfang neuer Fragen. Wir sind, wenn wir so sprechen, nicht in der Theologie alter Prägung; wir verwalten nicht göttlich gegebene und päpstlich garantierte Wahrheiten. Aber dennoch: Wer hätte vor 40 Jahren schon geglaubt, daß wir eines

Tages imstande sein würden, in Bereichen von 10^{-30} Sekunden Aussagen über die Entstehung der Welt zu machen! Was uns vom Urknall noch trennt, ist ein Abstand im Maßstab der PLANCK-Zeit von 10^{-43} Sekunden (IA 963). Von da an können wir die Physik des Weltalls in allen Etappen nachzeichnen. Nicht in allen Einzelheiten, aber in den Grundschritten.

Die Frage ist noch offen: Was wird denn jetzt aus dem Weltall? Was ist unsere Zukunft?

■ Die Antwort darauf hängt damit zusammen, wie wir die Hintergrundstrahlung messen, und zwar jetzt nicht auf ihre Homogenität hin, sondern mit Blick auf ihre Schwankungen. Wie gesagt: Die Hintergrundstrahlung kann nicht gänzlich homogen sein, denn auf Grund von Quantenfluktuationen gleich am Anfang müssen sich Unebenheiten in den Strukturen des Weltalls gebildet haben, und diese sollten dann zu Temperaturschwankungen auch in der Hintergrundstrahlung führen. Entsprechend ist man dabei, eine Art Kartierung der Hintergrundstrahlung zu entwerfen, aus der man wiederum folgern kann, wie groß die Expansionsgeschwindigkeit des Weltalls ist. Und jetzt: Man glaubt seit Ende 2001 zu wissen, daß es niemals eine Kontraktion des Universums geben wird. Die Expansionsgeschwindigkeit ist zu groß (IA 1064). Das bedeutet, daß wir uns damit anfreunden müssen, den Kältetod des Universums vorherzusagen. Was wir in etwa 10^{23} Jahren zu erwarten haben, dürfte eine Reihe von Schwarzen Löchern und zerfallenden Atomkernen sein – Materietrümmer, die sich in unendlichen Räumen und Zeiten immer weiter voneinander entfernen und dahintreiben. In unglaublichen Abständen von 10^{100} Jahren müssen wir mit der Auflösung aller Strukturen rechnen. Wenn wir eben noch sagten, daß Protonen und Neutronen, die Elementarteilchen, sich aus Quarks zusammensetzen, wird es, so dürfen wir denken, wohl wieder eine Zeit geben, in der selbst die Elementarteilchen zerfallen sind. Daß Protonen zerfallen, ist heute zwar nur eine Hypothese der Elementarteilchenphysik im Rahmen der großen vereinheitlichten Theorien, aber eine sehr plausible (IA 877–878). Kurz: in 10^{100} Jahren werden sogar die Protonen sich aufgelöst haben, wenn die großen vereinheitlichten Theorien zutreffen (IA 1065–1066).

Bei all dem müssen wir noch einmal betonen, daß sich nicht die Materie in den Raum ausdehnt, sondern daß sich der Weltraum selbst ausdehnt, daß der Raum selbst immer größer wird; nur, er wird immer weniger an Inhalt bieten. In Billionen Lichtjahren gähnt die reine Leere. Das Universum wird immer dünner, immer kälter, immer dunkler. So wird nach heutigen Erkenntnissen aller Wahrscheinlichkeit nach das Ende der Welt sein.

Und damit stehen wir wieder vor der nächsten, jetzt auch theologischen Frage: Wir sind sehr daran gewöhnt, mit der Vorstellung von Sinn den Gedanken zu verbinden, daß bei einem Prozeß am Ende etwas herauskommt. Wir trösten uns eigentlich nach der Art von denkenden Säugetieren: Selbst wenn wir sterben, soll es doch wenigstens ein Kind geben, das uns überlebt; selbst wenn eine Frau bei der Geburt ihres Kindes stirbt, macht das Sinn, weil etwas Neues geboren wird. Wenn ein ganzes Weltall zugrunde geht, wäre es unter diesen Voraussetzungen schön zu denken, es gäbe neue Universen, „Tochteruniversen" – irgend etwas würde neu entstehen. Doch nun kommen die Astronomen und sagen: Es geht endlos auseinander und führt zu gar nichts mehr. Der Kältetod! Und doch – wir werden sehen, daß diese Aussage nur für das Universum gilt, in dem wir leben. Die Theorien und Spekulationen heutiger Physik aber gehen noch viel weiter. Die Stringtheoretiker etwa stellen sich vor, daß das Universum durch den Zusammenprall von Stringstrukturen, die man Branen nennt – nach Art ausgespannter Tücher –, entstanden sein könnte oder daß unsere dreidimensionale Raumstruktur zufällig aus einer elfdimensionalen Stringstruktur ausgefällt worden sei; doch das sind mathematische Möglichkeiten, von denen so recht niemand weiß, wie man sie beweisen soll (IA 1028–1029; 1005).

Was ist eigentlich Licht? Oder: Von der Relativitätstheorie zur Quantenphysik

Also gibt es keinen absoluten Raum und keine absolute Zeit?

■ Wenn wir von Zeit und Raum und Kausalität und Anfang reden, haben wir bisher fast nur die Relativitätstheorie zugrunde gelegt. Die ganze Elementarteilchenphysik aber ist Quantenphysik. Auch darüber müssen wir natürlich sprechen. Es ist merkwürdig, daß die ganze Physik des 20. Jahrhunderts mit zwei Theorien gearbeitet hat, die logisch unvereinbar sind.

Die eine ist ALBERT EINSTEINS Relativitätstheorie. Sie ist insofern noch eine klassische Theorie, als sie NEWTON beim Wort nimmt. NEWTON hatte gemeint, daß es so etwas gäbe wie einen absoluten Raum. Einen solchen aber kann es nicht geben. Eine absolute Zeit kann es ebenfalls nicht geben. In Anwesenheit von Materie verändern sich die Strukturen von Raum und Zeit, so sagten wir bereits. Das ist die zentrale Aussage der Relativitätstheorie. Gleichwohl basiert sie wie die Physik ISAAC NEWTONS auf dem strengen Determinismus kausaler Gesetze, die ohne Ausnahme gelten. EINSTEIN hat im Grunde NEWTONS Physik weitergedacht, er hat sie in den letzten Konsequenzen ausformuliert, aber er hat sie nicht in ihren Prinzipien in Frage gestellt.

Zu EINSTEINS Relativitätstheorie kam man bekanntlich durch den MICHELSON-Versuch. Der amerikanische Physiker ALBERT MICHELSON wollte herausfinden, ob die Theorie vom

Lichtäther zutrifft (IA 445). Das ist physikgeschichtlich wieder eine merkwürdige Sache. Was ist eigentlich Licht? Ich sagte vorhin noch, das schöne Pustefixspiel eines Kindes mit den Seifenblasen sei voller Geheimnisse, es sei nicht nur von rätselhafter Schönheit, sondern auch eine wahre Lust für die Astronomie- und Physikgeschichte. Für ISAAC NEWTON war Licht nicht einfach zu erklären. Es bestand seiner Meinung nach aus sogenannten Korpuskeln, aus kleinen Materieteilchen, die sich wie Tennisbälle bewegen. Wenn da also zum Beispiel ein Vakuum ist, so bildet die Ausbreitung des Lichts für die Korpuskulartheorie des Lichts kein Problem: Der Tennisball durchdringt das Vakuum. Das Licht hat ja überhaupt kein Hindernis. Auch die Reflexion des Lichts läßt sich so erklären: Der Tennisball prallt auf und springt wieder zurück, Einfallswinkel gleich Ausfallswinkel – das Brechungsgesetz. Aber nun kommt es vor, daß Licht zum Beispiel an der Seifenblasenhaut eines Pustefix oder an einer Wasseroberfläche nicht nur reflektiert, sondern auch gebrochen wird. Ein Teil des Lichtes wird reflektiert, ein Teil gebrochen. Was aber um Himmels willen soll einen Teil der Korpuskeln dahin bringen, in ein Medium einzudringen, und einen anderen Teil dazu veranlassen, von dem Medium wegzuspringen? Ein Tennisball würde so etwas nie tun, sondern sich eindeutig für das Zurückspringen entscheiden. An dieser Stelle war NEWTON überfordert; er formulierte eine Theorie der „Anwandlungen": Den Korpuskeln sei es halt danach, sich manchmal so und dann wieder so zu verhalten. Aber ist das noch eine physikalische Theorie, wenn die Korpuskeln machen, was sie wollen? Und wieso können sie überhaupt etwas wollen, statt daß wir wüßten, was sie zu machen haben (IA 425–426)?

Weil die NEWTONsche Physik zu dem einfachen Phänomen, wie sich Licht ausbreitet, keine plausible Erklärung liefern konnte, entwickelte der Holländer CHRISTIAN HUYGENS im

17. Jahrhundert eine andere Theorie. Das Licht sollte Wellen bilden, keine Korpuskeln. Damit ließ sich neben der Reflexion erstmals überzeugend die Brechung des Lichts erklären. Wie das sein kann, läßt sich sehr schön veranschaulichen: Ein Teil der Welle bewegt sich noch in der Luft, ein anderer bereits im Wasser, und der Unterschied in den Geschwindigkeiten der Wellenfront beim Eindringen in das Wasser verändert die Richtung der Welle. Weil diese Theorie so einleuchtend war, glaubte alle Welt bis weit ins 19. Jahrhundert hinein an die Wellentheorie des Lichtes (IA 426–427). Doch schon JAMES MAXWELL im 19. Jahrhundert machte sich Gedanken darüber, ob diese Theorie überhaupt sinnvoll sei. Das Problem bestand, daß sich Wellen nur in einem Medium fortpflanzen, aber nicht im Vakuum. Deshalb war ein sogenannter Lichtäther postuliert worden. MAXWELL monierte nun vor allem, daß die Physiker bis dahin immer wieder zur Erklärung von allem Möglichen einen Äther erfunden hätten, um irgend etwas sich ausbreiten zu lassen, für das es sonst kein Medium gab – Äther, welche die Sterne auf ihren Bahnen hielten, Äther, welche die Ausbreitung von Wärme vermittelten, und so weiter; doch nirgendwo wurden je solche Äther durch Beobachtung nachgewiesen (IA 441–442). Warum also ein Lichtäther? MAXWELL schlug einen Versuch vor, der dann von MICHELSON, ein wenig abgewandelt, zum ersten Mal in Potsdam tatsächlich durchgeführt wurde.

MICHELSON untersuchte einfach die Laufzeiten von zueinander rechtwinkligen Lichtstrahlen unter Berücksichtigung der Wirkung der Erdumdrehung. Und dabei stellte er fest, daß es für das Licht nicht den geringsten Unterschied macht, ob es sich parallel zur Erdbewegung ausbreitet, also in Richtung des „Ätherwindes" bzw. in Gegenrichtung zur Bewegung des „Ätherwindes", oder im rechten Winkel dazu. Es verändert seine Wellenlänge, aber nicht seine Geschwindigkeit. Genau das aber müßte es tun, wenn es einen Lichtäther gäbe. Die Folge: Es gibt keinen Lichtäther (IA 445–452)!

Doch schon taucht eine neue Frage auf: Wie ist es denn möglich, daß das Licht ständig seine Geschwindigkeit beibehält?

■ Ole Rømer hatte schon im 17. Jahrhundert die Lichtgeschwindigkeit gemessen. Er hatte bei der Beobachtung der Jupitermonde und der Verzögerung ihres Lichtes je nach der Distanz zwischen Erde und Jupiter entsprechend der Erdbahn um die Sonne herausgefunden, daß die Lichtgeschwindigkeit bei ungefähr 300.000 km pro Sekunde liegt (IA 368). Und jetzt zeigte sich: Sie ist konstant, egal, ob sich die Erde zum Licht hinbewegt oder davon weg. Diese Feststellung war der Anfang der Speziellen Relativitätstheorie. Denn wenn es sich so verhält, müssen wir besonders über den Begriff der Gleichzeitigkeit noch einmal neu nachdenken, meinte Einstein. Was heißt denn Gleichzeitigkeit, wenn Informationen nur mit einer endlichen Geschwindigkeit, nämlich allerhöchstens mit 300.000 km pro Sekunde, ausgetauscht werden können? Steht es so, dann muß die Konstanz der Lichtgeschwindigkeit in die Definition der Naturgesetze mit aufgenommen werden, und das verändert unsere Vorstellungen über die Strukturen von Raum und Zeit; Raum und Zeit können, wie wir schon sahen, keine absoluten Größen sein – entgegen der Meinung Newtons. Dennoch fügte sich Einsteins Theorie im Grunde noch in die klassische Form von Physik ein.

Genau im Jahre 1900 aber machte Max Planck bei der Untersuchung Schwarzer Körper die Entdeckung, daß Strahlung nicht kontinuierlich abgegeben wird, sondern nur portioniert, in bestimmten diskreten Beträgen, in sogenannten Quanten. Diese Entdeckung wurde zum Anfang der Quantenphysik, darauf basierend, daß Energie überhaupt nicht kontinuierlich, in wellenförmiger Art, abgegeben wird, sondern stets nur in diskreten Energiepaketen, heute Photonen genannt. EINSTEIN selbst war es, der diese Erkenntnis auf die Ausbreitung des Lichtes angewandt hat. Er deutete ein für die Quantenphysik bahnbrechendes Experiment von ARTHUR COMPTON in dem Sinne, daß Elektronen bei Bestrahlung Energie in diskreten Portionen aufnehmen und dementsprechend innerhalb der Atomhülle auf einen diskreten energiehöheren Status springen. Sofern die Energie der einzelnen Energiepakete, der Photonen, groß genug ist, können die Elektronen ganz aus den Atomen herausgeschlagen werden, zum Beispiel aus einer negativ geladenen Metallplatte – der „photoelektrische Effekt". Wenn das so ist, wenn also Lichtenergie nur gequantelt abgegeben oder aufgenommen wird, müßte man sich vorstellen, daß das Licht aus Teilchen besteht, wie NEWTON es gedacht hatte; Licht bildete demnach keine Wellen, wie HUYGENS meinte; es setzte sich aus einzelnen Teilchen diskreter Energie zusammen (IA 751–754).

Doch nun kam das wirklich Verrückte, etwas völlig Unbegreifliches. Die ganze Quantenphysik kann man in einem einzigen, dem folgenden Experiment darstellen: dem sogenannten Doppelspaltversuch. Der Nobelpreisträger RICHARD FEYNMAN, der die Quantenelektrodynamik entwickelte, hat zur Einleitung seiner Vorlesungen zu diesem Thema einmal sinngemäß gesagt: *„Liebe Hörer, jetzt lehnen Sie sich zurück und entspannen Sie sich. Fragen Sie um Gottes willen nicht, warum das so ist, was ich jetzt erzähle, die Frage führt Sie nur ins Irrenhaus. Kein Physiker kann Ihnen sagen, warum das so ist, aber ich versichere Ihnen, es ist so; entspannen Sie sich und genießen Sie."* Sprechen wir also vom Doppelspaltexperiment.

Es geht folgendermaßen: Wir nehmen einmal wirklich Tennisbälle und lassen sie aus einer Tennisballschleuder gegen eine Wand schießen, die zwei Löcher als Durchgänge hat. Dann werden wir erleben, daß eine Vielzahl der Bälle zurückgeworfen wird, aber eine Reihe von Bällen durch die Löcher hindurchgeht; und am Ende können wir zählen, was passiert ist, wie viele Bälle wir jeweils durch Loch 1 und Loch 2 hindurchgeworfen haben. Die Gesamtzahl der Bälle ergibt sich aus einer einfachen Addition der Durchgänge durch das eine wie durch das andere Loch; und so sollte es auch beim Licht sein, wenn es tatsächlich aus Korpuskeln bestünde. Die Wahrscheinlichkeitskurve ihrer Verteilung bei gleichzeitiger Öffnung beider Löcher sollte sich dann aus einer einfachen Addition der Korpuskeldurchgänge von Loch 1 und Loch 2 ergeben. Aber beim Licht führt das Doppelspaltexperiment zu einem paradoxen Resultat. Denn man kann feststellen, daß die einzelnen Photonen, wenn wir jeweils nur ein Loch öffnen, sich wirklich wie Tennisbälle verhalten: Man schließt einen Spalt und hat am Ende am Auffangschirm ein Verteilungsmuster, wie wenn Tennisbälle da hindurchgegangen wären. Aber jetzt: Öffnet man beide Spalte gleichzeitig, so erhält man ein Verteilungsmuster, wie es nur vorkommt, wenn Wellen hindurchtreten – es bildet sich eine Interferenzerscheinung, wie wenn eine Wasserwelle, die durch das eine Loch gegangen ist, und eine Wasserwelle, die durch das andere Loch gegangen ist, sich überlagert hätten. Es ist also von beiden Spaltöffnungen eine Wellenbewegung ausgegangen, ohne daß wir sagen könnten, durch welchen Spalt ein einzelnes Photon jeweils getreten ist. Klar ist: Bei Tennisbällen gibt es keine Interferenz! Es kann Interferenz nur bei Wellen geben. Also breitet sich das Licht aus wie eine Korpuskel, es erzeugt aber hinter dem Doppelspalt wie eine Welle Interferenzphänomene. Die Photonen lassen sich also beim Ausgang wie beim Ankommen als Teilchen messen, verhalten sich „unterwegs" aber wie Wellen. Mit einem Wort: Licht ist beides – Welle und Korpuskel! Huy-

GENS und NEWTON haben beide auf ihre Art recht! Nur: Beides paßt logisch nicht zusammen (IA 754–758)!

An dieser Stelle kommt ins Spiel, daß die Energie für die Quantenpakete schon von PLANCK ganz einfach als $E = h\nu$ bestimmt wurde: ν ist die Strahlungsfrequenz, und das h in dieser Formel ist das sogenannte PLANCKsche Wirkungsquantum, eine universelle und fundamentale Naturkonstante mit dem winzig kleinen Betrag von $6{,}6 \cdot 10^{-34}$ J · s (Joule mal Sekunde) (IA 331).

Bis hierhin ist die Natur des Lichtes gewiß einfach nur sonderbar, wir vermuten nicht gleich eine Revolution unseres Weltbildes in dieser Entdeckung; und doch ist sie darin enthalten. Wir müssen nur ein wenig über die Konsequenzen nachdenken.

Nehmen wir nur einmal an, wir wollten genauer wissen, durch welchen der beiden Spalte ein Lichtteilchen (ein Photon) gehe. Bei Tennisbällen genügte ein einfacher Zeitlupenfilm, um den Hergang zu dokumentieren; bei Lichtteilchen haben wir aber ein prinzipielles Problem: Immer, wenn wir ein Objekt photographieren wollen, muß Licht von dessen Oberfläche zurückgeworfen werden. Bei einem makroskopisch großen Tennisball ist das ohne Bedeutung; aber um Lichtteilchen zu photographieren, müssen sie mit anderen Lichtteilchen in Wechselwirkung treten, und bei jeder dieser Wechselwirkungen wird die Flugbahn des Photons verändert. Genauer: Lassen wir die Photonen unbeobachtet – ohne das Licht einzuschalten – durch den Doppelspalt auf eine Detektorwand dahinter gelangen, so zeigt sich Interferenz; beobachten wir hingegen die Ausbreitungsvorgänge der Photonen (schalten wir das Licht ein), so bricht das Interferenzmuster auf der Detektorwand zusammen, und wir erhalten nur die Verteilung, die einer bloßen Addition von hindurchgetretenen Lichtteilchen entspricht. Natürlich könnten wir versuchen, einen Mittelweg zu wählen, und die Intensität des Lichtes zum Beobachten verringern; dann aber würden wir weniger Photonen zur Beobachtung der Photonen zur Verfügung haben – viele Photonen würden einfach unbeobachtet durch den Doppelspalt gelangen, und wir hätten keine Ahnung, welchen Weg sie dabei nähmen. Wenn wir wirklich ihren Weg verfolgen wollen, brechen aber die Interferenzmuster zusammen. Das Dilemma scheint komplett (IA 760–762). Licht verhält sich sowohl wie ein Teilchen als auch wie eine Welle. Nun sind aber Energie und Materie entsprechend der EINSTEINschen Gleichung einander äquivalent. LOUIS DE BROGLIE zog 1924 deshalb den Schluß, daß die „Doppelnatur" von Welle und Teilchen nicht nur für die Lichtteilchen, sondern für alle Materieteilchen, auch die Elektronen zum Beispiel, gelten müsse (IA 766–767).

Und noch wichtiger ist die Folgerung, die WERNER HEISENBERG 1927 gezogen hat: Wenn wir nicht wissen können, welchen Weg ein Licht- oder Materieteilchen nimmt, so sind auf der Quantenebene der Wirklichkeit überhaupt nur Wahrscheinlichkeitsaussagen über das Verhalten einer genügend großen Anzahl von Objekten in einem rein statistischen Sinne möglich: die berühmte HEISENBERGsche Unschärfe.

Genauer gesagt: Wollen wir etwa die Bewegung eines Elektrons in einem bestimmten Raumabschnitt zu einem bestimmten Zeitpunkt bestimmen, so müssen wir die Geschwindigkeit und den Ort des Teilchens gleichzeitig messen. Wir können aber bei Messungen keine Abstände auflösen, die unterhalb der Lichtwellenlänge Lambda (λ) liegen. Die Unschärfe der Ortskoordinate Delta x (Δx) eines Teilchens ist deshalb mindestens so groß oder größer als die Wellenlänge des Lichts. Zudem sagten wir gerade, daß die Photonen des Lichts, das wir zum Messen verwenden, den Impuls der beobachteten Quantenteilchen verändern; die Impulsänderung (Δp_x) des Teilchens kann bis zu dem Betrag des Photonenimpulses p anwachsen. Die Änderung der Impulskomponente des Photons können wir definieren als h durch Lambda; und dieser Betrag h / λ ist die Unschärfe der Impulskomponente p_x, die durch die Ortsmessung bedingt ist. Und daraus folgt, daß das Produkt der Ortsunschärfe (Δx) und der Impulsunschärfe (Δp_x) niemals kleiner werden kann als h.

$$\Delta x \cdot \Delta p_x \geq h.$$

Diese Formel ist der Schlüssel der ganzen Quantenmechanik geworden. Sie besagt, daß es nicht möglich ist, gleichzeitig die Genauigkeit der Messung von Ort und Impuls eines Teilchens oder eines Photons zu steigern; je genauer die Ortsmessung, desto ungenauer die Impulsmessung und umgekehrt (IA 762–763).

Bis hierher hat es noch den Anschein, als würden damit lediglich Einschränkungen unserer subjektiven Erkenntnismöglichkeiten beschrieben; doch es gibt inzwischen Experimente, die zeigen, daß die Natur sich objektiv an die HEISENBERGsche Unschärfe hält. Die eben angegebene kleine Formel ist nicht mehr und nicht weniger als ein fundamentales Naturgesetz, und sie zwingt uns zu einem kompletten Umdenken, zumindest in der Quantenwelt. Denn wenn wir Raum und Zeit nicht mehr exakt zuordnen können, entfällt die einfachste Bestimmung dessen, was Kausalität ist. Kausalität bedeutet, daß eine bestimmte Wirkung zu einer bestimmten Zeit an genau dieser Stelle eintritt. Wenn wir indessen über Raum und Zeit nichts Exaktes mehr sagen können, entschwindet der Begriff der Kausalität. Das ist eine weitere ganz wichtige Folgerung der Quantenmechanik. Wir haben nur noch statistische Wahrscheinlichkeitsaussagen; und selbst das, was wir im Makrokosmos als Kausalität antreffen, ist nur das Anwachsen solcher Wahrscheinlichkeiten. Doch ist das wirklich so? Kann das überhaupt sein? Diese Frage wurde leidenschaftlich diskutiert.

Albert Einstein zum Beispiel war bis zu seinem Lebensende nicht gewillt, die Quantenmechanik für etwas anderes zu halten als für einen mathematischen Trick, mit dem man Phänomene beschreibt, ohne sie je zu verstehen; und was ihn am meisten wurmte: ohne auch bloß die Absicht erkennbar zu machen, sie je verstehen zu wollen. Seine Physikerkollegen, wie etwa Niels Bohr, beruhigten sich damit, daß sie mit den Gleichungen der Quantenphysik wunderbar rechnen konnten. Die Quantenphysik erlaubt uns in der Tat Vorhersagen in einer Genauigkeit, wie sie vorher niemals möglich waren. Sie funktioniert. Das Kürzel QED für Quantenelektrodynamik wird manchmal im Spaß mit *quod erat demonstrandum* (was zu beweisen war) wiedergegeben. Aber für Einstein war das bestenfalls die Oberfläche; er wollte der Komplementarität der Betrachtungsweisen, die Bohr vorschlug, nur eine subjektive, keine objektive Geltung zuerkennen. Aber wie gesagt: Alles spricht dafür, daß die Natur objektiv sich so benimmt, wie die Quantenphysik es darstellt. Es gibt inzwischen eine Fülle von Phänomenen, die zeigen, daß die Natur in Raum und Zeit sich wirklich anders verhält, als es unserer Logik entspricht. Das heißt, wir müssen es so sagen: Im Umgang mit dem Allerkleinsten funktioniert die Quantenphysik. Bei hohen Massenkonzentrationen hingegen ist die Relativitätstheorie am brauchbarsten. Für das Allergrößte brauchen wir die Relativitätstheorie, für das Allerkleinste die Quantenphysik. Doch beide stehen in logischem Widerspruch. Natürlich aber können wir nicht auf ewig mit zwei Theorien arbeiten, die uns Extrema beschreiben lassen, ohne zu verstehen, was dazwischen passiert. Alles wartet daher darauf, daß beide Theorien zusammenkommen. Denn erst wenn wir das wüßten, wenn wir höchste Energiezustände auf dem kleinsten Raum in der kürzesten Zeit versammelt hätten, verfügten wir über eine Physik, die den Zustand des Urknalls beschreiben könnte. Den Anfang der Welt könnten wir erst beschreiben, wenn wir Quantenphysik und Relativitätstheorie logisch zusammenbringen könnten. Zu diesem Problem gibt es inzwischen eine Menge von Lösungsvorschlägen, doch ohne daß irgendeiner sich bisher durchgesetzt hätte.

Die Entstehung der Welt in der Quantenphysik und das Gottesbild Einsteins

Einstein war ein religiöser Mensch, der sich auch mit der Gottesfrage auseinandergesetzt hat. Wie hat denn seine Erkenntnis sein Gottes- und Weltbild verändert? Er hat ja so etwas wie eine kosmologische Theologie entwickelt.

■ Ehe wir auf die theologischen Konsequenzen kommen, die zumindest für den Glauben suchenden Leser unseres Buches an jeder Stelle sichtbar werden, ist vielleicht noch interessant zu erwähnen, was für Vermutungen über den Anfang der Welt sich denn aus all dem Gesagten ergeben; denn erst dann ist auch die Dimension der religiösen Herausforderung wirklich erkennbar.

Es hat in den 70er Jahren einen berühmt gewordenen Aufsatz von EDWARD TRYON gegeben. TRYON schrieb damals, er erlaube sich hiermit, die Entstehung des Universums für eine der Tatsachen zu erklären, die ab und an vorkommen. Mit anderen Worten: Die ewige Frage „Warum gibt es etwas und nicht vielmehr nichts?" wird von einem Quantenphysiker damit beantwortet, daß kein Staunen mehr nötig ist. Es kommt nun mal vor, daß so etwas vorkommt wie die Entstehung eines Universums. TRYON hatte guten Grund, so zu denken. Er kam von der Quantenphysik her und ging davon aus, daß das, was wir Gravitation nennen, mit einer negativen Energie verbunden ist: Die Bildung eines neuen Gravitationsfeldes geht, wie wir schon sagten, stets mit der Freisetzung von Energie einher;

seine erste Wirkung ist also die einer gravitativen Abstoßung mit der Folge von Expansion (IA 982–984). Wenn man sich jetzt einmal vorstellt, daß die ganze Welt durch eine Fluktuation in einem Quantenvakuum entstanden sein könnte, bräuchten wir keinen Gott, um zu begründen, daß die Welt entsteht. Mehr noch: Wir könnten nicht nur ein Universum, sondern sogar beliebig viele Universen aus dem gleichen Mechanismus hervorgehen lassen. Es wäre dann sogar überaus wahrscheinlich, daß es unendlich viele Universen gäbe, gegeben hat und geben wird. Das Problem dabei ist der Begriff des Quantenvakuums.

Unter Vakuum verstehen die meisten soviel wie die Abwesenheit von Materie. Wir haben alle in der Schule schon einmal gesehen, wie man in einer einseitig verschlossenen Röhre mit einem Kolben ein Vakuum bilden kann: man zieht den Kolben nach außen, und entsprechend verdünnt sich der Inhalt an Luft in der Röhre. Für Physiker ist das Vakuum anders definiert: Es ist der Zustand der tiefstmöglichen Energie. Das Vakuum in der Physik besteht in diesem Sinne nicht, wie in der Metaphysik, als reines Nichts. Es ist lediglich das Unterste von dem, was überhaupt als Realität vorstellbar ist. In einem solchen Quantenvakuum können nun erstaunliche Dinge passieren: zum Beispiel, daß virtuelle Teilchen miteinander verschmelzen und sich zu Energie auflösen oder daß virtuelle Teilchen für kurze Zeit entstehen und wieder verschwinden. Man könnte sich dieses Vakuum bildlich gesprochen vorstellen wie einen ganz ruhig daliegenden See, der dennoch bei genauerer Betrachtung immer wieder Kräuselungen hervorbringt. Wenn wir an dieser Stelle von virtuellen Teilchen sprechen, also zum Beispiel von virtuellen Elektronen und Positronen, so klingt das alles vielleicht sehr mystisch und magisch, aber das ist es durchaus nicht. Wir können experimentell nachprüfen und zeigen, daß es zum Beispiel virtuelle Elektronen wirklich gibt. Wir können zeigen, daß „nackte" Elektronen dem COULOMBschen Gesetz über die Anziehung von elektrisch ungleichnamig geladenen Polen nicht genau entsprechen, und die Erklärung dafür ist, daß sich normalerweise eine Wolke von virtuellen Positronen um die einzelnen Elektronen lagert und damit die Anziehungskraft verändert. Da diese Differenzen heute meßbar sind, haben wir es bei der Theorie der virtuellen Teilchen mit experimentell untersuchbaren Phänomenen zu tun, die alles andere als nur der Neigung von Physikern zuzuschreiben sind, sich alles Mögliche auszudenken, bis zu dem Punkt, daß man womöglich nur noch rein spekulative Erklärungen dafür bieten könnte; es handelt sich im Gegenteil um sehr begründete Vorstellungen (IA 851–852).

Worauf ich hinauswill, ist Folgendes: Wenn es erwiesen ist, daß virtuelle Teilchen für einen Moment lang reale Teilchen werden und dann wieder verschwinden, so ist es möglich, daß sich im Quantenvakuum eine Realität bildet, ohne daß es dafür eine erkennbare Notwendigkeit gäbe, eine Ursache, die sie hervorbrächte. Wir haben es mit Fluktuationen zu tun, die ganz einfach zur Natur der Quantenwelt innerhalb der HEISENBERGschen Unschärfe gehören. Das Entscheidende dabei ist: Der Zeitrahmen, in dem das geschieht, kann nur im Maßstab der PLANCK-Zeit liegen, das heißt während eines Zeitraums von 10 hoch minus 43 Sekunden (10^{-43} s), also eine 1 und darunter eine 1 mit 43 Nullen. Diese Maßeinheit ist eine so verschwindend kleine Zeit, daß jede Vorstellung daran versagt. Aber in dieser Zeit ist es möglich, daß scheinbar ohne Grund etwas passiert, das nicht nichts ist.

Wir leben leider in Tagen, in denen man sich wichtige Vorgänge offensichtlich nur durch das Finanzgebaren von unverantwortlichen Zeitgenossen an der Börse klarmachen kann; aber der Vergleich ist nicht schlecht: Nehmen wir an, daß jemand morgens zur Bank geht und einen bestimmten Betrag abhebt, mit dem er sein Konto überzieht; da die Bank die Buchung erst später vornimmt, könnte der Kunde an demselben Tag dieselbe Summe wieder zurückzahlen, und es wäre auf seinem Konto keine Unregelmäßigkeit vorgekommen. Nehmen wir weiter an, er hätte den ausgezahlten Betrag, der sein Konto überschreitet, in der Zwischenzeit nützlich angelegt, er hätte damit Geschäfte gemacht, er hätte dabei sogar mehr verdient, und er hätte trotzdem die Bank nicht betrogen. Die Kürze des Zeitraums von 10^{-43} Sekunden im Maßstab der PLANCK-Zeit erlaubt solche „Transaktionen", wenn man so will. Für ganz kurze Zeit kann etwas passieren, wenn nur in dieser Zeit, innerhalb der „Leihfrist", die geborgte Energie wieder zurückgebracht wird. Diese Möglichkeit ist im Begriff der Quantenfluktuation enthalten (IA 981).

TRYON stellte sich nun vor, daß derartige Fluktuationen immer wieder vorkommen und daß sie groß genug sein können, um ein ganzes Weltall zu produzieren – nicht nur eins, sondern beliebig viele. Man kann sich bildlich vorstellen, dieses Quantenvakuum sei ein riesiges Schaumbad (IA 992–993). Auf „Schaum" als Vergleich kommt man deshalb, weil bei hoher Energie- und Materiedichte die ganze Struktur des Raumes in gewissem Sinne anfängt, sich zu kräuseln; man braucht eine eigene Beschreibungsform für solche Zustände – die Stringtheorie leistet das ihr Mögliche und versucht, Quantenphysik und Allgemeine Relativitätstheorie in rein mathematischen Modellen unter Annahme von neun oder noch mehr Raumdimensionen zusammenzubringen. Wenn dem so wäre, müßte man denken, daß beliebig viele Universen (oder „Multiversen") entstehen könnten, unter anderem dann auch unseres. Die meisten Universen werden dabei wahrscheinlich entstehen und ganz schnell wieder verschwinden. Andere aber werden sich bewähren, und ihr Schicksal wird je nach den verschiedenen Bedingungen unterschiedlich verlaufen. Mit Hypothesen dieser Art wäre der Anfang des Weltalls tatsächlich begründbar. Es handelt sich, wohlgemerkt, um eine reine Denkmöglichkeit, doch entscheidend ist, daß sie möglich ist.

Es gab eine lange Zeit, in der die Physiker die Idee des Urknalls mit fast metaphysischen Argumenten vor jedem Zweifel zu schützen versuchten. Sie sagten sich: Die Frage „Was war vor dem Urknall?" sei falsch gestellt. Der Urknall sei der Anfang von allem, und so könne es keine Ursache vor der Ursache geben. Man sagte in einem Vergleich, daß es ja auch sinnlos sei zu fragen, was unterhalb des absoluten Nullpunktes für eine Temperatur herrsche; der absolute Nullpunkt sei Null, und darunter gebe es halt keine Temperatur, auch keine Vor- oder Minus-Temperatur. Der absolute Nullpunkt sei der Anfang jeder Temperaturskala, und so verhalte es sich auch mit dem absoluten Anfang.

Ein solcher Vergleich trifft im wesentlichen zu: mit dem Urknall müssen Raum, Zeit, Materie, Kausalität sich überhaupt erst gebildet haben; und doch befriedigt ein solches Verdikt nicht. IMMANUEL KANT hatte vollkommen recht: Man kann nicht willkürlich mit der Frage nach den Ursachen aufhören, denn: Was ist die Ursache für die Ursache? TRYON zumindest nennt eine solche Ursache, für die es freilich wiederum keine Ursache gibt: Das Universum wäre hervorgegangen aus einer Quantenvakuumfluktuation.

Aber natürlich entstehen wieder neue Fragen: Warum dieses Weltall? Warum überhaupt ein funktionierendes Weltall? Die Wahrscheinlichkeit ist an sich übergroß, daß es einen ganzen Haufen von nichtfunktionierenden Universen oder Multiversen gibt, die nach ihrer Entstehung sogleich wieder kollabiert sind oder auf ewig expandieren, ohne irgend etwas Nennenswertes hervorzubringen.

Grundsätzlich gefragt: Warum funktioniert unser Weltall eigentlich? Und: Könnten sich nicht auf der Rückseite der Schwarzen Löcher neue Universen bilden?

■ Ein Autor wie LEE SMOLIN hat versucht, sich gerade darüber Gedanken zu machen. An dieser Stelle gilt es einzulösen, was ich am Anfang in Aussicht gestellt habe: Genauso wie wir imstande sind, auf die Frage nach der Entstehung des Lebens den DARWINismus anzuwenden, so können wir dasselbe Erklärungsmodell womöglich auch für die Frage der Entstehung des Universums oder der Multiversen einsetzen. Man könnte ja denken, daß unser Universum deshalb funktioniert, weil es sich aus anderen, womöglich schlechter funktionierenden Universen heraus entwickelt hätte. LEE SMOLIN nun verbindet das Problem mit der Frage, was in Schwarzen Löchern los ist. Er hält es für möglich, daß unser bisher geschilderter Eindruck, alles verschwinde im Schwarzen Loch und es komme nichts mehr dabei heraus, lediglich unsere Perspektive auf ein Schwarzes Loch wiedergibt. Im Hintergrund des Schwarzen Lochs wäre es in der Tat möglich, daß die Zeit dort wieder anfängt, daß das Schwarze Loch mithin lediglich das Ende der Entwicklung auf unserer Seite des Ereignishorizontes darstellt, jenseits dessen eine neue Entwicklung beginnt. Auf der Rückseite Schwarzer Löcher würden sich also vielleicht neue Universen bilden. Schwarze Löcher wären dann die Geburtsorte von Universen, die wir nie zu sehen bekommen werden. Genau das, was wir mit der Singularität im Urknall meinen, wäre ein solches Schwarzes Loch, nur von der einen Seite her betrachtet. Von der anderen Seite her gesehen, wäre es in sich selbst womöglich schon wieder der Anfang einer neuen Welt. So etwas wäre möglich (IA 1049–1051).

Ja, es wäre noch vieles andere möglich. Es könnte sein, daß wir in einer Vakuumblase leben, innerhalb eines sogenannten

„falschen" Vakuums, das aus sich selbst immer neue Universen in einem neuen „Urknall" hervorgehen ließe – Baby-Universen, wie man sie nennt. Auch das wäre vor allem nach den Vorstellungen der Inflationstheoretiker durchaus plausibel. Kurz, wir träfen auf eine Wirklichkeit, in der beliebig viele Universen eine Realität bilden könnten und in der aus unserem Universum wieder neue Universen hervorgingen (IA 985–987; 1044–1046). Ja, es läßt sich mit einem solchen Konzept vieler sich auseinander entwickelnder Welten vielleicht auch die hohe Funktionalität unserer Welt erklären.

Denn ein wichtiges Problem ist noch geblieben, auf das wir bereits am Anfang ganz kurz durch Ihre Frage gekommen sind: „Warum funktioniert unser Weltall?" Sie sagten völlig richtig, das liege an der unglaublichen Genauigkeit der Naturkonstanten. Doch auch dazu könnten die neuen Theorien – zumindest spekulativ – Denkmöglichkeiten zur Erklärung beitragen. Im ganzen haben wir 19 verschiedene sogenannte freie Parameter. Frei besagt, daß es keine Theorie gibt, die uns erklären könnte, warum genau diese Werte eingenommen werden. Warum hat das Proton genau diese Masse? Warum ist die Ladung von Proton und Elektron einander genau gleich? Warum hat die Gravitationskraft genau diesen Wert? Sie haben völlig recht: Schon geringste Schwankungen würden alles ändern. Eine Änderung sechs Stellen hinter dem Komma bedeutete eine Katastrophe. Würde etwa die Gravitationskonstante einen auch nur etwas größeren Wert haben, so wären die Sterne sehr viel kleiner und würden entsprechend schneller ausbrennen. Die Lebensdauer eines typischen Sterns wie unserer Sonne wäre so klein, daß die Evolution von Leben schwerlich hätte stattfinden können. Wäre der Wert der Gravitationskonstanten noch größer, so würde das Weltall sich nicht ausdehnen, sondern es würde viel zu schnell kollabiert sein; es hätte nie Sterne, Planetensysteme und Menschen geben können. Wäre die Gravitationskonstante hingegen etwas schwächer, so wäre die Expansion so rasch verlaufen, daß sich keine größeren kosmischen Strukturen hätten bilden können, mit dem nämlichen Ergebnis. Die freien Parameter müssen also genau so sein, wie sie sind, damit unser Universum so ist, wie es ist. Die Erklärungen drehen sich tautologisch im Kreise (IA 1032–1033). Aber nun kann es sein – es spricht sogar vieles dafür –, daß die Naturgesetze mitsamt den Naturkonstanten selbst Teil der Evolution des Kosmos sind. Die Bewegungen der Materie schüfen sich dann die Gesetze, nach denen sie sich bewegt – ein Vorgang, der auf sich selbst zurückwirkt.

Das Sonderbare ist, daß wir bei all den Gesetzmäßigkeiten den Zufall offenbar sogar mit in den Anfang selbst hineinnehmen müssen. Wenn wir von der Quantenvakuumfluktuation ausgehen, ist es ohnedies ein Zufall, daß es dieses Weltall oder andere Multiversen gibt.

Man denke nur noch einmal daran, daß die Vereinigung aller vier Naturkräfte, von der wir im Sinne der großen vereinheitlichten Theorien gesprochen haben, einen supersymmetrischen Zustand von absoluter Einfachheit bildet, wo es keinerlei Unterscheidungen mehr gibt. Die Frage lautet dann: Wie kann aus dieser Supersymmetrie einer höchsten Energieform heraus eine Entwicklung stattfinden, die mit ständigen Symmetriebrüchen voranschreitet? In der Stringtheorie geht man davon aus, daß der Symmetriebruch in sich selbst zufällig ist. Um ein Bild zu gebrauchen: Wir nehmen einen Bleistift, stellen ihn auf die Spitze und halten ihn vollkommen senkrecht. Dann lassen wir ihn los und erleben, daß der Bleistift in irgendeine Richtung fallen wird – in welche, ist in keiner Weise vorhersehbar, wenn wir nicht selbst das Lösen der Finger von dem Bleistift mit einem bestimmten Schubs verbinden. Wenn wir uns vorstellen könnten, wir vermöchten die Finger vollkommen symmetrisch und nach allen Seiten gleichmäßig zu lösen, würden wir nach wie vor erleben, daß der Bleistift ganz sicher umfallen wird, aber es gäbe nicht die geringste Möglichkeit vorherzusagen, in welche Richtung das geschehen würde.

Wir müssen dementsprechend denken, daß die Supersymmetrie in eine bestimmte Richtung hin gebrochen wurde, ohne daß wir begründen könnten, in welche Richtung dieser Symmetriebruch erfolgt wäre. Mit anderen Worten: Die ersten Anfänge der Welt haben einen nicht ableitbaren Zufall zur Voraussetzung. Das ist eine erstaunliche Feststellung. Die Stringtheorie arbeitet im Grunde diesen Ansatz immer weiter aus.

Lee Smolin seinerseits denkt, daß, wie im Darwinismus, diejenigen Universen am erfolgreichsten sein werden, die am stärksten „reproduktiv" sind. Wenn es wirklich die Schwarzen Löcher sind, aus denen neue Universen hervorgehen, so werden diejenigen Universen sich evolutiv durchsetzen, deren Parameterwerte so sind, daß sie in der Nähe einer Spitze für die Produktionsrate von Schwarzen Löchern liegen. In unserem Universum schätzt man die Zahl der Schwarzen Löcher auf 10^{18}, und denken könnte man, daß die meisten Änderungen in den Parameterwerten der physikalischen Gesetze die Produktionsrate von Schwarzen Löchern sinken lassen (IA 1050–1054).

Und was sagte Einstein dazu? Ist Gott über den Kausalsatz zu finden?

■ Einstein hat sich mit dem Problem des Anfangs der Welt eigentlich nicht befaßt; eine Antwort auf diese Frage ergibt sich wirklich erst aus der Physik der letzten Jahrzehnte. Lee Smolins Idee, die allerdings nur eine Idee, eine Hypothese, eine reine Spekulation ist, besagt, daß Universen am besten funktionieren, wenn sie eine möglichst große Anzahl von

Schwarzen Löchern und damit von Tochteruniversen hervorbringen. Wir müßten dann denken, daß die Naturgesetze inklusive der Naturkonstanten nicht vom Himmel gefallen wären, sondern daß sie selbst das Ergebnis einer kosmischen Evolution bilden würden, so wie unser Körper das Ergebnis der biologischen Evolution ist. Er muß in allen Details so funktionieren, wie er es tut. Auch da gilt: Eine kleine Abweichung etwa des Blutdrucks, der Temperatur oder eines anderes Meßwertes, und unser Dialog hier wäre rasch zu Ende – unser Thalamus würde Alarm schlagen, und aus wäre es mit aller Nachdenklichkeit. Wir leben auf Grund einer Homöostase, die sich in unserem Energiehaushalt bildet, und dessen Funktionsweise wiederum wird durch die Evolution festgelegt, die als vorläufiges Optimum unter den gegebenen Voraussetzungen genau diesen unseren Organismus hervorgebracht hat. Genau so könnte es sich auch mit dem Weltall verhalten: Es funktioniert, weil es in einem DARWINistischen Prozeß der Selektion dahin gekommen ist, gerade diese Naturkonstanten herauszubilden. Denken könnte man schließlich sogar, es gebe noch andere Universen, die vielleicht noch günstiger als das unsere eingerichtet seien. Nichts ist unmöglich dabei. Alle vorherigen Fragen wie: „Wer hat sich was gedacht, als dies und das entstand?" werden buchstäblich angesichts solcher Hypothesen, von denen wir nur einen winzigen Ausschnitt erwähnt haben, sinnlos. Es verschlägt uns jetzt endgültig die Sprache.

Worauf ich allerdings Wert lege, ist die Feststellung: Kein Mensch beweist uns, daß es sich so, wie gesagt, auch verhält. Auch kein Physiker kann derzeit irgend etwas Genaues sagen. Viele Physiker werden überhaupt mit Recht den Kopf schütteln und sagen, Spekulation sei nun mal nicht ihr Metier. Doch darauf kommt es in unserem Zusammenhang nicht an.

Allein die Weise, wie da spekuliert werden kann, unterscheidet sich von all den bisherigen Spekulationen der Theologen so weit, daß wir die geistesgeschichtliche Veränderung, die sich darin widerspiegelt, in keiner Weise unterschätzen dürfen. Schon daß solche Spekulationen möglich sind, zeigt das Ende eines bestimmten Typs von Theologie insgesamt. Und wir haben natürlich die Hoffnung und auch die Erwartung, daß Hypothesen dieser Art eines Tages experimentell überprüfbare Vorhersagen erlauben werden. Auch dafür spricht manches. Das Problem liegt derzeit darin, daß wir Energien, die so hoch lägen, daß sich die Naturkräfte vereinigten, nicht erzeugen können. Immerhin haben wir die elektroschwache Theorie experimentell überprüft: – sie funktioniert: Elektromagnetismus und schwache Wechselwirkung werden von den vorhergesagten Energiewerten an wirklich eins (IA 951). Wie aber sollten wir zum Beispiel die Gravitation mit den anderen drei Naturkräften verschmelzen? Dazu bräuchten wir Energiegrade, die von uns in keiner Weise experimentell zu erzeugen sind. Wir benötigten also kosmologische Vorhersagen über bestimmte beobachtbare Daten, die wir dann zum Beweis oder zur Widerlegung der entsprechenden Hypothesen heranziehen könnten.

Noch einmal methodologisch gesprochen: Eine naturwissenschaftliche Theorie kann sich als solche ja überhaupt erst einführen, wenn sie beobachtbare Effekte vorhersagt oder ausschließt. Sie muß überprüfbar sein. Diese Idee von dem Falsifikations- oder Verifikationsprinzip der Wissenschaft wird meist mit Karl Poppers Philosophie verbunden. Mich hat das immer erstaunt, weil alles, was dazu zu sagen ist, unübertrefflich klar schon bei Immanuel Kant steht. Da heißt es: „*Denken kann ich, was ich will, solange ich mir nur nicht widerspreche, aber die Frage ist, ob es mit irgendeiner beob-*

achtbaren Wirklichkeit übereinstimmt." Das allerdings unterscheidet alle Philosophie oder Theologie von der Naturwissenschaft. An dieser Stelle warten wir auf die Umwandlung von Spekulationen in Hypothesen und von Hypothesen in Theorien und von Theorien in Gesetze und Erkenntnisse. Worauf wir aber sicher nicht mehr warten können, ist, daß Physiker den Theologen dabei behilflich sein würden, den lieben Gott über den Kausalsatz zu finden. Die Zeiten, in denen das versucht wurde, scheinen wirklich ein für allemal vorbei.

Gott und die Naturgesetze

Heißt das, Gott ist nur noch eine Metapher? Oder Gott ist nichts weiter als eine Metapher? Die Vorstellung eines Gottes, der Naturgesetze außer Kraft setzt, ist obsolet? veraltet

■ Da stehen wir vor der ganz entscheidenden Frage: Warum an Gott glauben, wenn wir ihn nicht länger nötig haben für die drei Zwecke, für die er bisher theologisch eingesetzt wurde?

Gott schien als erstes der biblischen Theologie nach nötig als ein eingreifender Gott, der zum Beispiel das Volk Israel beruft, der es durchs Rote Meer führt, der es aus Qualen aller Art befreit – der aber beim Einschlag des Alvarez-Meteoriten merkwürdig untätig bleibt. Ein solcher eingreifender Gott paßt nicht in die Naturwissenschaften. Überall, wo wir hinschauen, sehen wir nicht göttliche Eingriffe, sondern die Wirkung bestimmter Gesetze, freilich unter unvorhersehbaren Zufallsbedingungen, am Werke. Was wir erleben, ist das Auftauchen völlig neuer Eigenschaften, emergenter Zustände, die wir vorher nicht haben ableiten können. Was wir sehen, ist der erstaunliche Übergang von chaotischen Prozessen zu Ordnungen, die sich daraus bilden. All das ist fabelhaft. Aber wir brauchen an keiner Stelle irgendein äußeres Prinzip, um Vorgänge dieser Art zu erklären. Das ist das Erste. Eine Theologie, die einen Gott braucht, der eingreift in die Gestaltung der Welt und notwendigerweise auf wunderbare Art Naturgesetze außer Kraft setzt, ist wirklich obsolet.

Das Problem besteht übrigens schon lange. Baruch Spinoza hat sich bereits damit befaßt, Immanuel Kant hat es vor allem in seinen „Kritiken" zum Problem erhoben; nur die Theologen haben daraus offenbar nicht viel gelernt. Sie wollten nach wie vor einen objektivierbaren Gott, der sich durch Wunder beweist. Das hat unter anderem natürlich auch mit einem absurden, falschen Wörtlichnehmen der Bibel zu tun, die man an den entsprechenden Stellen nicht symbolisch liest, sondern wie einen historischen Bericht mit objektiven Informationen über reale Fakten – so dann die Jungfrauengeburt, die Brotvermehrung oder die Himmelfahrt. Aus Glauben wird auf diese Weise sehr schnell Aberglauben und ein bizarrer Fundamentalismus mit Dogmenanspruch und Glaubenspflicht, womöglich noch unter vatikanischer Zensur.

Das Zweite ist: Es ist vorbei mit dem Lückenbüßer-Gott. Die Theologie besetzte immer wieder die Rückzugsgebiete des naturwissenschaftlich noch nicht Erklärbaren und machte sich dadurch scheinbar plausibel oder sogar notwendig. Das wirklich letzte Refugium dieser Art war die Frage nach der Entstehung der Welt. Wir haben soeben davon gesprochen. Das derzeit gerade noch für theologische Rückzüge und Scheinbeweise Verbleibende sind die Naturkonstanten. Selbst Leute wie FRED HOYLE, ein britischer Astronom, konnten so denken, daß die Genauigkeit in der Festlegung der freien Parameter ein Gottesbeweis sein müsse. HOYLE, der in Großbritannien vor allem auch als publizistisches Genie berühmt wurde, stellte einfach fest, daß allein schon die Fusion von Kohlenstoff im Inneren der Sonne darauf beruht, daß die Masse der drei dazu notwendigen Heliumkerne exakt der Masse eines angeregten Zustands des Kohlenstoffatoms entspricht – so daß es einem Wunder gleichkommt, wie es sein kann (IA 134). Ohne Kohlenstoff gäbe es überhaupt kein Leben; darüber müssen wir nicht diskutieren. Wenn aber alle Dinge mathematisch so genau festgelegt sein müssen, wie sie sind, damit das werden kann, was ist, braucht man dann nicht einen Gott? FRED HOYLE wurde nach langen Jahren des Agnostizismus und Atheismus über diese Frage ein frommer Mensch. Auch unter Naturwissenschaftlern gibt es solche Bekehrungen, die dann im amerikanischen Bibelgürtel, in South Carolina bei den Southern Baptists zum Beispiel, ebenso begeistert wie geistlos gefeiert werden. Denn klar ist: Es ist keine Konsistenz in solchen Theorien. Wenn Gott gebraucht wird, um eine bestimmte Lücke zu füllen, an der momentane Unerklärbarkeiten herrschen, dann wird ein solcher Gott natürlich sofort ins Exil gejagt, sobald die Möglichkeit einer Erklärbarkeit beginnt. Und aller wissenschaftliche Fortschritt hofft natürlich darauf, gerade diese Nullstellen des Wissens irgendwann durch bessere Erkenntnis zu besetzen. Geschichtlich betrachtet wird ein solcher Theologengott zu einem jagbaren Tier, das man von einem Reservat ins nächste scheucht. So kann es bei einiger Vernunft doch wohl nicht sein; in keinem Falle kann es so sein.

Das Dritte umfaßt im Grunde die beiden genannten Punkte: Gott kann nicht länger durch Rückschlüsse aus dem Kausalsatz gefunden werden. Dieses Denken ist indessen vor allem der katholischen Theologie so tief eingegraben, daß man im Ersten Vatikanum 1870 sogar zum formellen Dogma die Behauptung erhoben hat, daß Gott beweisbar sei (*demonstrari posse*), daß er mit den Mitteln der Vernunft bewiesen werden könne, und im Zusatzprotokoll heißt es ausdrücklich: über den Kausalsatz – *per causam* oder *per causalitatem*; man wußte also sogar ganz genau, wie. Dieser Denkansatz stammt theologiegeschichtlich aus einer 1800jährigen unseligen Verknüpfung von biblischer Theologie und griechischer Naturphilosophie. Diese falsche „Synthese" hat uns das Dilemma eingebrockt, daß jeder Fortschritt echter Wissenschaft wie von selbst zur Unglaubwürdigkeit eines Glaubens wird, der mit griechischer Metaphysik das hebräische Gottesbild philosophisch zu beweisen sucht. Die Enttäuschung über diese offenbar falschen Zugangswege zur Religion unter Kirchenzucht und Theologenzwang verbreitet sich aber inzwischen in den Schulen, sie verbreitet sich in unserer Kultur. Und damit wird eine Schwelle überschritten, hinter der es gar kein Zurück mehr gibt. Entweder finden wir also einen anderen Zugang zu Gott, oder wir finden überhaupt keinen mehr. Der tradierte Zugangsweg – wir haben an Gott objektiv zu glauben, weil er die Ursache ist, die uns die Welt in ihrem Dasein und Sosein verständlich macht – ist nicht mehr gangbar. Wir brauchen Gott nicht als Ursache, und noch schlimmer: Gott als die alleroberste Ursache, vorgestellt als eine Person von Allmacht, Güte und Weisheit, wird durch die Weltwirklichkeit selbst widerlegt. Allweise und allgütig ist es nicht, diese Mischung aus Chaos und Ordnung in Szene zu setzen, die wir Welt nennen, und dazwischen Lebewesen zu kreieren, die darüber nachdenken sollen, warum eine Frau mit 25 Jahren an Krebs stirbt, warum ihr Kind unters Auto kommt oder warum im Irak Krieg geführt wird.

Ist nur die christliche Theologie durch die Erkenntnisse der modernen Kosmologie herausgefordert? Tun sich denn andere Weltreligionen – Hinduismus, Buddhismus, Islam – leichter mit dem Verhältnis Naturwissenschaft – Religion, oder ist das ein generelles Problem?

■ Es ist in gewissem Sinne das Problem der drei biblischen Religionen, wenn man sie philosophisch interpretiert, statt ihre Botschaft rein existentiell zu lesen. Auch die jüdische Theologie hat große Philosophen hervorgebracht, aber dann meist im Widerspruch zu sich selbst. Spinoza ist das beste Beispiel dafür, wie ein klar denkender Kopf die biblische Religion auf den Kopf stellt: Spinoza glaubte nicht mehr an Wunder. Spinoza glaubte überhaupt nicht mehr an einen persönlichen Gott. Er war ein Pantheist, und das nahm man ihm in der Synagoge in Amsterdam so übel, daß er ein geächteter Mann wurde. Alle biblischen Religionen, auch der Islam, haben dieses Problem – man denke nur an IBN SINA (Avicenna) oder IBN RUSCHD (Averroes), die den Koran mit ARISTOTELES interpretieren wollten und gegen die dann THOMAS VON AQUIN (der bis ins 20. Jahrhundert der Pflichtideologe aller katholischen Theologen war) seine *Summe gegen die Heiden* schrieb, indem er mit demselben ARISTOTELES das Christentum zu beweisen versuchte. Alle biblischen Religionen möchten sich Gott vorstellen als einen Monarchen, der die Schöpfung in Verunendlichung positiver Wertbegriffe aus dem menschlichen Bereich eingerichtet hätte. Aber die Schöpfung ist nicht menschlich. Nicht einmal die Vorstellung von Raum und Zeit, die wir uns bilden, scheint für die Wirklichkeit besonders gut zu passen. Wir hantieren selbst als Naturwissenschaftler ziemlich hilflos herum.

Die Lage ist so ähnlich, wie wenn wir in einem sehr geordneten Zimmer aus dem Fenster schauen. In unserem Zimmer ist eigentlich alles, wie es sein muß: hier ist ein Wasserglas, und es bleibt stehen, wenn wir es hinstellen, und wenn wir es fallen lassen, wird es fallen. Und wir wissen sogar, wie schnell es fallen wird, und wir können vermuten, mit welcher Folge es auftrifft, wenn der Boden hart ist. Das alles geht in Ordnung. Alle Dinge verhalten sich, wie sie sollten, und das macht uns die Inneneinrichtung unserer Stube ja auch sehr gemütlich. Nun ist es aber Winter, und wir treten ans Fenster und sehen, wie der Schnee fällt. Wir können, weil der Schnee langsam fällt, den Flocken zuschauen – eine Meditation eigener Art, denn wir sehen, daß die Flocken fallen und, obwohl kaum ein Wind bemerkbar ist, verwirbelt werden. Kurz, wir schauen den Flocken zu, und wir können eine gewisse Bahnrichtung sich abzeichnen sehen und sogar vermuten, wie sie weiterverläuft.

Manchmal trifft unsere Vermutung auch zu, aber dann wiederum trifft sie nicht zu. So ungefähr läßt sich der Übergang von der klassischen Physik zur Quantenphysik, im Bilde gesprochen, verstehen. Was uns an Aussagemöglichkeiten bleibt, ist, daß wir das Eintreffen der Schneeflocken in einer bestimmten Häufigkeit auf einer festgelegten Meßfläche in einer angegebenen Zeit in etwa vorhersagen können. Bei einer gewissen Dichte des Schneefalls wird eine Flüssigkeitsmenge von bestimmtem Volumen in einem bestimmten Meßbereich am Boden eintreffen. So viel läßt sich vorhersagen. Aber welche Schneeflocke jetzt und wie viele Schneeflocken genau im Meßbereich am Boden ankommen, das werden wir nie vorhersagen können. Wir bleiben am Ende bei statistischen Angaben.

Mit anderen Worten: Selbst die Vorstellung von Raum und Zeit, von Kausalität, von der Verknüpfung von Ursache und Wirkung, ist in der Natur ganz sicher anders realisiert, als sie in unsere Köpfe paßt. Offenbar ist die Natur immer noch ganz anders, als wir es uns vorstellen und denken können.

Freilich, auch für diese Disparatheit von Denken und Wirklichkeit gibt es Gründe. Es gibt Erkenntnistheoretiker, die sich mit evolutiver Erkenntnistheorie beschäftigt haben und der Meinung zuneigen, daß all unsere Denkvorstellungen nie in der Pflicht gestanden hätten, die Wirklichkeit optimal nachzubilden, sondern bloße Überlebensstrategien darstellten. Mit anderen Worten gesagt: wir hätten in unseren Köpfen die Muster eines mittleren Bereichs der Wahrnehmung gespeichert, um uns damit in unserer Umwelt zurechtzufinden. An dieser Theorie ist wohl etwas Wahres. Wir sehen zum Beispiel mit unseren Augen stereoskopisch, weil es für baumbewohnende Affen ein Riesenvorteil war, dreidimensional sehen zu können: Wenn sie sich beim Springen verschätzten, war das tödlich. Also brauchten sie parallel gestellte Augen und ein dreidimensionales Raumvorstellungsvermögen. Folglich ist auch für uns Menschen der Raum dreidimensional. Nun ist er aber in Wirklichkeit vielleicht vierdimensional, wie die Allgemeine Relativitätstheorie lehrt, oder er ist fünfdimensional, wie THEODOR KALUZA in einem Brief an EINSTEIN schon 1919 meinte (IA 1007). Oder er ist neundimensional oder elfdimensional, wie die STRING-Theoretiker denken (IA 1010–1011). Mit 11 Dimensionen können wir rechnen, aber wir können sie uns nicht vorstellen.

Und mit der Zeit ist es ähnlich merkwürdig wie mit dem Raum: Wer kann sich schon eine gequantelte Zeit vorstellen oder wie in der Allgemeinen Relativitätstheorie eine Raum-Zeit, die die Bewegung der Massen bestimmt, von deren Bewegung sie selbst strukturiert wird?

Daraus aber folgt etwas Wichtiges: Wenn nicht einmal unsere Vorstellungen von Raum und Zeit mit der Wirklichkeit übereinstimmen, sondern nur zu einem bestimmten Mittelbereich der Wahrnehmung passend sind, den wir zum Überleben brauchen, dann sind wir offensichtlich nicht die Wesen, die hervorgebracht werden sollten, um die Welt zu verstehen. Daß wir ein bißchen von der Welt verstehen können, ist ganz gut, und wir haben unser Verständnis von der Welt inzwischen sogar beträchtlich ausgedehnt, aber wir müssen uns über die Begrenztheit dessen, was wir wissen können, ständig Rechenschaft geben. Es ist so ähnlich mit unserem Erkenntnisvermögen wie mit unserem Sehvermögen, wie mit der Tatsache, daß wir das Optische, den Bereich des sichtbaren Lichtes, recht genau im Mittelbereich des elektromagnetischen Spektrums angesiedelt finden, einem schmalen Bereich, der uns dann im Farbenspektrum von blau bis rot zugänglich ist. Schon die Infrarotstrahlung sehen wir nicht mehr. Und die Ultraviolettstrahlung kann uns die Haut verbrennen, sie kann Krebs erzeugen, aber wir sehen sie nicht. Röntgenstrahlung ist für unseren Körper noch schädlicher als das UV-Licht; aber obwohl wir sie sichtbar machen können, können wir sie mit bloßem Auge nicht sehen. Kurz, die Evolution hat schon unsere Sinne auf die Wahrnehmung eines mittleren Grades von Energiezuständen festgelegt. So betrachtet, tendiert der ganze Fortschritt der Wissenschaft im 20. Jahrhundert dahin, in Bereiche der Wahrnehmung vorzudringen, für die unsere Sinne eigentlich nicht gemacht sind. Wir brauchen sehr aufwendige und kostspielige Apparaturen, um uns in diese Sphären der Wirklichkeit hineinzutasten. Das alles kann natürlich noch lange so weitergehen. Dringend aber bleibt um so mehr die Frage: Was machen wir in einer Welt, die wir so kennenlernen? Sie hat uns ermöglicht, gewiß, aber sie hat uns sicher nicht gemeint.

Noch einmal auf den Punkt gebracht: Müssen alle Religionen Abschied nehmen von der Vorstellung eines allmächtigen, eines allgütigen und allwissenden Gottes? Können sie überhaupt etwas zur Erklärung des Weltgeschehens beitragen?

■ Die biblisch gestützten Religionen Judentum, Christentum und Islam müssen an dieser Stelle neue Begründungen finden und lernen, über die Begriffe Allmacht, Allweisheit, Allgüte Gottes anders zu sprechen, als sie es im Sinne ihrer Naturphilosophie oder Schöpfungstheologie zu tun gewohnt waren. Die Begriffe haben ihren Sinn, und wir werden ihn auch darlegen. Aber sie haben keinen Sinn zur Beschreibung oder gar zur Erklärung des Weltgeschehens. Dieser Unterschied ist sehr wichtig. Andere Religionen – Sie fragten danach – wie der Buddhismus waren weise genug, schon vor 500 v. Chr. auf eine solche Form von Theologie zu verzichten. Der Buddhismus erkannte vor allem die Schwierigkeit, von Gott als einer Person zu reden. Ich vermute, daß die Neurologen recht haben, die uns heute schon bescheinigen, wir würden in den nächsten zwanzig Jahren einen Kulturschock erleben, weil sich neurobiologisch zeigen läßt, daß so etwas wie Person und Freiheit im Sinne einer naturwissenschaftlichen Aussage gar nicht existiert. Das würde die Grundvoraussetzungen der Religion im Abendland noch einmal, und zwar zentral, transformieren. Wenn schon zweifelhaft wird, wie wir von Menschen als Personen reden können, wie sollen wir dann wissen, was wir eigentlich meinen, wenn wir Gott eine Person nennen? Ich bin ganz sicher, daß wir mit Macht in Diskussionen solcher Art hineingedrängt werden und daß sie unvermeidbar sind.

Der Buddhismus nun hat vor 2500 Jahren schon gesagt, es gebe das, was wir Person nennen, im Sinne einer objektiven Tatsache gewiß nicht. DAVID HUME im Abendland hat als erster ähnlich gedacht, als er sagte, Person sei ein Bündel von Apperzeptionen, von vereinheitlichten Sinneswahrnehmungen ... IMMANUEL KANT hat vor 220 Jahren aus diesem kritischen Ansatz gefolgert, daß wir an die Person des Menschen ebenso glauben müßten wie an die Freiheit und an die Unsterblichkeit der Seele; alles das seien Setzungen, die wir benötigten, um in der Geschichte einen Sinn zu finden, die wir aber ausschließen müßten, wenn wir Erklärungsmodelle für die Wirklichkeit anzubieten suchten. Ich glaube, KANT hat recht. Erklären können wir mit dem Begriff der Freiheit zum Beispiel absolut nichts; um etwas zu erklären, brauchen wir Determination und Notwendigkeit. Freiheit ist das gerade Gegenstück zu dem, was man erklären kann. Im Grunde ist schon mit der Religionskritik der englischen Aufklärung oder, wie ich denke, mit der Neubegründung von Theologie im KANTischen Denken vor 220 Jahren ein Weg vorgezeichnet, die Frage nach Gott anders als über den Kausalsatz und über die „Physikotheologie" anzugehen. Wie wäre es denn, wenn wir Gott nötig hätten, um unsere Freiheit zu begründen – und nicht um die Welt mit ihren Gesetzen zu erklären?

Wie denn, wenn der Glaube an Gott dem Selbsterhalt des Menschen gilt und man an Personalität ebenso glauben muß wie an die Person Gottes selbst?

In diesem Falle würde natürlich auch die Diskussion mit Hindus und Buddhisten hochinteressant. Woran glauben diese Religionen, wenn sie eine Ethik begründen, die eine Person im abendländischen Sinn eigentlich nicht voraussetzt und auch keinen Gott im personalen Sinne? Der Buddhismus hat in seinen Varianten, im Mahayana- und Hinayana-Buddhismus in Hinterindien oder im Vajrayana-Buddhismus in Tibet, eine Menge von personal erscheinenden Gottheiten aufgenommen; aber die reinen Theravada-Schulen auf Ceylon, die dem ursprünglichen Buddhismus am nächsten stehen, brauchen keine Götter und auch keinen Gott. Im Gegenteil, Menschen, die sich selbst gefunden haben, benötigen nach buddhistischer Vorstellung all das nicht mehr.

Wie vereinbart sich das mit der abendländischen Theologie oder mit den Überzeugungen Jesu in der Bibel?

■ Das ist eine wirklich spannende Frage. Ich glaube, daß wir, wenn wir diese Frage beantworten, nicht nur eine neue Standortbestimmung des Menschen erhalten, sondern auch eine neue Einheit zwischen den Religionen finden und den Kulturen, aus denen sie stammen. Ich bin mir sicher, daß das gar keine ferne Zukunft ist, von der wir im Sinne einer solchen Synthese sprechen. Die Fragen sind schon lange auf dem Tisch, die Lösung kann nicht beliebig lange warten, und die Voraussetzungen einer Antwort sind in der Frage schon enthalten. Also!

„Gott würfelt nicht"

Ehe wir fragen: „Wozu denn eigentlich Gott?", müßte man vielleicht doch noch einmal auf Einstein kommen, der so etwas gesagt hat wie: „Gott würfelt nicht".

■ Ja, da irrte EINSTEIN entscheidend. Wir sprachen schon einmal von der vermeintlichen „Eselei", daß EINSTEIN eine kosmologische Konstante in die Allgemeine Relativitätstheorie einführte, um ein statisches Weltbild zu rechtfertigen. Doch vielleicht irrte EINSTEIN in diesem Punkte gar nicht so sehr. Denn wir vermuten heute, daß die überraschend große Expansionsgeschwindigkeit des Kosmos nicht nur auf den negativen Druck zurückgeht, der mit dem Urknall begonnen hat, sondern daß da eine negative Kraft im Gange ist, eine dunkle Energie, die den Kosmos vor sich hertreibt. Das wäre wirklich EINSTEINS kosmologische Konstante (IA 1062–1063). Als Physiker war er absolut genial. Aber mit dem Satz: „*Gott würfelt nicht*" wollte er auf saloppe Weise seine Kritik an der Quantenphysik beschreiben; und wenn er von Gott sprach, hatte er seine eigenen Vorstellungen davon. Beides muß man erklären.

EINSTEIN weigerte sich, wie wir schon sagten, die Quantenphysik als – wie er sich ausdrückte – den *wahren Jakob* zu verstehen. Sie stellte für ihn eine mathematische Trickserei von beachtlichem Scharfsinn dar, um eine Sache zu beschreiben, die man mit einem Satz von Spielregeln wenigstens berechnen konnte. Aber daß die Wirklichkeit so verrückt wäre, wie die Quantenphysik behauptet, hätte er nie für möglich gehalten.

„Gott würfelt nicht“ – damit wollte er sagen: Es kann doch nicht sein, daß ein Teilchen an einem Ort und gleichzeitig an einem anderen ist. Doch es gibt Experimente, die zeigen, daß so etwas möglich ist. EINSTEIN wollte kategorisch ausschließen, daß es irgendwo eine Unschärfe gäbe, die den Kausalsatz sprengen würde, eine Unschärfe also, die nicht bloß existierte, weil wir eventuell im Moment nicht imstande wären, genau hinzusehen, sondern weil die Natur selbst so wäre. Das war der entscheidende Punkt EINSTEINS. Er hatte den Verdacht, daß die Quantenphysiker die rein subjektiven Beobachtungsbedingungen des Menschen zu objektiven Natureinrichtungen metaphysizierten. Es gibt doch auch den Mond, selbst wenn wir ihn nie gesehen hätten, und der Baum existiert, selbst wenn wir Blinde wären und an ihm vorbeigingen, dachte EINSTEIN. Es könne doch nicht sein, daß Dinge überhaupt erst durch die Beobachtung entstehen, wie man im Deutschen Idealismus glaubte.

Doch wir sagten schon: Die Natur ist wirklich so „verrückt“, wie die Quantenphysik sie beschreibt. Nehmen wir nur den sogenannten Tunneleffekt: Ein Teilchen, das in einem Energiewall eingeschlossen ist, taucht plötzlich außerhalb dieses Walles auf; es befindet sich an einer Stelle, an der es sich nach den Gesetzen der klassischen Physik gar nicht befinden dürfte. Der Effekt existiert aber – in den 80er Jahren entwickelten GERD BINNIG und HEINRICH ROHRER damit das Raster-Tunnel-Mikroskop, das Strukturen bis zur Größe eines Atoms abtastet (IA 804).

Ein berühmtes Gedankenexperiment zur Widerlegung der Quantenphysik hat kein Geringerer als ERWIN SCHRÖDINGER vorgeschlagen, der die nach ihm benannte SCHRÖDINGER-Gleichung entwickelte, mit der die Quantenphysik zum ersten Mal überhaupt ein plausibles Beschreibungsmodell gewann. SCHRÖDINGER selbst glaubte nicht an die Quantenphysik, obwohl er ihr das Rechnen beigebracht hat. Er hat wie Einstein sogar eine ganze Reihe von Gedankenexperimenten angestellt, um sie zu widerlegen; und eines davon ist die verrückte Geschichte von *Schrödingers Katze*. Jedes populäre Buch über Quantenphysik bringt irgendwann diese Geschichte von Schrödingers Katze, so daß Stephen Hawking einmal sagte: *„Wenn mir jetzt wieder jemand mit Schrödingers Katze kommt, hole ich gleich das Jagdgewehr."* Es geht um Folgendes: Wir halten eine Katze in einem bestimmten Raumbereich, in einem Kasten, aus dem sie nicht entweichen kann. Dann setzen wir in diesen Kasten eine Flasche mit tödlichem Gift, auf die sie keinen Zugriff hat. Des weiteren ersinnen wir einen Auslöser, der die Flasche zertrümmert und das Giftgas sich ausbreiten läßt. Die Katze wird in diesem Falle sterben. Nun soll aber der Auslöser daran gebunden sein, daß in einer winzigen Menge radioaktiver Substanz ein Atom zerfällt. Ein radioaktives Element, zum Beispiel ein Uran-Isotop, zerfällt in einer bestimmten Halbwertszeit. Das bedeutet: In diesem bestimmten Zeitabschnitt wird die Hälfte der Atome zerfallen sein, die andere Hälfte nicht. Es kann also sein, wenn wir den Beobachtungszeitraum ausreichend kurz und die Menge der Atome klein genug wählen, daß, sagen wir: innerhalb einer Stunde, entweder ein einzelnes Atom nicht zerfallen ist oder doch zerfallen ist, denn die Aussage der Halbwertszeit basiert wie alles in der Quantenphysik auf einem statistischen Mittelwert des an sich unvorhersehbaren Verhaltens von vielen Atomen. Nun aber soll, wie gesagt, der Auslöser, der die Flasche zertrümmert, gebunden sein an den Zerfall eben eines einzelnen radioaktiven Atoms. Nach einer Stunde haben wir also nur die Möglichkeit zu sagen: Wenn das Atom zerfallen ist, wird die Katze tot sein; wenn aber das Atom nicht zerfallen ist, wird die Katze nicht tot sein. Da wir nur quantenmechanische Beschreibungen über den Zustand des Atoms haben, haben wir auch nur quantenphysikalische Beschreibungen des Zustands der Katze. Sie ist für unsere Betrachtung gleichzeitig tot und lebendig; denn die Wahrscheinlichkeitswellen, die ihren Zustand beschreiben, überlagern sich. Wir haben gewissermaßen eine Aussage über zwei Katzen, eine lebende und eine tote, und erst wenn wir nachgucken, stellen wir fest, ob die Katze lebendig oder tot ist (IA 916–917). Wenn es sein kann, wie die Quantenphysik lehrt, daß es Katzen gibt, die sowohl tot als lebendig sind, scheint mit der Quantenphysik selbst etwas nicht in Ordnung zu sein – meinte SCHRÖDINGER. Oder ist die Wirklichkeit wirklich „verrückt"?

Es hat tatsächlich eine Reihe von Quantenphysikern gegeben, die sich zu Schrödingers Katze bekannt haben. Sie haben gemeint, die Beobachtung lege überhaupt erst fest, was Wirklichkeit sei. In jedem Moment, wo wir etwas beobachteten, entstehe ein neues Universum. Im Endeffekt führt das zu einem idealistischen Konzept. HUGH EVERETT entwickelte schon in den 50er Jahren die Theorie der vielen Welten, mit der er die Frage aufwarf: Wer beobachtet eigentlich was? Daß wir Menschen eine Katze beobachten, ist schön und gut. Aber die Katze kann auch beobachten. Vielleicht genügt es ja, daß die Katze sich selbst beobachtet hat, um festzustellen, daß sie noch lebt. Oder brauchen wir einen obersten Beobachter, einen Gott, der alles beobachtet und dadurch überhaupt erst die Quantenzustände festlegt, in denen wir leben? Der unendliche Regreß auf einen letzten Beobachter nahm theologische Züge an und erschien metaphysisch so überfrachtet, daß EINSTEIN instinktiv zuzustimmen ist, wenn er meinte, die Wirklichkeit könne so nicht sein. Außerdem möchte man als Physiker doch immerhin erwarten, daß die Naturgesetze es erlauben, eindeutig zu sagen, ob Katzen tot sind oder lebendig. Wenn das nicht möglich sei, hat EINSTEIN gesagt, wäre er doch lieber Portier in irgendeinem Spielsalon geworden als Physiker. Das steht hinter seinem Satz: *„Gott würfelt nicht"*.

Wenn aber EINSTEIN überhaupt von Gott sprach oder, wie er es auch liebte, von „dem Alten", so ist das völlig metaphorisch, nicht eigentlich theologisch zu nehmen. EINSTEIN konnte auch sagen: *„Listig ist der Alte, aber nicht bösartig."* Und er meinte auch das in bezug auf die Quantenphysik. Die Welt, die wir erleben, dachte er, sei unglaublich intelligent und bewundernswert, aber daß ihre Gesetze so gemacht seien, daß wir prinzipiell nie dahinterkommen könnten, warum sie so sind, das setze einen *deus maleficus*, wie die Theologen sagen würden, einen bösartigen Gott voraus, und das könne nicht gut sein. EINSTEIN erhielt sich ein kreatürliches oder besser: intellektuelles Vertrauen zur Natur, und eben darin bestand auch seine „Religion". Insofern steckt hinter seiner metaphorischen und saloppen Redewendung vom *„Alten"*, der nicht *„würfelt"*, eine tief durchdachte religiöse Überzeugung. Für EINSTEIN war es jedoch wohlgemerkt unmöglich, an einen Gott zu glauben, der personhaft ist, der dem Menschen eine unsterbliche Seele schafft und ihm einen besonderen Sitz in der Welt zuordnet. EINSTEIN glaubte auch nicht, daß der Begriff der Freiheit statthaben könne. Er glaubte an den Gott SPINOZAS, der eine Welt erschafft, die nach Gesetzen vollkommen geordnet und bestmöglich eingerichtet ist. Ja daß das Universum gerade so sei, war ihm der ganze Inhalt aller Religion. Denn erkennen zu wollen, wie schön, wie groß, wie nach Gesetzen geordnet die Welt ist, war für ihn, als denkendes, erkennendes Wesen, die Religion selbst. Er verstand überhaupt nicht, daß Menschen nicht Physiker werden wollten. Das wäre, schreibt er einmal, gerade so, wie wenn eine Kuh auf der Weide frißt und keine Ahnung davon hat, was eine Blume ist. Wir Menschen können auch ohne Physik leben, aber zu leben, ohne erkennen zu wollen, ist nicht menschlich. In Demut und Dankbarkeit zu lernen und anzuerkennen, wie wunderbar die Natur eingerichtet ist und wie sie unser Denkvermögen auf überraschende Weise immer wieder übersteigt, machte EINSTEIN glücklich. Das war seine Religion.

Naturwissenschaft und Gottesglaube

Einfach gefragt: Wie kann denn heute ein Physiker an Gott glauben? Hat für einen Naturwissenschaftler Religion nur eine relative Bedeutung? Hat sie ihm überhaupt etwas zu sagen?

■ Ich fürchte, daß wir einer Generation beiwohnen, die uns in das Glück hebt, Menschheitsfragen zum ersten Mal zu beantworten, die aber immer weniger willens oder imstande ist, die religiöse Dimension ihres eigenen Tuns zu begreifen. Es gibt Physiker, die sich im Grunde ihre Religion ganz einfach deswegen erhalten, um gesellschaftlich beruhigt zu leben. Ich traf vor einer Weile einen Astronomen bekannten Namens, der mir, als ich ihn fragte: „Wie kommen Theologie und Astronomie zusammen?", versicherte, daß solche Fragen bei ihm nicht gestellt werden. „Wer sie stellt", so seine Aussage, „ den werden wir in den ersten vier Semestern schon aussortieren." Astronomie ist für ihn eine Form von Beobachtung und Mathematik, nichts weiter.

Merkwürdigerweise sind es oft Astronomen und Physiker aus der alten DDR, die den religiösen Fragen viel zugänglicher sind, wie zum Beispiel ULRICH BLEYER, der Leiter der Urania in Berlin, der sehr engagiert die über 1000 Seiten des Manuskripts meines Buches *„Im Anfang ..."* mitgelesen hat. Für die alte DDR war alles, wovon wir hier reden, eine Widerlegung des Gottes der Theologen, mit dem vollkommen richtigen Bedenken, daß eine schöpfungstheologische Erklärung der Welt mit naturwissenschaftlichem Denken unvereinbar ist. Insofern konnte die ganze Kulturpolitik der DDR darauf setzen, daß der Fortschritt der Wissenschaft schon von selbst die Religion obsolet erscheinen lassen würde. Und ich fürchte, daß, solange die Theologie bleibt, wie sie ist, dieses alte Konzept von Karl Marx und Friedrich Engels völlig aufgehen wird. Je mehr die Menschen von den Zusammenhängen der Natur wissen, desto weniger brauchen sie die Lehren der Kirche und den Gott, der darin eingeschlossen ist. Religion, wenn sie glaubwürdig sein soll, darf nicht auf bloßer Unkenntnis und Angst des Menschen gegenüber der Natur basieren.

Es gibt andere Naturwissenschaftler, die „aufgeklärt" genug sind, die etablierte Religion überhaupt nur für eine Art von Konvention und Tradition zu halten. Sie leben zum Beispiel in Süddeutschland, und es ist Fronleichnamsprozession. Die machen sie natürlich mit, besonders wenn sie vom Dekan der Fakultät darum gebeten werden. Das alles steht ja der Astronomie nicht im Wege, denken sie, sondern ist der Begleitumstand eines angenehmen bürgerlichen Lebens. Es ist klar: Auf einem solchen Reflexionsniveau bekommen wir die Probleme, die wir hier lösen wollen, gar nicht erst. Das wirkliche Leiden, das ehrliche Suchen, das ernste Fragen beginnt immer wieder allererst in der Tiefe. Ein Mann wie Reinhold Schneider konnte das in den 50er Jahren in *Winter in Wien* so sehen, oder auch die französische Autorin Marie Noël. Es waren nicht so sehr Wissenschaftler als Dichter, die von dem Gott der tradierten Frömmigkeit ausgingen und die durch die Erklärungen, die von den Naturwissenschaften biologisch, astronomisch, kosmologisch angeboten wurden, zerbrachen und zerbrechen mußten, einfach auf Grund der zahllosen Widersprüche. Eben deswegen bemühen wir uns hier so sehr um eine Antwort.

Allerdings wird eine solche Antwort nicht von den Physikern gegeben werden können. Ich glaube, definitiv sagen zu können, daß von der Naturbetrachtung her kein Weg zu einem personhaften Gott führt. Ein Physiker, der von seinem Denkansatz zur Religion kommen möchte, wird zu EINSTEINS Gott gelangen, zu SPINOZAS Gott; ein anderer wird und kann sich ihm nicht zeigen. Es hat GOETHE einmal in den *Maximen* geschrieben: *„Wir sind als Dichter Polytheisten, als Naturphilosophen Pantheisten und als ethische Persönlichkeiten Monotheisten."* Er wollte damit sagen: Wir können über Gott nicht reden wie von einer Tatsache, die an und für sich besteht; wir müssen bei jeder Aussage mit hinzufügen, unter welchem Aspekt wir denn die Beschreibung liefern, welche Fragen wir beantworten wollen, mit welcher Methode wir arbeiten. Und je nach der Methode, je nach der Perspektive kommt etwas ganz Verschiedenes in den Blick.

Eine hinduistische Geschichte erzählt einmal von drei Blinden, die beschreiben sollen, wie ein Elefant aussieht. Der eine sagte dem Maharaja, er sehe aus wie ein Besen, denn er hielt den Schwanz in der Hand, und der Zweite behauptete, der Elefant sei doch nicht wie ein Besen, er sei wie eine Tonne, denn er hielt gerade den Vorderfuß umklammert, der Dritte versicherte, er sei keineswegs wie eine Tonne, er sei wie ein Schlauch, denn er betastete gerade den Rüssel. Und es gäbe gewiß noch beliebig viele andere Beschreibungsmöglichkeiten eines Elefanten. Die Frage aber ist: Wie bekommt das Tier ein Eigenleben, wie setzt sich aus den verschiedenen Aspekten die Wirklichkeit zusammen? Daß es nur *eine* Wirklichkeit gibt, scheint keine Frage. Doch diese eine Wirklichkeit, über die Naturwissenschaften so unvollständig auch immer erkannt, ergibt den Gott der Pantheisten. Unter diesem Blickwinkel gibt es keine Person, gibt es keine Form der Manifestation des Göttlichen. Es gibt ein großes Ganzes, in dem alles miteinander verwoben ist, und allein das ist gewiß etwas Wunderbares. Aber genau genommen hält EINSTEINS Denken an dieser Stelle seinem eigenen Wollen nicht stand.

Ich mag EINSTEIN ganz besonders seines Pazifismus wegen, seines glühenden Humanismus wegen. Wer außer EINSTEIN hätte schon im Jahre 1951 gesagt: *„Für mich ist das Töten im Krieg in nichts unterschieden vom gemeinen Morden"*?

EINSTEIN hat sich dem militärischen Wettrüsten widersetzt, und er sah es rückblickend als einen Irrtum an, ROOSEVELT die Atombombe mitempfohlen zu haben. EINSTEIN hatte nicht geglaubt, daß man im Ernst hunderttausend Menschen in wenigen Sekunden wirklich töten würde; daß man damit droht, um etwas zu vermeiden, vielleicht, ja, aber doch nicht, daß man es wirklich tut!

EINSTEIN selbst aber hatte als Physiker EDWARD TELLER zum zeitgenössischen Kollegen, der 1952 unbedingt die Wasserstoffbombe bauen wollte. Der Grund: Die Zerstörungskraft einer auf Kernspaltung basierenden Atombombe hat bei der kritischen Masse von spaltbarem Material ihre kernphysikalische Grenze. Die Wasserstoffbombe aber hat demgegenüber im Prinzip überhaupt keine kernphysikalische Begrenzung, weil sie nicht auf der Spaltung, sondern auf der Fusion von Atomkernen (vorwiegend von Deuterium zu Helium) beruht. Alles ist im Grunde lediglich eine technische Frage des Transports und der Energie, die man zum Zünden der Fusion benötigt. TELLER war als Physiker unbedingt für den Bau einer solchen Bombe. Gibt es einen Unterschied, der größer ist als zwischen diesen beiden Juden, EINSTEIN und TELLER, die beide aus Europa, aus Deutschland und aus Ungarn, kamen?

Worauf ich hinauswill, ist die folgende Feststellung: Die Naturwissenschaft beantwortet absolut nicht, was EINSTEIN von TELLER unterscheidet; beide verwenden unterschiedslos die gleiche Physik. Aber das Entscheidende ist, daß sie eben nicht nur Physiker sind, sondern auch Menschen. Und was sie für Menschen sind, sagt ihnen ganz sicher nicht die Physik. Warum zum Beispiel war EINSTEIN ein so wunderbarer Mensch? Soll man wirklich glauben, es seien die Gene oder die Umwelteinflüsse oder die Determination des Elternhauses oder die Erziehung, die, je nachdem, EINSTEINS oder TELLERS hervorbrächten, so wie die Natur sonst Schafe oder Wölfe? Irgendwie möchte man doch glauben, daß ein Mensch etwas zu seinem Leben beigetragen hat. Oder wäre auch diese Erwartung völlig falsch? Was aber sind das dann für Überlegungen, die einen Menschen zu dieser oder jener Entscheidung bringen? In jedem Falle müssen wir über Freiheit, über Person, über Persönlichkeit sprechen. Und auf diesen Ebenen bewegt sich erkennbar eine ganz andere Art von Reflexion. Von ihr denke ich wirklich, sie komme den biblisch gestellten Problemen und Antworten nahe, enorm viel näher jedenfalls als der Ausgang von der griechischen Naturphilosophie, denn der, wie gesagt, wird keinen Gott zu zeigen vermögen, der uns als Menschen zu einem menschlichen Leben verhilft.

Ehe wir auf den Begriff der Person zu sprechen kommen: Wer uns bis hierher gefolgt ist, wird aber vielleicht doch noch die Frage stellen: Wozu denn überhaupt noch einen Gott? Warum überhaupt noch die Rede von Gott?

■ Wir sind gerade dabei! Wir müssen nur ein Stück weiterdenken. Wenn wir in einem Weltall leben, das auf alle Dinge, die es hervorbringt und ermöglicht, nicht die geringste Rücksicht nimmt, in dem Planeten entstehen und durch irgendeinen Crash wieder beseitigt werden, in dem selbst noch die Trümmer den erzeugten Planeten zur Gefahr werden – aus dem Asteroidengürtel etwa kann uns jederzeit irgendeine Katastrophe drohen –, dann sind Tod und Leben scheinbar völlig unbedeutend. Man müßte dann ungefähr dem Weltbild folgen, das man bei den Hindus in der Bhagavadgita findet. In einer berühmten Schlacht zwischen den Brudersippen der Pandavas und Kauravas bei Kurukshetra weigert sich der Pandava-General Arjuna zu kämpfen. Denn er sagt sich: Krieg ist Brudermord, und das ganze Blutvergießen ist sinnlos – ich tue es nicht. Es ist dann der Gott Krishna, der ihm erscheint und ihm beibringt, daß er seine Pflicht tun muß; er ist ein Krieger, und er hat die Pflicht, die Ordnung aufrechtzuerhalten, die in der Welt liegt. An dieser Stelle führt die Bhagavadgita das unglaubliche Argument an, daß dem Weltall beim Töten beliebig vieler Menschen doch überhaupt nichts genommen werde, Menschen kämen und vergingen, die Gesamtbilanz des Kosmos aber bleibe immer dieselbe.

Physikalisch ist diese Ansicht beängstigend richtig. Das ganze Universum, sagten wir, stelle im Grunde eine Plus-Minus-Rechnung um Null dar, ein Schwingen um Nichts, eine Quantenvakuumfluktuation, ein Plus und Minus, die sich exakt aufheben. So betrachtet, ist natürlich auch die Zündung von Atombomben über beliebig viele Millionen Menschen nur ein Kommen und Gehen, und nichts an Bedauern ist dabei. Nur: Kann ein Mensch so denken und dabei noch ein Mensch bleiben? Ist es überhaupt vorstellbar, daß wir als Menschen nach der Art der Natur mit lebenden, fühlenden Wesen, seien es andere Menschen, Tiere oder Pflanzen, so verfahren würden? Die ganze Menschlichkeit besteht darin, daß wir genau das nicht tun dürfen und sogar wissen, daß wir es nicht tun dürfen. Dieser Unterschied ist absolut entscheidend. An dieser Stelle ist es die Religion, die danach fragt, woher dieser Unterschied eigentlich kommt, und sie macht ihn fest in Gott. Das Paradoxe dabei ist, daß derselbe Gott, mit dem die Theologen bislang die Welt erklären mochten, dem Menschen ein Prinzip bietet, ganz anders zu sein als die Natur, die doch aus ihm hervorgehen soll. Dieser Widerspruch ist das wirklich

Spannende in der Theologie – der Widerspruch zwischen den Begriffen „Schöpfung" und „Erlösung". Der Kontrast zwischen diesen beiden Begriffen kann sich erst aufheben, wenn wir von „Schöpfung" genau so „subjektiv" und existentiell betroffen sprechen wie von „Erlösung"; doch dann müssen wir Abschied nehmen von der tradierten Schöpfungslehre mit Gott als einer obersten Erklärungsursache für alles und jedes. Um es so zu sagen: Gott ist keine Ursache, er ist überhaupt keine Sache, er ist der Grund, aus dem heraus wir uns als Menschen sehen und vollziehen können.

Kann man es auf den Punkt bringen: Je mehr wir an unserem Gottesbegriff herumtüfteln, um ihn plausibel zu machen, desto nichtssagender wird dieser Gottesbegriff und dieser Gott?

■ Das hat SIGMUND FREUD so gemeint. Er hörte, wie sich Leute ihre Religion erhielten: Sie glaubten an Gott, indem sie immer abstrakter von ihm redeten; am Ende hatten sie allerdings eine Vorstellung von Gott übrig, die weder beweisbar noch widerlegbar war, doch dementsprechend meinten sie eigentlich überhaupt nichts Wirkliches mehr mit dem Wort Gott. *„Da möchte man"*, schrieb er sinngemäß, *„in der Gemeinde der Gläubigen aufstehen und sagen: Du sollst den Namen Gottes nicht zum Wahnhaften mißbrauchen!"* In den Augen der Gläubigen ist Gott eine machtvolle Persönlichkeit, da hat Religion einen lebendigen Wert – während bei diesen Gebildeten eigentlich gar nichts mehr mit Gott gemeint ist. Ich stimme der FREUDschen Kritik vollkommen zu, daß insbesondere die Theologie akademischer Prägung von vielem Wahnhaften voll ist. Auch unter den Theologen wird man Amtsverwalter treffen, die religiös eigentlich gar kein Problem haben, indem sie mit dem Gottesbegriff rein geschichtlich umgehen, strikt beschränkt auf ihren disziplinär vorgegebenen Anwendungsbereich; sie sind dann eben Bibeltheologen oder Dogmengeschichtler oder Kirchenrechtler oder was sonst noch. Es ist allmählich selten geworden, Menschen zu begegnen, die elementar nach Gott fragen. Aber nur für diese sprechen wir hier eigentlich. Und so sage ich: Es ist nicht möglich, nach Gott zu fragen, ohne an der Welt zu leiden. Ich glaube, daß man auch bibeltheologisch den Wert des Vierten Evangeliums, des Johannes-Evangeliums, genau so sehen müßte: Die Welt ist nicht der Ort, Gott zu begegnen, sondern ganz im Gegenteil: Gott wird nötig, weil die Welt ohne Gott ganz unerträglich ist.

Kann man über Gott richtig denken, wenn man über die Welt verkehrt denkt?

Für Reinhold Schneider, den Sie zitiert haben, war das Christliche immer ganz stark mit dem Scheitern verbunden. Gilt das auch in diesem Zusammenhang?

■ Ja, ganz wahr. Solange wir den DARWINismus zur Welterklärung gebrauchen, müßten wir erwarten, daß der Sinn des Lebens im Überleben läge. Da muß sich in der Zeit möglichst lange eine lebendige Struktur durchtragen, durch die biologische Weitergabe der Gene. Es gibt in der Tat Anthropologen und Kulturwissenschaftler, die diesen Gedanken auch auf unser Zusammenleben übertragen. Geistige Inhalte erscheinen in dieser Betrachtung so lange als sinnvoll, als sie sich durch die Zeit verbreiten und weitergeben. Die Meme, die gedanklichen Inhalte (von lateinisch *memoria* = Gedächtnis), müssen sich in diesem Weltbild genauso DARWINistisch in Konkurrenz gegeneinander ausschalten oder durchsetzen, und was sich durchsetzt, hat allein durch seinen Erfolg recht. Wenn eine solche Auffassung die Grundlage der Kultur bildet, sind eigentlich nur die Sieger daseinsberechtigt, sind nur sie die Sinnträger des Ganzen. Scheitern ist dann so viel wie Unrechthaben, wie Untergang, wie ein verdientes Todesurteil. Das Neue Testament indessen ist genau im Gegensatz dazu gestaltet. Es ist ja möglich, daß der Verlierer, schon weil er die Welt als unmenschlich offenbar macht, etwas zu erkennen gibt, das man nur durch ihn kennenlernen kann. Und dann stimmt der Satz: „*The winner takes all*" vielleicht überhaupt gar nicht, sondern es ist möglich, daß jemand nach einem Jesus-Wort die ganze Welt gewinnt und alles dabei verliert. An der Stelle einer solchen Existenzmöglichkeit wird Religion lebenswichtig.

Wenn ich Sie recht verstehe, müßte die traditionelle Schöpfungstheologie, die heute an den Universitäten gelehrt wird, ja fast in eine Vermittlung von Physik und Mathematik umgewandelt werden, die den Theologen ermöglicht, die Welt und das All so zu interpretieren, wie es ist.

■ Ich glaube, daß es unerläßlich wäre, den Theologen ein einigermaßen zutreffendes und zeitgemäßes Bild von der Weltwirklichkeit zu vermitteln. Statt einer nicht ernstzunehmenden Fundamentaltheologie, die immer noch Wunder für möglich hält, womöglich sogar mit Berufung auf die Quantenphysik, weil es da ja vermeintlich Löcher der Erklärbarkeit gäbe, in denen Gott sich am Werke zeigen könnte – ein ganz alberner Gebrauch der Physik –, sollte man den Studenten klarmachen, aus welcher Wirklichkeit wir naturhaft stammen. Ein Grundwissen über Physik und Biologie halte ich in der Tat für unverzichtbar.

ALBERTUS MAGNUS, der Lehrer des THOMAS VON AQUIN, konnte immerhin doch schon zu Beginn des 13. Jahrhunderts sagen: „*Es ist nicht möglich, über Gott richtig zu denken, wenn man über die Welt verkehrt denkt.*" Doch heute passiert gerade das den Theologen an jeder Stelle: Sie brauchen die Welt eigentlich gar nicht zu kennen, weil sie sich mit Gott so wunderbar auskennen. Diese Bizarrerie liegt darin begründet, daß das Lehramt der Kirche nach katholischem Dogma unfehlbar ist und die Bibel natürlich auch. Gestützt auf solche Dokumente, muß jede Neugier an der wirklichen Welt rasch ersterben; aber in Trab bringen kann man den Geist natürlich, wenn man sich für das interessiert, was tatsächlich zu sehen ist. Und das ist eine Menge. – Parallel zu einer solchen Schärfung des Realitätssinnes müßten dann Existenzphilosophie und Kulturanthropologie in der Theologenausbildung favorisiert werden. Ich selbst hätte den Mut zu einer solchen Radikalität der negativen Theologie im Umgang mit der Schöpfungslehre, wie ich sie hier vertrete, nie gefunden ohne SÖREN KIERKEGAARD, den Vater der Existenzphilosophie, der schon um 1840 sah, daß jede Art von „objektiver" Theologie irgendwann am Ende sein würde.

Wenn man das Universum so beschreibt und interpretiert, wie Sie es in dem Buch Im Anfang ... *getan haben, heißt das nicht: Der Mensch ist dem Ganzen schlicht ausgeliefert? Wie können wir mit einer solchen Einsamkeit im Weltall existentiell umgehen?*

■ Das ist in der Tat die erste sichere Erfahrung, daß wir in der Welt, die uns umgibt, auf sonderbare Weise fremd und einsam sind – einsam in dem Sinne, daß wir im Rahmen der Naturgesetze keinen Willen finden, der uns gemeint hätte, der uns wohlwollte, im wörtlichen Sinne, dem an uns läge. Das aber gehört zur *Einsamkeit*. Und wie sollen wir mit ihr leben?

SIGMUND FREUD meinte einmal ganz richtig, daß die Grundangst in der Seele der Menschen aus dem Gefühl der Verlassenheit geboren werde. Ein Kind erlebt zum Beispiel, daß seine Mutter fortgegangen ist. Auch nur die Möglichkeit, daß sie für immer fort sein könnte, daß sie ihr Kind verlassen hätte, daß es einsam wäre in dem Sinn, daß das wesentliche Gegenüber seines Daseins nicht mehr existierte, hier nicht oder womöglich überhaupt nicht – das auch nur als Vorstellung zeigt einen Menschen in radikaler Weise als ungeschützt.

Doch genau ein solcher Eindruck entsteht bezüglich der Lage des Menschen im Weltall durch die heutige Astronomie und Kosmologie. Sie hat dem Menschen die Welt als Wiege ein für allemal zerstört. Es ist ein grenzenloses Schweigen des Universums, das uns umgibt.

Bedenkenswert scheint mir immer noch ein Gedanke, der vor 30 Jahren von dem französischen Biologen und Nobelpreisträger Jacques Monod geäußert wurde: wir lebten am Rande des Weltalls wie Zigeuner des Kosmos. Man hat dagegen argumentiert, die Naturgesetze hätten doch die Entwicklung des Kosmos notwendig gemacht, und im Rahmen dieser Evolution habe sich auch die Evolution des Lebens und des Menschen auf der Erde ereignet, wir seien Kinder des Weltalls und nicht ausgestoßene Zigeuner.

Ich glaube, daß Monods Bild im wesentlichen gleichwohl zutrifft. Der Schrecken, der mit Nikolaus Kopernikus begonnen hat, der mit Darwin fortgesetzt wurde und sich mit Freud noch steigerte, wird eigentlich unausweichlich und fast zur zynischen Gewißheit, verbunden vor allem mit der Reflexionslosigkeit und existentiellen Uninteressiertheit, die sich in vielen naturwissenschaftlichen Gelehrtenstuben mit den Bedeutungsinhalten der eigenen Erkenntnisse verbindet.

Vielleicht werden die Älteren unter unseren Lesern sich noch an den Film mit James Dean in der Hauptrolle entsinnen: *Denn sie wissen nicht, was sie tun* (englisch: *Rebel without a cause*). Da wird gezeigt, wie ein Junge gewalttätig wird, weil er in seinem Vater keine Vorbildgestalt hat. Er möchte sich in absurden Mutproben beweisen, wer er als Mann ist. Aber es gibt dafür keine Orientierungshilfe. Die „Grundlosigkeit" seiner Rebellion ist im Grunde das Versagen des Vaters im Schatten der amerikanischen Mum. Die Mutter ist „lieb", eine Gouvernante, die erstickt, und aus dieser Überversorgtheit gehen Jungen hervor, die bis zum Mörderischen zeigen möchten, was in ihnen steckt. In diesem Film über die vaterlose Gesellschaft, wie ALEXANDER MITSCHERLICH diesen Gefühlszustand später sozialpsychologisch beschrieben hat, gibt es eine Szene, in welcher der Junge in einem Planetarium erlebt, wie groß und majestätisch das Weltall ist. Es ist eine normale College-Vorlesung; er aber legt seine Stirn auf das Pult und kann und will es nicht mehr hören, denn er spürt so deutlich: Dieses ganze Universum zeigt keinen Vater. Da drehen sich die Planeten um die Sterne, da drehen sich die Sterne um ihr Galaxienzentrum, da braucht unsere Sonne etwa 240 Millionen Jahre für einen einzigen Umlauf um das Zentrum der Milchstraße, und das alles bewegt sich nach exakten mechanischen Gesetzen, aber diese Gesetze haben nichts von dem an sich, was wir als Menschen brauchen würden.

Ein solches Erleben ist erschütternd. In den gigantischen Weiten der Schöpfung sind wir buchstäblich allein, einsam, in ganz wörtlichem Sinn. Selbst die Tatsache, daß die Welt, das Universum, einen Anfang hatte – sagen wir vor 12 oder 20 Milliarden Jahren –, diese kurzzeitige Haltebrücke für die Theologie, ist längst eingestürzt nach allem, was wir gesagt und erörtert haben. Auch darin ist keinerlei Trost.

Und doch: Es ist in allem Negativen auch etwas Berechtigtes, Richtiges, Richtungweisendes. Es kann, ehe wir das Gefühl der fundamentalen Einsamkeit in eine affirmativ oder konstruktiv gestimmte religiöse Haltung umwandeln, in der kosmologischen Enttäuschung der Neuzeit auch etwas zur Umkehr Nötigendes liegen. Denn ohne Zweifel nehmen wir uns als Menschen, gestützt auf die biblischen Vorgaben, inmitten der Welt entschieden zu wichtig. Wir haben uns ein Weltbild zurechtgemacht, in dem wir als Herren der Welt und als Gottes Ebenbilder den Herrschaftsanspruch Gottes über seine Schöpfung realisieren sollten, und wir sind fleißig dabei, genau so mit allem, was an unserer Seite lebt, zu verfahren. Dieses Denken, dieser Mittelpunktswahn des Menschen wird natürlich sofort korrigiert, wenn wir einmal wirklich dessen innewerden, daß wir in keiner Form, weder räumlich noch zeitlich noch metaphysisch noch sonstwie, eine zentrale Stelle im Kosmos innehaben. Eine solche negative Einsicht kann nur zur Bescheidenheit der Spezies Homo sapiens beitragen.

Und noch eine weitere Reihe von nützlichen Lehren läßt sich aus diesem Negativ-Befund beim Betrachten der Sterne ziehen. In jedem Krieg, der geführt wird, haben irgendwelche Pentagon-Chefs oder „Verteidigungsminister", die in Wirklichkeit allerorten nichts als Kriegsminister sind, Landkarten in den Händen, um zu entscheiden, an welchen Stellen sie neue Grenzen ziehen wollen – welche Erdölquellen sie besetzen oder was sonst sie alles für Raumansprüche geltend machen können. Wenn wir jedoch nur einmal verstehen, wie groß der Kosmos wirklich ist, erscheint dieses Ringen hier auf der Erde um bestimmte Reviere als absolut absurd, wirklich als ein Rest des Tierischen im Menschen. Jedes Eichhörnchen, jeder Singvogel hat natürlich sein Revier, und so haben auch wir es gelernt in der Evolution des Lebens auf diesem Planeten. Aber wenn wir schon imstande sind, als Menschen die Größe des Kosmos zu begreifen, sollten wir uns dann nicht gleichzeitig auch bewußt werden, wie kleinlich unsere Zankereien auf dieser Erde sind? Wenn wir merken, wie unwahrscheinlich die Summation an glücklichen Zufällen ist, der wir selbst entstammen, sollten wir dann nicht das unglaubliche Geschenk des Lebens mit tiefer Dankbarkeit und Wertschätzung annehmen und einander bewahren? Gerade angesichts der naturwissenschaftlichen Erklärungen unserer Herkunft ist wirklich jeder, der lebt, etwas so phantastisch Kostbares, daß auch nicht im Entferntesten zu sehen ist, wie oder aus welchen Gründen man ihn töten dürfte. Da gäbe es so etwas wie eine kosmische Weisheit, die gerade in dem Negativen steckt, gerade in der bitteren Erkenntnis, wie grenzenlos allein wir sind. Diese Einsicht ist wahr. Sie schließt auch eine kosmische Appellationsinstanz aus, die uns von außen her nach dem Vorbild von Sodom und Gomorrha zur Vernunft brächte. Entweder wir lernen es selbst, oder wir lernen es nie. Erst wenn wir diesen Punkt klar herausstellen, werden wir den zweiten Schritt ehrlich tun können, indem wir merken, daß es nicht genügt, dabei stehenzubleiben. Ein Mensch kann nicht nur aus Verneinungen existieren; das ist auch wahr. Um aus Erkenntnis zur Weisheit zu finden, bedarf er einer tieferen Bejahung seiner Existenz.

Noch einmal zurück zum Thema Zeit: Wenn wir in Lichtjahren denken müssen und uns die Ausbreitung der Galaxien eigentlich nicht mehr vorstellen können: welche Dimensionen sind hier gemeint, und wie müßte unser Denkhorizont sein?

■ Ein wirkliches Problem liegt darin, daß wir uns Zeit überhaupt nur in einem Rahmen sinnvoll vorstellen können, der maximal drei Generationen umfaßt, also von der Großmutter bis zum Enkelkind reicht. Das sind, selbst wenn wir sehr alt würden, ungefähr 120, 130 Jahre. Ich selbst zum Beispiel trage an meinen Großvater nicht die geringste Erinnerung; als er gelebt hat, waren gerade die letzten Indianerkriege in Nordamerika im Gange, und Deutschland einigte sich im Krieg gegen Frankreich 1871. Von all dem weiß ich nur noch aus dem Geschichtsbuch. Für mein Zeitverständnis beginnt die Welt ungefähr mit dem Ende des 1. Weltkrieges, mit den Erzählungen meines Vaters von den Kämpfen am Chemin des Dames, und wenn ich sehr großzügig bin, wird es für mich um etwa 2050 enden. Viel mehr als ein Drei-Generationen-Zeitraum ist uns nicht vorstellbar, den Rest an zeitlichen Inhalten können wir nur noch als Informationen sammeln. Wir können uns von diesen Informationen bestimmte Vorstellungen machen, doch diese werden zunehmend romanhaft, schon allein um faßbar zu bleiben. Wer weiß schon mit Octavian, Kleopatra und der Schlacht bei Actium wirklich etwas Vorstellbares zu verbinden? Im Grunde behalten wir am Ende nur noch unsere Phantasie und ein Sammelsurium von Daten, die wir auf eine abstrakte Zeitachse eintragen können. Doch jetzt beginnt es: Diese abstrakte Zeitachse ist ja sehr real. Wir deuteten vorhin an, daß das Licht von der M 31, dem Andromeda-Nebel, vor ungefähr 2,25 Millionen Jahren ausgesandt wurde, als es noch nicht einmal den Homo erectus gab, also ein Lebewesen, das mit Speeren, wie primitiv auch immer, auf Großwildjagd gehen konnte und das imstande war, den Winter auf der Nordhalbkugel zu überleben, indem es Feuer anzulegen verstand. Zwischen uns und dem Homo habilis vor 2,25 Millionen Jahren gibt es eigentlich überhaupt keine Verbindung mehr. Die Biologen bezweifeln, daß wir mit einem Wesen wie dem Homo habilis überhaupt paarungsfähig gewesen wären in dem Sinne, daß aus solchen Verbindungen zeugungsfähige Kinder hätten hervorgehen können; vermutlich wäre es so gewesen, wie man Pferde und Esel kreuzen kann und dann Maultiere oder Maulesel erhält, die sich als solche nicht mehr fortpflanzen können. Selbst die Geschichte unserer eigenen Spezies hinterläßt offenbar so viele verschiedene Arten und Gattungen, daß der Begriff des Menschlichen sich ins schwer Vorstellbare ausdehnt.

Und nun müßten wir denken, daß im Prozeß der Evolution sechs bis acht Millionen Jahre dahingegangen sind, seit wir uns von den Vorfahren des heutigen Schimpansen getrennt haben. Sie sind unsere nächsten Verwandten, wenn man von den

Bonobos absieht, die sich vor etwa 2,5 Millionen Jahren aus der Schimpansenlinie entwickelt haben und eine Art Zwischenstellung zum Menschen hin einnehmen. Die biologische Taxonomie oder Systematik spricht von den Schimpansen als zugehörig zu derselben Familie, der auch wir zuzuzählen sind: Sie sind unsere Vettern. Das ist biologisch ganz korrekt ausgedrückt – und dabei handelt es sich „immerhin" um sechs Millionen Jahre Evolution. Und ein solcher Zeitraum ist jenseits all dessen, was wir gefühlsmäßig erfassen können oder auch nur erfassen wollen. Das Erschrecken in den 50er Jahren des 20. Jahrhunderts war enorm, als man merkte: Die Menschwerdung läßt sich vom Australopithecus bis heute noch nicht einmal auf eine Million Jahre beschränken; der Abgrund der Zeit öffnet sich unter unseren Füßen vielmehr wie eine Fallgrube. Wir kommen noch nicht einmal mit Hunderttausenden von Jahren zurecht, um unsere eigene Vergangenheit nachzuzeichnen.

Wenn jemand gerne reist, fährt er vielleicht einmal nach Spanien, nach Santander zum Beispiel, und betritt dort die Höhle von Altamira. Dort sieht er eine wahre Kathedrale der Steinzeit, wunderbare Gemälde des Magdalénien, aus einem Zeitraum von vor fünfzehn- bis siebzehntausend Jahren. Schon ein solches Zeitmaß ist gigantisch. Man kann es sich nicht wirklich vorstellen, aber man spürt: dahinter stecken Menschen, die waren wie wir. Es gibt zwischen uns und ihnen gewiß eine kulturelle Kluft, die mindestens so groß ist wie zwischen den heutigen Bewohnern von New York City und den Einwohnern von Papua-Neuguinea, wahrscheinlich noch viel größer, aber es sind doch Menschen wie wir: daran ist keine Frage. Sie drangen vor 35.000 Jahren aus Afrika nach Europa vor und werden nach einem französischen Fundort Cro-Magnon-Menschen genannt. Beim Neandertaler wird es uns erst recht schwindelig – ungefähr 200.000 Jahre! Beim Homo erectus vor etwa 300.000 bis 1,8 Millionen Jahren verlieren sich die Spuren bereits in gigantischen Schätzräumen; aber es geht immer noch weiter.

Wenn wir uns nun einmal vorstellen, daß im Raum der Biologie all die Artenvielfalt, die wir heute bewundern, erst mit der Explosion des Lebens damals im Kambrium vor etwa 550 Millionen Jahren begonnen hat, dann haben wir vom Alter unseres Sonnensystems, das wir auf, wie gesagt, 4,6 Milliarden Jahre datieren, entsprechend wenig, nur etwas mehr als ein Achtel bis ein Zehntel erfaßt. Das heißt, die „eigentliche" Geschichte des Lebens auf der Erde beginnt erst im letzten Zehntel der Evolution unseres Sonnensystems. Und doch: die Zeitspanne von 4–5 Milliarden Jahren betrifft nur unsere Sonne, noch lange nicht unsere Galaxis. Ich will darauf hinaus, daß wir uns zwölf Milliarden Jahre als mögliches Alter des Weltalls beim besten Willen nicht vorstellen können. Und nun umgekehrt: Niemand wird sich auch nur ein Bild davon machen können, wie das, was wir menschliche Geschichte heißen, noch viele Hunderttausende von Jahren einnehmen oder gar noch einmal so viel an Zukunft vor sich haben könnte, wie wir bereits an Vergangenheit hinter uns haben: die, sagen wir, etwa 5 Millionen Jahre vom Australopithecus bis heute noch mal in die Zukunft – das übersteigt unser Vorstellungsvermögen.

Der schon einmal zitierte Reinhold Schneider konnte das schreiben: Geschichte sei in sich selbst bereits ein Endzeitphänomen, denn ihre Art von Beschleunigung entferne uns aus jeder Art von Natur. Da hatte er recht. Eine kleine Korrelationszahl: Um eine neue Art hervorzubringen, braucht die Natur etwa 30.000 Jahre. Wir im Labor bilden uns heute ein, daß wir das schneller und effizienter zu machen verstünden. Wirklich, wir können das heute in wenigen Stunden; dann haben wir eine neue Maissorte, die herbizid-resistent ist und sich auf dem Weltmarkt sogar für die Agrarindustrie der USA patentieren läßt; alle mexikanischen Bauern kann man mit einem Schlag kontrollieren, und mit patentiertem Reis eines Tages vielleicht ganz Ostasien.

Das Tempo, mit dem Geschichte sich entwickelt und seit dem Beginn der Schriftkultur, seit dem Beginn des Computerzeitalters in immer rascherer Weise Daten und Informationen verarbeitet, speichert und weitergibt, enthält eine Beschleunigung, die mit dem Gedanken von Dauer und Langlebigkeit nur schwer vereinbar ist. Diese Art von Geschichte überrollt sich selbst. Es mag sein, daß wir in fünfzig Jahren über unsere Situation in der Welt schon anders denken und nicht länger wie Fetischisten das Wachstum – des Kapitals, des Bruttosozialprodukts, der Industrieproduktion, des Energieverbrauchs, der Vermehrungsrate – anbeten. Es gibt Optimisten, die uns versprechen, daß in spätestens fünfzig Jahren der Geburtenrückgang auf Grund wachsender Bildung eine neue Stabilisierung zwischen Bevölkerungswachstum und Ressourcenangebot der Natur bewirken könnte. Möglich ist, daß wir bei einem solchen Gleichgewicht, wenn es unter einer vollkommen veränderten Wirtschaftsordnung wirklich zustande käme, auch eine neue Philosophie des Umgangs mit uns selbst und mit der Welt entwickeln würden, deren Sinn nicht mehr darin bestehen würde, immer rascher immer wieder Neues hervorzubringen, sondern in einen harmonischen Ausgleich zwischen Mensch und Welt, zwischen Kultur und Natur zu kommen. Dazu aber bräuchten wir, wie gesagt, eine vollkommen neue Marktordnung, eine völlig neue Art, mit Geld umzugehen und zu wirtschaften. Das alles ist allein schon deshalb bloße Zukunftsmusik, und selbst dann kann sich niemand auch nur entfernt vorstellen, wie die Welt auch nur in wenigen tausend Jahren aussehen würde.

Also noch mal unser Experiment: Gäbe es intelligente Kulturen in der Andromeda-Galaxie und wir wollten uns mit ihnen austauschen, indem wir eine Nachricht schickten, so würde die Antwort aus der Andromeda-Galaxie uns zu einem Zeitpunkt erreichen – frühestens in viereinhalb Millionen Jahren –, wo es uns mit aller Wahrscheinlichkeit schon lange nicht mehr gäbe. Umgekehrt ist die Wahrscheinlichkeit groß, daß auch das, was wir aussenden, für eine Kultur bestimmt ist, die es ebenfalls schon lange nicht mehr gibt, wenn es sie erreichen wollte, oder die überhaupt erst in unglaublich langen Zeiträumen danach heraufdämmern würde. Allein schon der Zeit- und der Raumfaktor machen die Begegnung von Kulturen im Weltraum deshalb fast unvorstellbar (IA 1037–1038).

Gott erkennen?

Wenn man in der Natur Gott nicht erkennen kann und in den Naturgesetzen auch nicht: Wo kann ich Gott erkennen?

■ KANT hatte in gewissem Sinne völlig recht: Es macht ehrfürchtig, den bestirnten Himmel zu betrachten und die Ordnung wahrzunehmen, die dort herrscht. Ich füge aber noch einmal hinzu: Er war der erste, der sich vorstellen konnte und wollte, daß diese Ordnung aus reinem Chaos geboren wird. Was KANT damals nicht hinzugefügt hat, ist die Erkenntnis, daß es keine Garantie für die Stabilität dieser Ordnung gibt. Nach denselben Gesetzen, aus denen sie sich bildet, wird sie mit aller Sicherheit, rein energetisch betrachtet, ins Chaos zurückgleiten. Darum ist mir der zweite Teil in KANTS berühmtem Satz so wichtig, in dem er von dem inneren Gesetz des Gewissens sprach. Mir scheint, was die Religion angeht, ist dieser Aspekt der eigentlich entscheidende und jedenfalls der am meisten gefährdete. Das Weltall tut's auch ohne uns, aber wir als Menschen können ohne Welt nicht leben, und wir müssen lernen, es mit uns selber auszuhalten. Und hier kommt die Religion ins Spiel.

Ich denke, man übersieht die Fragwürdigkeit des Menschen, wenn man der Meinung huldigt, es sei uns vergönnt, ohne Religion leichter oder besser zu leben. Natürlich sehe ich, wieviel Mißbrauch in der Religion liegen kann, und ich verstehe alle, die sagen, wir sollten innehalten, in der gewohnten Weise weiter von Gott zu reden, weil die Religionsgeschichte in der Tat mit jeder Art von Wahnsinn behaftet ist. Wenn man sieht, was

Religionen uns bis in die Gegenwart alles bereitet haben! Aber ich glaube nicht, daß man aus dem Mißbrauch der Religion schließen sollte, die religiöse Phase der Entwicklung der Menschheit sei so etwas wie der Treibsatz für eine Rakete, der als ausgebrannt abgestoßen wird, wenn nur erst einmal die richtige Beschleunigung und Bahnrichtung gefunden worden ist. Mir scheint, daß es für einen nachdenklichen Menschen wesentlich ist, Religion zu haben, weil Menschsein damit beginnt, Probleme als wesenseigen zu erleben, die uns im Raum der Natur in dem Sinne einsam sein lassen, daß es auf sie keine Antwort gibt. Wir sind buchstäblich mit uns selbst allein in dieser Welt. Das ist der Grund zu glauben, daß die Welt, die keine einzige Antwort auf unsere Fragen bereithält, in sich selbst nicht die letzte Antwort sein kann.

Ist der Mensch nur ein Irrläufer der Evolution?

■ Ein Kernproblem – darüber sind sich die Paläontologen und Anthropologen relativ einig – liegt in der Unausweichlichkeit des Todes. Für die Natur ist der Tod eine Selbstverständlichkeit. Alles, was entsteht, wird wieder vergehen. Das Individuum, konnte noch SIGMUND FREUD sagen, ist ein kurzlebiger Verwalter, ein Majoratsherr, der einen bestimmten Auftrag, eine Firma, in der Zeit verwaltet, um dann abzutreten; selbst was er da verwaltet, gehört durchaus nicht ihm. Mit anderen Worten: Biologisch betrachtet sind wir als Individuen bloße Überlebensmaschinen der Gene. Diese geben wir weiter, danach sind wir im Grunde biologisch überflüssig. Wir werden noch gebraucht, um das neu gezeugte Leben großzuziehen, bis es selbst leben und sich fortpflanzen kann, aber dann ist der Auftrag, in dessen Rahmen sich unter biologischen Voraussetzungen Sinn oder Sinnerfüllung des Daseins definieren läßt, eigentlich erfüllt.

Tatsächlich war denn auch die Lebensspanne der Menschen ursprünglich nicht auf eine größere Zeit als für diese Aufgabenstellung nötig ausgelegt. Frühe Funde aus der Zeit um 6000 v. Chr., der Epoche des Beginns der Seßhaftwerdung in Ostanatolien, zeigen nach der Interpretation von JAMES MELLAART, daß sogar damals, in der Phase der einsetzenden neolithischen Revolution, unter den beginnenden Voraussetzungen von allem, was wir heute Kultur nennen, die Menschen ein Durchschnittsalter von nur etwa 27 Jahren erlangten. Das heißt, man heiratete als Junge oder Mädchen mit 12 oder 13 Jahren und wurde gerade so alt, daß man erlebte, wie die eigenen Kinder schon wieder Kinder bekommen konnten; dann trat man von der Welt ab. – Die Verhältnisse liegen übrigens bei vielen Tierarten ganz analog: Lachse werden über Tausende von Meilen in die Gewässer zurückzugelangen versuchen, aus denen sie selber stammen; sie werden ablaichen und dann zugrunde gehen. Mehr bedeutete der Auftrag ihres ganzen Daseins nicht, als Leben weiterzugeben.

Viele Biologen sind deshalb der Meinung, daß die eigentliche Achse der Interpretation des Lebens im Egoismus der Gene liege. Man kann in der Tat eine ganze Menge von Phänomenen in den Verhaltensweisen von Tieren, aber auch von uns Menschen unter dieser methodischen Voraussetzung am besten verstehen. Es geht, wenn diese Auffassung zutrifft, biologisch nicht einmal um den Arterhalt, es geht um die Weitergabe der eigenen Gene.

Derart betrachtet, sind wir Individuen eigentlich ein Mißverständnis, und das ganze Problem liegt darin, daß wir uns als Individuen viel zu wichtig nehmen. Aber es gehört unvermeidbar zu uns, daß wir uns als Individuen wichtig nehmen wollen. Die ganze Kultur gründet darin, und in gewissem Sinne liegt auch eine Richtung der Evolution in der wachsenden Bedeutung der Individuen. Schon daß wir uns miteinander paaren, hat, zumindest unter bestimmten kulturellen Voraussetzungen, irgend etwas mit Liebe zu tun. Wir möchten diesen Menschen und nicht irgendeinen anderen, und wir möchten uns selbst in seiner Nähe, nicht irgendeinen anderen an unserer Stelle. So etwas hat sich offenbar bereits in der Evolution der Vögel und der Säugetiere herausgebildet. Es ist auch Tieren überhaupt nicht gleichgültig, mit wem sie zusammen sind. Ein Hund kann bis zum Lebensunvermögen trauern, wenn sein Herrchen fortgeht oder gar stirbt. Delphine können Selbstmord begehen, wenn sie von ihrem Partner getrennt werden. Je länger die Evolution dauert, desto wichtiger wird die Eigenwahrnehmung des Individuellen und um so deutlicher tritt der Anspruch auf, das Individuelle als Selbstwert zu setzen. Mit anderen Worten: Die individuelle Existenz – wenn sie sich reflektiert – kann nicht damit einverstanden sein, daß sie nur hervorgebracht wird, um Gene weiterzugeben. Wenn der Sinn der Existenz rein genetisch definiert wäre, hätte man es dabei belassen sollen, sich ungeschlechtlich weiterzuzeugen wie die Einzeller, die kein Problem mit sich selbst und dem Tod haben. Natürlich werden die Biologen sagen, die geschlechtliche Vermehrung habe sich entwickelt, um die ständige Rekombination der Gene für die verbesserte Abwehr von Parasiten zu ermöglichen und genetische Defekte zum Beispiel durch Infektionen, Strahlung oder Abschreibefehler bei der Transskription der DNA ausgleichen zu können; Geschlechtlichkeit und Liebe hätten überhaupt nichts miteinander zu tun. Das stimmt natürlich, doch nur vom Anfang her gesehen. Sobald soziale Gruppen von Tieren sich bilden, in denen die Paarung auf Grund von Wettbewerb und Auswahl erfolgt, mischt sich ein Faktor von Wahl und Zuneigung, von emotionaler Bindung im Falle einer fürsorglicheren Brutpflege hinein, und so geht es weiter mit einer ständig schwindenden Austauschbarkeit der Individuen in den Paarbeziehungen und in der Besetzung der hierarchischen Ränge.

Sagen wir es in Anlehnung an LUDWIG VON BERTALANFFY: Der Preis der Evolution liegt darin, daß die Entdeckung der Mehrzelligkeit identisch ist mit dem Tod. Mit den Nervenzellen kommt der Schmerz, und mit dem Bewußtsein kommt die Angst. Und wir können hinzufügen: Auch die Einsamkeit, auch die Sinnlosigkeit, auch die Todesangst treten zunehmend als Problem auf. Wohl, die Gene sind potentiell unsterblich, aber die Körperzellen sind ganz und gar sterblich. An die Körperzellen aber ist alles gebunden, was in unserem Kopf stattfindet. Unser Bewußtsein entsteht aus Körperzellen, aus verschalteten Neuronen, und die alle gehen in relativ kurzer Zeit zugrunde. Dies ganz sicher zu wissen unterscheidet uns als Menschen von allen Tieren. Tiere leben, bis sie sterben, aber wir Menschen müssen leben mit dem Tod, den wir jederzeit vor uns sehen.

An dieser Stelle beginnen eine Fülle von Fragen, auf welche die Natur nicht eingerichtet ist. In diesem Sinne hielt ARTHUR KOESTLER den Menschen tatsächlich für einen Irrläufer der Natur. Zumindest ist der Mensch ein riskantes Experiment der Natur. Vielleicht bewährt es sich ja nicht. Wenn wir einmal ganz großzügig rechnen und mit dem Homo erectus zu zählen anfangen, gibt es uns ja als einigermaßen bewußt lebende Wesen erst seit etwa 1,8 Millionen Jahren; würden wir in ein paar tausend oder hunderttausend Jahren wieder abtreten, wäre das Experiment bewußt lebender Menschen innerhalb eines Zeitraumes von ca. 2 Millionen Jahren abgeschlossen. Biologisch wäre das kein Schaden. Die Schildkröten gibt es schon seit einem Zeitraum von mehr als 200 Millionen Jahren; viele Tiere, die viel älter sind als wir, werden hoffentlich weiterleben, selbst wenn es unsere Spezies nicht mehr geben sollte – vorausgesetzt, daß wir ihnen nicht die Tour vermasseln, was bei unserer Art von „Vernunft" ja durchaus möglich ist.

Zyniker oder auch Wohlmeinende konnten deswegen höhnisch oder auch warnend den Menschen als einen Organismus schildern, dessen Gehirn zwischen limbischem System und Neocortex schlecht verdrahtet ist. Muß nicht ein Wesen einen Sprung in der Schüssel haben, dessen politische Vernunft vor der atomaren Vernichtung von Millionen von Artgenossen nicht zurückschreckt?

Man kann das Problem des Menschseins sogar noch ein Stück weit tiefer aufgreifen, wie das F. M. DOSTOJEWSKI im *Tagebuch eines Schriftstellers* getan hat, in dem er von einem Studenten schreibt, der sich genau diese Frage vorlegt: Wie kann die Natur ein Wesen schaffen, offenbar nur, um herauszufinden, wie es sich zu Tode quält? Ist es da nicht besser, man hört überhaupt auf zu leben, man gibt die Eintrittskarte zurück? Aber es ist ja nicht einmal möglich, die Natur zu verklagen. Sie hört nicht zu. Sie hat kein Mitleid. Sie redet nicht nur nicht, sie ist vollkommen außerstande, die Frage zu begreifen. – Wenn das menschliche Leben sich so beschreibt, wird es schwer zu sehen, wie Religion vermeidbar wäre. Religion ist dann, zugespitzt formuliert, die einzig mögliche Form, um als bewußtes Leben gesund zu existieren beziehungsweise um nicht verrückt zu werden.

Religion ist also eine Lebensphilosophie?

■ Ja, Religion erhält die Menschen im Leben und macht es ihnen möglich, einen menschlichen Umgang miteinander zu pflegen, der dem Leben dient.

Natürlich höre ich bei dieser These sofort die Skeptiker sagen, das zeige nur, daß die Religion aus evolutiven Gründen hervorgebracht worden sei als eine Form psychischer Überlebensstrategie: Wenn sich zeigt, daß denkende Wesen verrückt werden an der Welt, ist es entwicklungsgeschichtlich äußerst vorteilhaft, wenn sie sich Religion einbilden; Religion erscheint so als ein Wahn, der aber im Sinne der Evolution liegt, weil er dem Menschen hilft, länger zu überleben.

Ich glaube nicht, daß ein solches Argument verschlägt, denn es geht nicht darum, mit welchen Fiktionen Menschen gerade eben noch in der Welt zurechtkommen, es geht ganz einfach darum, welche Grundbedürfnisse sich anmelden, wenn und weil Menschen geistige Wesen sind. Salopp gesprochen: Wir haben einen Magen mit dem Bedürfnis, etwas zu essen zu finden, sonst gehen wir zugrunde. Und ich glaube, wir haben einen Geist, um bestimmte Antworten zu finden. Diese Antworten liegen in der Religion, und zwar wesentlich in der Abkehr von den biologischen Interessen des Überlebens, gleich, ob auf der Ebene der Gene oder der Meme. Was „überleben" möchte, ist das so ungeschützte, fragwürdige, liebeheischende, enttäuschbare Individuum. Es möchte aber nicht „überleben" im Kampf der Konkurrenz um Macht, Revierbesitz, Nahrungsressourcen oder Weibchen, es möchte eine Liebe finden, die ihm in seiner Einmaligkeit eine unzerstörbare, dauerhafte Bedeutung zuspricht.

Jenseits – Himmel – Auferstehung

Wenn der Tod das zentrale Thema ist, mit dem der Mensch konfrontiert ist, hat das für christliches Denken doch Konsequenzen. Denn hier sind mit dem Tod Begriffe wie Jenseits, Himmel, Auferstehung verbunden. Auch Begriffe, die eine Zeitdimension einschließen, wie ewiges Leben. Wäre es nicht notwendig, auch diese Begriffe auf dem Hintergrund dieser mathematischen und physikalischen Erkenntnisse neu zu reflektieren? Können diese traditionellen Begriffe heute überhaupt noch etwas bedeuten?

■ Wenn sich zeigt, daß Zeit und Raum an die Materie gebunden sind, stellt sich die Frage, was Anschauungen einen Sinn verleihen soll, die von Materie zugunsten von Geist und von Zeit zugunsten von Ewigkeit abstrahieren. Was bleibt dann? Nichts, was wir uns vorstellen können, so viel ist ganz sicher. Um so wichtiger scheint es mir zu sagen, daß die alte Frage „Wo ist der Himmel?" schon seit den Tagen GIORDANO BRUNOS Ende des 16. Jahrhunderts sinnlos geworden ist. BRUNO war der erste, der eine unendliche Welt als Universum dachte. Wenn es sich so verhält, gibt es keinen Ort, an dem sich ein Himmel oder eine Hölle befinden könnte. BRUNO war konsequent genug, in Himmel und Hölle Zustände zu sehen, die in der Entwicklung des Menschen, in jedem einzelnen liegen.

So verstanden, besitzen wir absolut keine Kategorien, um ein Leben jenseits unseres irdischen Lebens zu beschreiben. Wir haben existentielle Zustandsarten, deren wir uns als möglich versichern können und wohl auch müssen, ohne daß wir denken oder sagen könnten, wo in Raum und Zeit sie sich befänden. So etwas ist durchaus möglich. Wir können zum Beispiel sehr genau ausdrücken, was Glück ist. Wir können sehr genau wissen, wie wir fühlen, wenn die Zeit stillsteht – wohlgemerkt für unser Erleben, nicht auf dem Sekundenzeiger der Armbanduhr. Wir können sehr genau empfinden, was Liebe ist, was Sinnerfüllung ist, wofür es sich lohnt zu leben, wofür es sich lohnt, unter Umständen sogar zu sterben.

In diesem Sinne schließe ich mich dem Johannes-Evangelium an. Dieses Evangelium unterscheidet sich von den ersten drei Evangelien dadurch, daß es alle Hoffnungen nicht in eine Zeitabfolge kleidet. Das vertraute dogmatische Schema des Christentums folgt im Grunde den ersten drei Evangelien, in denen eine chronologische Reihenfolge angenommen wird: Der Mensch stirbt, dann wird er von Gott auferweckt, dann findet das Gericht statt, und dann setzt sich eine endgültige Befindlichkeit fest – Himmel oder Hölle, entweder – oder. Das Johannes-Evangelium ist kühn genug, diese ganze Vorstellung aufzuheben. Es redet in gewissem Sinne nicht von einem zeitjenseitigen ewigen Leben, sondern von dem wahren Leben oder dem unendlichen Leben; und es gelingt ihm, in zentralen Aussagen diese Auffassung zu formulieren: *„Wer an mich glaubt, wird leben, selbst wenn er stürbe"* (Joh 11, 25). Das soll heißen: Die Wirklichkeit eines unendlichen Lebens, von der da die Rede geht, ist eine Erfahrung mitten im Leben selbst. Sie ist eine Sinnerfüllung richtigen Lebens, die vom Tode nicht totzukriegen ist und die sich fortsetzt, ob sich der Tod nun einstellt oder nicht. Um diese Erfahrung geht es eigentlich. Es geht nicht um die phantastische Ausmalung jenseitiger Welten. Es geht um die Überwindung dessen, was wir Welt nennen, in der Erfahrung einer anderen Dimension von Wirklichkeit. Diese Wirklichkeit ist ganz und gar an intensive

Erlebnisweisen menschlicher Begegnung und Humanität gebunden.

Tatsächlich läßt sich recht einfach zeigen, daß alles, was wir Ethik nennen, aus bestimmten Evidenzen dieser Art hervorgeht. Wer sollen wir sein, und was dürfen wir tun? Oder negativ: Wie verlieren wir uns, und was sollten wir auf keinen Fall tun? Eine Antwort auf solche Fragen setzt Gewißheiten voraus, die uns im Raum einer naturwissenschaftlichen Weltbetrachtung niemals werden können; aber wenn man sie in den Raum der Religion hinein entwickelt, ergeben sich all die Perspektiven, die wir mit Hoffnung, mit Sehnsucht, mit Erfüllung verbinden, mit all den Energien also, aus denen wir als Menschen eigentlich existieren. Von daher fände ich es beinahe widersinnig zu sagen, all diese Wirklichkeiten, die wir brauchen, um wirklich zu leben, sollten unwirklich sein. Freilich, es bleibt richtig: Wir werden keinerlei naturphilosophische Beweise für solche Evidenzen der menschlichen Existenz zu erbringen vermögen. Aber was ist Glauben anderes als genau dies, daß es keine Beweise gibt, daß wir aber bestimmte Dinge unbedingt für möglich und für wirklich halten müssen, um richtig zu leben?

Wir brauchen eine andere religiöse Sprache: Wäre es auf diesem Hintergrund nicht besser, auch von Begriffen wie ewiges Leben, Himmel und Jenseits Abschied zu nehmen?

■ Manche Theologen, PAUL TILLICH zum Beispiel oder RUDOLF BULTMANN, waren dieser Ansicht. PAUL TILLICH hat schon vor über fünfzig Jahren bei, wie er meinte, falschen Begriffen Remedur schaffen wollen. Besonders das Wort *„ewiges Leben"* war ihm ganz suspekt. Auch das Wort *„Himmel"*. Er wollte mit solchen Begriffen aufräumen als mit Metaphern, die in die Irre führen, und sprach deshalb lieber von dem *„neuen Sein"*. Dieser Ausdruck ist zur Interpretation des Johannes-Evangeliums tatsächlich geeignet. Gleichwohl glaube ich, auf Begriffe wie Ewigkeit oder Unsterblichkeit in keinem Fall Verzicht tun zu können, weil ich denke, man vermag die Wirklichkeit eines Lebens angesichts des Todes nur zu ergreifen, wenn man auf unendlich viel mehr ausgerichtet ist als auf die kurze Distanz irdischer Sterblichkeit.

Das entscheidende Vorbild für diese Überzeugung ist gewiß der Mann aus Nazareth. Wir entdecken an dem Paradigma Jesu, daß es zum Beispiel absolut sicher sein kann, daß sie morgen schon kommen, um uns zu verhaften, um schuldig zu sprechen, um hinzurichten; es ist noch nicht ganz ausgemacht, wie sie das hinkriegen werden, aber daß das so kommt, läßt sich als sicher vorhersehen. In einer solchen Situation könnte man fortlaufen und fliehen, doch damit würde man nur sich selbst verraten. Man weiß im übrigen nicht, wie man sich verhalten wird, wenn sie einen in die Mangel nehmen: ob man am Ende doch alles wimmernd zurücknehmen wird, woran man je geglaubt hat, nur aus Schwäche, nur aus Angst, nur aus Schmerz. Wahrscheinlich können sie einen solchen Zusammenbruch erreichen; sie müssen nur lange genug und systematisch genug mit ihren Praktiken des Folterns und Demütigens fortfahren. Wer ist man als Mensch? Nicht einmal das ist wirklich klar. Man wird sich in den entscheidenden Situationen der Herausforderung sogar fragen, ob das, woran man einmal geglaubt hat, wirklich stimmt: die Menschen wären nur durch Liebe, Vergeben, Verstehen und Geduld zur Güte zu erlösen. Es ist richtig, ein Mann wie Jesus hat Menschen heilen können, indem er von Gott her dem Menschen vertraute. Es waren ihm in der Kraft dieses Glaubens Wunder der Heilung möglich. Aber genau das wollen die

Gegner Jesu nicht; sie wollen, daß genau das totgemacht wird, weil es Freiheit atmet statt Verzweiflung. Und genau das wird das Todesurteil über den Mann aus Nazareth sein. Wenn man in einer solchen Lage sich, wie vorhin im Rahmen der Evolution gesehen, allen Ernstes sagen wollte, ein Mensch lebe nur so lange, wie er überlebt, dann müßte man jetzt unbedingt noch etwas tun, um sich in den Genen oder Memen zu verunendlichen: Man müßte schnell noch ein Kind zeugen, um Spuren in der Zeit zu hinterlassen, man müßte schnell noch ein Buch schreiben, damit es gelesen würde; Jesus hat nichts dergleichen getan, und das, obwohl er davon hat ausgehen müssen, daß die Menschen, mit denen er doch zumindest anderthalb oder zwei Jahre lang leben durfte, das Weite suchen würden, wenn es darauf ankäme; und wie er sie kannte, würden sie ihn in allem, was er ihnen zu sagen hatte, bestenfalls zur Hälfte oder gar nicht wirklich verstanden haben. Zwischen Gethsemane und Golgotha blieb Jesus eigentlich nur eine phantastische Hoffnung: daß Gott darüber entscheide, was ein Mensch wert sei. Für mich ist das der erschütterndste Satz der ganzen Bibel, ein Zitat aus dem Psalm 31: *„In deine Hände gebe ich meinen Geist"* (Ps 31, 6). Mit diesen Worten auf den Lippen soll Jesus gestorben sein, meint das Lukas-Evangelium (Lk 23, 46). Das heißt doch soviel wie: Alles, was ich bin, mußt du wissen; ich weiß es wirklich nicht mehr; ich weiß nicht einmal, ob das, wofür ich jetzt sterbe, stimmt. Du allein mußt es wissen, und bei dir allein wird es stehen.

Einzig diese Hoffnung, daß mit dem Tod nicht alles aus sein wird, daß da etwas ist, das darüber hinausgeht, erlaubt es, so zu sterben, wie Jesus es auf Golgotha tut. Das Christentum behauptet, in diesem Moment habe die Welt sich verändert. In der Tat. Wenn ein Mensch mehr an Gott glaubt als an den Tod, dann hat er *„ewiges Leben"*. Das Paradoxe dabei ist: Man muß, wie Sören Kierkegaard sich ausgedrückt hätte, die Doppelbewegung der Unendlichkeit vollführen: Man muß vom Unendlichen zurückkommen, damit man sich in diesen lachhaften paar Jahrzehnten Endlichkeit zurechtfindet. Man muß an das unendliche Leben glauben, um das endliche richtig zu bestehen.

Des weiteren scheint mir im Unterschied zu Tillich und Bultmann, daß die Bibel bei Begriffen wie *„ewiges Leben"* nicht nur von Metaphern redet, also von bloßen Bildern, die wir eigentlich besser in klare Kategorien übersetzen sollten; ich glaube vielmehr, daß in diesen Bildern eine Wahrheit lebt, die man nur in solchen, wenn auch mißverständlichen Symbolen beschreiben kann. Seit Friedrich Schleiermacher hat die Streitfrage sich stets gestellt, ob es sinnvoll sei, als ein Versprechen des Jenseits einander zu versichern: Wir sehen uns wieder. Schleiermacher trug große Bedenken, so zu sprechen. Er hat nicht einmal der Frau, die er später geheiratet hat, beim Tode ihres Mannes solche Worte schreiben wollen, weil er sich ehrlich zugab: *„Wir wissen es nicht. Und ich will nicht etwas schreiben, von dem ich nicht weiß, ob man es überhaupt sagen kann."*

Was glauben Sie, Herr Drewermann, ganz persönlich?

■ Ich glaube es unbedingt: Ich glaube, daß das Vertrauen auf Ewigkeit identisch ist mit Liebe. Eine Liebe, die sich verliert *in* Ewigkeit statt *an* die Ewigkeit, macht keinen Sinn. Alle Vorstellungen über Unsterblichkeit und ewiges Leben sind sicher nur bildliche Aussagen, ist doch schon unklar, wer wir überhaupt sind; als was wir uns wiedersehen, ist infolgedessen wohl ebenso unklar. Aber daß wir irgend etwas sind, das sich lohnt zu lieben, ist identisch damit, einander wiedersehen zu wollen. Eine solche Aussage muß sinnvoll sein, sonst hätte der ganze Glaube keinen Bestand. Fjodor Michailowitsch

DOSTOJEWSKI beschließt seinen Roman: *Die Brüder Karamasow* mit genau dieser Frage. Da werden die Kinder Kropotkin Aljoscha am Grab fragen: „*Werden wir uns wiedersehen?*" Es war für DOSTOJEWSKI der Inhalt der ganzen Religion, dies bejahen zu können; und es ist dies das Finale eines der ganz großen Romane der Weltliteratur, in dem es im Grunde nur um diese Frage geht: Was ist ein Mensch angesichts des Todes und der Verzweiflung, die daraus erwächst, ohne den Glauben an die Unsterblichkeit? Ich denke, DOSTOJEWSKI hat recht. Wenn man tief genug in den Brunnenschacht der Vergänglichkeit schaut, erkennt man, daß es keine Dunkelheit gibt ohne ein Licht, das diesen Schatten wirft. Wir gehören niemandem in der Liebe; jeder hat gelebt, bevor er den anderen traf, und er wird weiterleben müssen auch ohne den anderen; und doch gehören wir einander auf immer, wenn wir uns lieben.

Machen die Erkenntnisse der Naturwissenschaft, die Erkenntnisse über das Universum es der Theologie und dem Glauben des Einzelnen nicht viel, viel schwerer?

■ Es macht dem heutigen Menschen, der in dem Weltbild der dogmatisierten Theologie erzogen ist, das Glauben schwer, durch eine derartige Masse von Enttäuschungen gehen zu müssen, wie die unsymbolisch und unpoetisch denkende und sprechende Lehrform einer fundamentalistisch geprägten, metaphysisch argumentierenden Theologie sie erzeugt, vor allem, weil all diese Stellen der Enttäuschung einmal als heilige Versprechungen der Religion galten. Die meisten Menschen vertragen es nicht, derart enttäuscht zu werden, und bleiben irgendwo resigniert und verbittert auf ihrem Lebensweg stehen. Um so mehr möchte ich, daß Wissen und Glauben, Aufklärung und Religion, Naturwissenschaft und Theologie wieder eine lebendige Einheit bilden. Wir dürfen unsere Kinder nicht auf eine

Weise erziehen, die ihnen in der Schule mit zwölf Jahren in der einen Stunde den DARWINismus und in der Stunde darauf in Religion das genaue Gegenteil predigt – eine geistige Schizophrenie, die sie nur so lange ertragen, wie die Eltern wollen, daß sie noch die Kirche besuchen. Sobald sie frei sind, wird es zu einer bloßen Frage der Stärke des verinnerlichten elterlichen Zwangs, wie lange sie noch der offiziellen Religion folgen; selten ist es eine Frage der Überzeugung. Dann kommen die Fundamentaltheologen und suchen sich mit Ausreden über die Runden zu trösten. Die Quantenphysik, erklären sie, zeige, daß es Lücken der Erklärbarkeit gebe, und just an diesen Stellen könne ja Gott sein Wesen (oder Unwesen) treiben – so ihre Vorstellung. Doch das wissen wir schon anders und besser. Eine solche Argumentation – wieder aus den Lücken der Erkenntnis – ist schon deshalb nicht möglich, weil das quantitative Denken der Quantenphysik bei makroskopischen Effekten zu derartigen Unwahrscheinlichkeiten gewisser Erscheinungen führt, daß man statistisch viele Universen zusammen betrachten müßte, um eine solche Unwahrscheinlichkeit wie ein falsch verstandenes, „wörtlich" genommenes biblisches „Wunder" überhaupt für möglich halten zu können. Noch einmal: Eine solche Theologie ist unsinnig. Sie wird aber von manchen, die unbedingt an dem alten Weltbild festhalten möchten, immer noch gepredigt und führt auch in nachdenkenden Kreisen manchen in die Irre. Es gibt inzwischen eigene Akademien, die vom rechten Rand des Katholizismus gegründet worden sind – vom Opus Dei etwa oder von Kreisen, die ihm nahestehen –, die dieses absurde Weltbild mit viel Geld und Propagandamitteln immer noch verkünden und beweisen möchten. Hinzu kommt eine nicht geringe Reihe amerikanischer Autoren, die allein schon die Verkaufszahlen ihrer Bücher nicht beeinträchtigen möchten und am Ende von oft hervorragenden naturwissenschaftlichen Darstellungen erklären, eine bessere Aussage sei gar nicht möglich, als zu sagen, daß dieses wunderbare Universum von Gott geschaffen wurde, eben wie die Bibel es verkündet. So etwas hört man mancherorts gern in Texas, Alabama, Virginia und South Carolina, aber im Grunde ist es sinnlos und irreführend.

Geistesgeschichtlich liegen die Dinge leider so, daß der Rückgang der Religion in unserer Gesellschaft identisch ist mit dem Fortschritt einer Naturwissenschaft und Technik, die eine Fülle von Sinnfragen aus methodischen Gründen weder stellt noch zuläßt. Entsprechend schlimm ist die zivilisatorische Praxis, die wir aus all dem Wissen ziehen, indem wir jede neue Erkenntnis, statt sie zu Weisheit und Einsicht zu nutzen, augenblicklich in Herrschaftswissen verwandeln. Zudem gehen die Aporien der Aufklärung im Verhältnis von Glauben und Wissen weiter. Zusammenhänge, die KANT vor 230 Jahren erkannte, sind heute den Vierzehnjährigen selbstverständlich. Auf der anderen Seite sehe ich in unserer Zeit eine Riesenchance für die Religion. Sie schüttelt den Ballast ihrer abergläubischen, magischen Verflechtungen und institutionellen Verfestigungen endlich ab. Sie fängt wieder da an, wo sie zuständig sein müßte: bei der Frage nach der Rettung der menschlichen Seele. In diesem Kontext müßten wir all die Fragen: „Wie ist Gott zu verstehen – als allmächtig, allgütig und allweise?" neu interpretieren vor dem Hintergrund der Frage nach dem Menschen. Um es so zu sagen: Gott braucht keine Religion, und die Natur hat keine Religion, aber wir Menschen brauchen sie. Und so müßte sie sich begründen. Wir müßten das, was man die anthropologische Wende der Theologie im 20. Jahrhundert genannt hat, wirklich konsequent durchführen.

■

Wie heute von Gott reden?

■

Wenn Gott nicht mehr der Schöpfergott ist – was ist denn dann dieser Gott? Wie kann man ihn den Menschen heute dann noch nahebringen? Kann man das überhaupt noch?

■ Gott *ist* der Schöpfer der Welt. Aber die Aussageebene, auf der dieser Satz einen Sinn macht, ist eine andere als in der alten Schöpfungstheologie. In der tradierten Kosmologie und Schöpfungstheologie war Gott der Schöpfer der Welt als unabweisbare, demonstrierbare letzte Ursache. Er war der Erklärungsschlüssel von allem, des Daseins wie des Soseins der Dinge, der Existenz wie der Essenz. Dasein und Sosein sind metaphysisch nicht identisch; was ich denke (die Idee, das Wesen), muß nicht auch sein; alles Seiende bedurfte daher in der überkommenen Metaphysik einer positiven Seinssetzung durch den Willensratschluß eines absoluten Wesens, in dem Sein und Denken, Dasein und Sosein eine notwendige Einheit bilden. ANSELM VON CANTERBURY hat am Beginn der Hochscholastik daraus den *„ontologischen Gottesbeweis"* entwikkelt, dem zufolge Gott schon deshalb existieren muß, weil zum Begriff Gottes als des allervollkommensten Wesens die Existenz notwendig hinzugedacht werden muß. Trotz der Kritik IMMANUEL KANTS an diesem „Beweis" hat kein Geringerer als G. W. F. HEGEL diesen Gedanken wieder aufgegriffen und gerechtfertigt. Er ist ein Zentralstück idealistischen Denkens, wonach alles Seiende eine Objektivation des Geistes darstellt. Derartige metaphysische Herleitungen waren in sich nicht unlogisch. Sie basierten auf einer Fülle scharfsinniger Analysen und begrifflicher Schlußfolgerungen. Sie werden aber dem Phänomen, das damit erklärt werden soll, nicht gerecht: Der Begriff, der von Gott metaphysisch gilt (Gott als allmächtiges, allweises, allgütiges, vollkommenes Wesen), ist inkompatibel mit dieser Welt. Schon in der Antike, in Griechenland, hat es philosophische Denker wie EPIKUR gegeben, Atheisten, die das Problem klar gesehen haben, das auftaucht, wenn man *„die Götter"* oder *„den Gott"* als Schöpfungsmacht ins Absolute stellt und davon ausgehend die Welt erklären will.

Allmächtig, allwissend, allgütig – geht das denn zusammen?

■ Die Schwierigkeit liegt in der Tat vor allem in der Unvereinbarkeit dieser drei Begriffe, die wir in bezug auf Gott gebrauchen – allmächtig, allweise, allgütig. Spielen wir die drei Begriffe einmal durch.

Nehmen wir an, Gott sei allmächtig und allweise, dann sollten wir denken, daß die Welt genau so ist, wie er sie sich gedacht hat; sie muß vollkommen sein in dem Sinne, daß in ihr alles, was Gott sich in seiner Weisheit gedacht hat, auch durch seine Macht realisiert ist. Dann aber schauen wir in die Welt und finden sie auf unbegreifbare Weise ungütig und mitleidlos. Also fehlte diesem allmächtigen und allweisen Gott offenbar die Güte, wenn er eine solche Welt geschaffen hat. Allgütig kann er nicht sein, denn dann sähe es auf Erden anders aus. – Oder nehmen wir eine zweite Möglichkeit: Gott war wirklich gütig und auch mächtig, als er die Welt schuf; er hat sie also so geschaffen, wie er sie wollte, und sie sollte voller Güte sein. Dann aber hat er sich offenbar verrechnet – seine Weisheit reichte nicht aus, die Güte zu realisieren, die ihm vorschwebte. Die Welt wäre das Resultat gescheiterter guter Absichten. – Oder die dritte Möglichkeit: Gott hatte sich genau überlegt, wie er zu Werke gehen wollte, mit aller Weisheit, die möglich war, und mit aller Güte, die werden sollte. Dann muß man sagen: Er hat es nicht geschafft, ihm hat es an Macht gefehlt.

Paradoxerweise ist diese dritte Aporie sogar das Theorem, das sich in der klassischen Theologie mit erheblichen mythologischen Implikationen erhalten hat.

Die theologische Erklärung der Übel in der Welt läuft, bei Lichte besehen, auf die Annahme der Minderung göttlicher Allmacht hinaus: Gott hat, allmächtig wie er ist, nach dogmatischer Kirchenlehre als erstes die Engel geschaffen, dann die materielle Welt und schließlich die Menschen, und alles, was Gott schuf, war gut. Dann aber hat er ein schwerwiegendes Malheur erlebt: Aus irgendeinem undurchsichtigen Grunde hat der Oberste der Engel, Luzifer, mitsamt seinem Anhang beschlossen, sich Gott zu widersetzen. Er wurde zum Teufel. Und seitdem bietet dieser Teufel alles auf, um die Welt ins Unheil zu stürzen. Doch unklar wie das Wollen Luzifers ist auch das Verhalten Gottes. Mein Vater, wenn er ärgerlich wurde, konnte manchmal fluchen: „Nun schlag doch Gott den Deibel tot!" Zugegeben, das habe ich mir auch oft gewünscht, aber es passiert nicht. Offenbar befindet Gott sich nicht in der Situation eines souverän regierenden Monarchen, der sein Regime im Griff hat, sondern da tanzt ihm ein Widersacher auf der Nase herum; die Welt läuft ihm aus dem Ruder. Die Dogmatik der Kirche erklärt wirklich, die Welt sei von Grund auf verderbt durch die Sünde des Teufels. Und dann kam noch, verführt von dem Teufel, die Sünde Adams hinzu, um das Dilemma zu vervollständigen. Seitdem ist auf Erden nichts mehr, wie es ursprünglich von Gott gemeint war, eben weil da von Anfang an eine Gegenkraft am Werke ist. Wenn diese Annahme zutrifft, kann indessen von einer Allmacht Gottes wohl nicht die Rede sein. Die kirchliche Dogmatik rettet sich an dieser Stelle mit der These, Gott habe den Teufel, den Sündenfall und die Verderbnis der Welt ohne Trübung seiner Allmacht in unerforschlicher Weisheit zugelassen, um, wenn auch in vorübergehender Schwächung seiner Macht, um so deutlicher seine Güte und verzeihende Liebe zu offenbaren.

Es ist klar, daß wir es in diesen Erklärungen nicht länger mit metaphysischen Ableitungen über das ewige und unveränderliche Wesen des Schöpfergottes zu tun haben, sondern mit geschichtlichen, historisierten Aktionen eines Gottes, der auf dem Boden seiner eigenen Schöpfung vor der Aufgabe steht, seine an den Teufel verlorene Macht zurückzuerobern. Nach kirchlicher Lehre versucht Gott das auch, aber erst nach schier unendlichen Zeitmaßen, in denen er die Dinge hat treiben lassen. Erst vor 3800 Jahren in Abraham hat Gott begonnen, sich wieder um die Welt zu kümmern, und dann vor 2000 Jahren in Jesus Christus auf Kalvaria. Da sind der Tod und der Teufel besiegt worden – so die Erklärung. Aber wie nun? Man sollte denken, ein Sieg sei ein Sieg. Jetzt herrsche kein Krieg und kein Elend mehr, jetzt sei der Friede, das messianische Reich angebrochen. Nur: all das ist nicht zu sehen. Wir müssen offenbar bis zum Ende der Welt warten; erst dann wird Gott endgültig über den Teufel siegen.

Dieses ganze Konstrukt, wie man sieht, ist eine Erklärung, die die Menschen wieder eher zum Unglauben als zum Glauben führen muß. Sie ist in sich vollkommen widersprüchlich und weise nur, wenn man sie symbolisch liest. Im Grunde stammt sie denn auch gar nicht originär aus dem jüdisch-biblischen Denken, sondern man hat sie zum Teil aus dem kanaanäischen Mythos von dem Gott Schahar, dem Gott des Morgensterns, übernommen; der war einmal sehr stolz und wird zur Strafe dafür seither bei jedem Sonnenaufgang in die Finsternis geschickt, wie man alle Tage früh am Morgen sehen kann. Natürlich stammen vor allem die Lehren von den Engeln und Geistern aus der dualistischen persischen Mythologie, wo Ahriman, der böse Geist, dem guten Gott Ahura Mazda ständig Paroli bietet. Alles in allem: Man hat in dieser dogmatischen Konzeption keinen allmächtigen Gott vor sich, sondern ungefähr soviel wie einen Bundeskanzler, dessen wunderbare Absichten und lautere Güte immer wieder durch die Machenschaften der Opposition hintertrieben werden. Ein solcher Zustand ist nicht göttlich zu nennen, sondern ziemlich ohnmächtig und hilflos; er schreit nach Verbesserung.

Wir haben es in der klassischen Gottes- und Schöpfungstheologie also mit drei Eigenschaften zu tun, von denen nur zwei miteinander kompatibel sind, indem sie die dritte jeweils ausschließen. Wiederholen wir es noch einmal übersichtlich: Es ist möglich, Macht und Weisheit zusammenzudenken, dann ist Gott nicht gütig. Es ist möglich, Macht und Güte zusammenzudenken, dann ist Gott nicht weise. Es ist möglich, Weisheit und Güte zusammenzudenken, dann ist Gott nicht allmächtig. Die Wirklichkeit der Welt widerlegt die Kombinatorik der drei wesentlichen metaphysischen Auszeichnungen Gottes. Wenn es so steht, ist die ganze Schöpfungstheologie am Ende. Sie ist außerstande, Gott und Welt zusammenzubringen.

Ich sagte, daß man diese Aporie schon um 300 v. Chr. im antiken Griechenland geahnt hat. Aber die christlichen Theologen wollten sich, spätestens von der Mitte des 2. Jahrhunderts an, mit Überlegungen der griechischen Philosophie in der hellenistischen Welt plausibel machen. Die Gebildeten auf den Lehrstühlen damals suchten, anders als die Volksmassen, außerhalb der homerischen Tradition oder der Mysterien von Eleusis nach den Ursprüngen und Ursachen der Welt. Und da gab sich die christliche Theologie gewiß, daß dieser Ursprung und diese Ursache nur Gott sein könne, und zwar der Gott der

Bibel, nicht das *theion* der Griechen, das Göttliche an und für sich, vielmehr Gott als Person, als Schöpfungsmacht, wie beschrieben. Wir können nicht anders sagen: Dieser Weg, Gott von der Welt (oder vom Seienden) aus physikotheologisch (oder ontologisch) demonstrieren zu wollen, mag aus der Zeit damals heraus als naheliegend, gar als unvermeidbar erschienen sein; aus heutiger Sicht erweist er sich als ein folgenschwerer Irrweg. Wir müssen umdenken in allem.

Was meinen die Christen dann, wenn sie Gott als Schöpfer bezeichnen?

■ Als erstes: Wenn wir sagen, Gott ist Schöpfer der Welt, meinen wir religiös und theologisch etwas ganz anderes als eine logische oder ontologische Herleitung des kontingenten (zufälligen, nichtnotwendigen) Seienden aus einem absoluten (seinsnotwendigen) Seienden. Wir könnten, worum es existentiell geht, bereits vor 160 Jahren von SÖREN KIERKEGAARD gelernt haben, aber wir haben von ihm nicht gelernt. Deshalb ist es womöglich leichter, auf das von MARTIN HEIDEGGER um 1927 entwickelte Verständnis von „Welt" zurückzukommen. HEIDEGGER meinte, daß wir existentialphilosophisch Welt verstehen sollten als den ganzheitlichen Bewandtniszusammenhang der Dinge, der unter dem Entwurf des Daseins (des Menschen) zustande kommt. HEIDEGGERS Sprache war hermetisch, oft dunkel. Er wollte sagen: „Welt" ist keine Größe, die an und für sich als „objektive Tatsache" existiert, sondern sie ist gebunden an die Selbstauslegung des Menschen.

Um das Gemeinte an einem Beispiel zu verdeutlichen: Kein Ding ist für uns „vorhanden", wie es an und für sich ist, sondern es taucht für mich auf in einem bestimmten Bewandtniszusammenhang, der wiederum davon abhängt, was ich vorhabe. Es ist zum Beispiel möglich, daß ich im Gebirge klettern möchte; dann ist ein Gesteinsbrocken eine willkommene Gelegenheit, weiterzuklettern. Es ist auch möglich, daß ich gerade ausruhen möchte, dann kann ich mich auf den Stein niedersetzen. Wenn ich aber mit dem Auto gerade da entlangfahren will, wo der Stein auf dem Wege liegt, bedeutet er für mich ein Verkehrshindernis. Was einen Gesteinsbrocken ausmacht, zeigt sich allein in dem Zusammenhang, den ein Mensch entwirft. „Welt" ist in HEIDEGGERschem Sinne der allgemeinste Rahmen für alle Bewandtniszusammenhänge, die vom Dasein des Menschen in die Wirklichkeit getragen werden.

Was besagt dann die Aussage, Gott sei Schöpfer der Welt?

■ Eigentlich doch dieses, daß unser Weltentwurf vollkommen anders aussieht, je nachdem, ob er von dem Glauben an Gott getragen ist oder nicht. Als erstes ist „Schöpfungstheologie" ein Ausdruck des Selbstverständnisses des Menschen, nicht ein Konstrukt zur Erklärung objektiver Daten.

Damit sind wir wieder bei dem Ernst der Fragestellung von vorhin: Entwerfen wir uns eine Welt, die nur von den Zusammenhängen getragen ist, die wir naturwissenschaftlich entdecken? Dann würden wir augenblicklich die Fähigkeit verlieren, uns in dieser so entworfenen Welt als Menschen zu bewähren und zu bewahren. Und wir hätten dafür keine Ausrede. Wir könnten nicht mehr sagen, daß wir Naturwissenschaften betrieben, sei eine unschuldige Angelegenheit; denn daß wir unsere Zeit ausschließlich damit verbrächten, Naturwissenschaftler sein zu wollen und nichts weiter, wäre in sich bereits eine Entscheidung, die wir als Menschen treffen; und diese Entscheidung bewegte sich nach allem Gesagten erkennbar unterhalb des Anspruchsniveaus, das wir brauchen, um Menschen zu sein oder zu werden. Wir müssen uns in jedem Fall entscheiden. Wenn wir sagen, wir betrachten die Welt als

Schöpfung, tritt unser Dasein in einen völlig anderen Horizont seines Selbstverständnisses. Schöpfungsglaube ist eine Form der Vermenschlichung unseres Daseins als Menschen.

Wie würden Sie dann den Beginn des Glaubensbekenntnisses: „Ich glaube an Gott … den Schöpfer des Himmels und der Erde“ neu interpretieren?

■ Indem wir eindeutig sagen: Die Welt, die wir von Gottes Hand empfangen haben, ist in den Kategorien der Naturwissenschaften völlig unzureichend beschrieben. An Gott zu glauben – das Glaubensbekenntnis lautet ja: *Ich glaube an Gott, den allmächtigen Vater* – setzt voraus, daß wir im Hintergrund der Welt etwas ganz anderes anzutreffen hoffen, als wir in der Welt an und für sich finden.

Reinhold Schneider konnte in seinen Betrachtungen zum Vaterunser immer wieder darüber nachsinnen, daß die ganze Religion in diesem einen Satz enthalten ist: „Ich glaube an Gott (als) den Vater.“ Das ist ein vollkommener Widerspruch zur Welterfahrung; aber es ist zugleich doch eben deshalb die Bedingung der Möglichkeit, inmitten dieser widersprüchlichen Welt Mensch zu sein. Das bedeutet es, zu sagen: „Ich glaube an Gott als den Schöpfer dieser Welt.“ Es heißt als allererstes: „Ich verdanke mich als menschliche Existenz dem Hintergrund einer absoluten Zuwendung, und damit gewappnet oder ausgestattet trete ich in diese Welt ein und halte ihr stand.“ Man kann dann, symbolisch erweitert, auch mit dem Apostolischen Glaubensbekenntnis sagen: „Ich glaube an Gott, den allmächtigen Vater, den Schöpfer des Himmels und der Erde.“

Freilich muß man die Bibel dann schon werkgetreu auslegen. Martin Luther hat das gesehen. Die übliche Übersetzung der Schöpfungsgeschichte ist nämlich zwar philologisch korrekt, aber inhaltlich falsch. Das Problem: Im Hebräischen stehen da zweimal die bestimmten Artikel, und so übersetzen alle fleißig: „Im Anfang schuf Gott *den* Himmel und *die* Erde" (Gen 1, 1). LUTHER hingegen wußte, daß *der* Himmel und *die* Erde begrenzte, weil bekannte Gebilde bezeichnen. So aber kann es nicht sein; man muß also die Artikel weglassen: „Im Anfang schuf Gott Himmel und Erde", das heißt, er schuf alles, was überhaupt ist und was je vorstellbar sein kann. Gott ist der Hintergrund von allem – das ist gemeint. Aber das Sprechen von „allem" basiert zunächst auf der Erfahrung, daß das menschliche Leben selber zu seiner Einheit zusammenwächst.

Es gibt zu diesem Thema eine ganz erschütternde Szene im Büchlein Jona. Da wird der Prophet an Bord des Schiffes, auf dem er Gott zu entfliehen hofft, von den Schiffsleuten gefragt, wer er eigentlich ist; man legt ihm in den Fragen sozusagen den Steckbrief seiner bürgerlichen Existenz vor: Wie heißt du, woher kommst du, was ist dein Land? Im Personalausweis würde stehen: Geburtsort und Nationalität – fürs Finanzamt auch noch der Beruf und die Einkommenssteuerklasse; mehr braucht man anscheinend nicht zu wissen, um sich mit einem Menschen auszukennen. Man kennt seine Gene, die Soziologie seiner Kindheit, die Psychologie seiner Erziehung und vor allem seine gesellschaftlich-wirtschaftliche Funktion. Dieses alles wissend, hat man die Person, so dieser Glaube. Jona indessen antwortet auf die gestellte Frage, indem er scheinbar korrekt erklärt: *„Ich bin ein Hebräer."* Das ist eine Angabe seiner nationalen und ethnischen Herkunft. Aber dann passiert etwas für die Bibel Unglaubliches. Jona fährt fort: *„Ich bin ein Hebräer; ich glaube an den Gott des Himmels, der das Meer und das Festland gemacht hat."* Zum einen ist es völlig singulär, daß jemand sich als Hebräer definiert und dann nicht bei der Zugehörigkeit zu seiner Nationalität stehenbleibt. Für Jona wird der Satz: *„Ich bin ein Hebräer"* identisch damit, einen *Glauben* zu bekennen, und zwar eben den

Schöpfungsglauben. Das heißt: Den Schöpfungsglauben Israels zu bekennen, ist ein Akt der Existenz, der persönlichen Identität, die gerade nicht durch Biologie oder durch nationale Zugehörigkeit oder durch religiöse Traditionen vermittelt wird. Die Antwort auf die Frage „Wer bist du als Mensch?" beantwortet sich hier durch einen Satz des persönlichen Stellungnehmens. Das allein bereits markiert eine entscheidende Wandlung: Religion ist hier nicht mehr gebunden an ein Volk, sondern an die Persönlichkeit, nicht an eine Gruppe, sondern an die individuelle Existenz. Diese Wandlung ist enorm wichtig, um zu begreifen, wie die Religionsgeschichte im sogenannten Alten Testament weitergeht.

Auch der Satz des Jona an dieser Stelle ist in der Bibel singulär: *„Ich glaube an den Gott des Himmels."* Alle Religionswissenschaftler sind sich darüber einig, daß diese Bezeichnung der Vorstellung entstammt, daß Gott – wie die Sonne, die mit ihren belebenden Strahlen allgegenwärtig ist – überall alles sieht. Der Gott des Himmels ist der allwissende Gott, der alles sehende Gott. Schon mit dieser Überzeugung ist es natürlich nicht vereinbar, wenn Jona seinem Gott davonzulaufen sucht. Der Gott des Himmels schließt alles ein. Also gibt es keine Fluchtmöglichkeit. Doch nun kommt das in unserem Zusammenhang Entscheidende: *„Ich glaube an den Gott des Himmels"*, sagt Jona, *„der Meer und Festland geschaffen hat."* Man könnte diese Worte im Sinne der alten Schöpfungstheologie immer noch dahin verstehen, daß hier eine Kausalitätsaussage gemacht werden solle: Das Meer gibt es, weil Gott als seine Wirkursache es gemacht hat; die Ozeanographie hat ihren Ursprung in Gott; und ebenso die Geologie, denn auch das Festland hat Gott „gemacht". Jona aber meint seine Worte erkennbar völlig anders. „Gott hat das ‚Meer' gemacht", das heißt: „Versuche ich, vor dem Gott des Himmels zu fliehen, erlebe ich meine ganze Existenz als einen Abgrund, der sich nie mehr schließen läßt. Sturm, Wogenschwall, Schiffbruch und Untergang sind die Bilder für eine solche Existenz, und es ist Gott, der mir all das verschafft, wenn ich mich so zu ihm verhalte. Oder er hat das ‚Festland' gemacht, nämlich wenn ich lerne, mit ihm einverstanden zu werden. Dann ist derselbe Gott ein fester Untergrund, dann ist er wie eine offene Hand, die trägt. Was aber Gott nun schafft, ob Meer oder Festland – er ist derselbe Gott des Himmels, der über beidem waltet, und wie er mir begegnet, entscheidet sich allein an mir. Ich kann in Gott beides haben; das Meer jedenfalls wird über mir sich schließen, wenn ich so fortfahre wie bisher."

Wie verhält sich dieser Schöpfungsglaube der Bibel zum Blick der Naturwissenschaftler?

■ Wenn die Bibel sagt: „Gott ist der Herr der Welt, der Schöpfer der Welt", so ist das zunächst einmal eine Aussage über die Zuständlichkeit und Befindlichkeit des Menschen in seinem Gegenüber vor Gott. Von daher konstituiert sich eine „Welt" in HEIDEGGERschem Sinne, die beides sein kann: Hölle oder Himmel, Abgrund oder Festland. Erst wenn dieser Zusammenhang ganz klar ist, begreift man, welch einen Sinn das Bekenntnis macht „Gott als Vater hat diese Welt geschaffen, in der das alles vorkommt". Ein solcher Glaube bedeutet als allererstes: Die gesamte Naturwissenschaft, so schön und gut sie ist, hebt sich auf in ein Kaleidoskop von symbolischen Bildern zur Beschreibung der menschlichen Existenz.

Am wichtigsten ist wohl das folgende, das sich daraus ergibt. KIERKEGAARD konnte diesen Punkt einmal auf seine Weise aussprechen. Die Theologen, meinte er, sind immer versessen darauf, Wissenschaftler zu sein. Wie aber verhält es sich mit den wesentlichen menschlichen Fragen? Einem Ethiker ist einzig die Frage wichtig, was gut und böse ist. Nun könnte es sein, daß jemand im naturwissenschaftlichen Sinne eine Aussage macht, bei der er fälschlich Äpfel mit Birnen verwechselt. Dann wird jemand, der nicht das Ethische im Sinn hat, ihn sofort darüber belehren, daß Äpfel keine Birnen sind; er wird ihm naturwissenschaftlich erklären, wie es sich wirklich verhält. Aber das ist nicht sein Anliegen, wenn er ein Ethiker ist. Es ist ja möglich, daß jemand Äpfel mit Birnen verwechselt, aber das ist unerheblich für die Frage, was für ein Mensch er ist. Nur darum aber geht es – ethisch oder religiös. Erst wenn diese Frage geklärt ist, sollten wir uns für die Naturwissenschaften interessieren.

In dieser Feststellung liegt eine erhebliche Korrektur vor allem für unseren Umgang mit den Naturwissenschaften. Ich bin mir sicher, wir hätten eine gute Basis, sie nicht länger derart zu mißbrauchen, wie wir es derzeit tun, wenn wir ihre menschlichen Voraussetzungen klarer herausstellen würden. Wir gewönnen eine Weisheit, in deren Rahmen wir die Naturwissenschaften überhaupt erst für uns menschlich wirksam nützen könnten. Die große Gefahr ist, daß wir die Religion im Grunde zu einer antiquierten, zu einer als obsolet empfundenen, rein traditionsbedingten Angelegenheit unserer Kultur entwerten und sie mit naturwissenschaftlichen Mitteln in all ihren Falschaussagen widerlegen, aber am Ende für uns selbst keinen Halt mehr übrig haben. Unter solchen Voraussetzungen erscheint es dann als ganz normal, daß wir die wichtigsten Entdeckungen machen, nur um damit Bomben und Vernichtungsgeräte herzustellen oder Produkte auf den Markt zu werfen, die nur noch der Profitvermehrung einiger weniger Hersteller dienen.

■
Kosmische Religiosität – eine Alternative?
■

Für Einstein war die Naturwissenschaft auch ein Fingerzeig auf etwas, das außerhalb des Raumes, außerhalb der Zeit existiert. Daraus hat er so etwas wie eine kosmische Religiosität, eine kosmologische Theologie entwickelt. Greift dieser Ansatz von Einstein zu kurz?

■ EINSTEIN hatte einen wunderbaren Traum, der von vielen Physikern heute noch weitergeträumt wird. Seine Vorstellung war, daß es uns Menschen vergönnt sei, mit Hilfe der Physik als Basiswissenschaft eine umfassende Naturerkenntnis zu ermöglichen und darin jener Vernunft zu begegnen, die in den tradierten Religionen als Gott bezeichnet wird. EINSTEIN war sich von Anfang an darüber im klaren, daß die Sprache von Gott sich dabei vollkommen wandeln müßte, da die weltimmanente Vernunft, die sich mit physikalischen Mitteln erkennen läßt, sich unendlich unterscheidet von dem Gott der Theologen und dem Gott der Menschheitsreligionen. Gleichwohl war er davon überzeugt, daß diese rationale Form der Welterklärung eine zutiefst religiöse Dimension besitzt, einfach infolge des Gefühls der Abhängigkeit des Menschen von diesem Universum – eine Komponente, die auch bei FRIEDRICH SCHLEIERMACHER als Inbegriff der Religion definiert wird: eine Haltung der Demut gegenüber dem unglaublich überlegenen Charakter jener Intelligenz, der wir begegnen, wenn wir versuchen, sie zu erkennen, und eine Haltung des Staunens gegenüber der Tatsache, daß die Welt offensichtlich kein einlinig zu lesendes System ist, sondern daß sie auf allen

Ebenen immer wieder vergleichbare Strukturen herstellt. Diese fraktale Struktur des Universums gibt Kunde davon, daß alle Beschreibungsebenen der kosmischen Realität in Wechselwirkung miteinander stehen. Und das läßt sich heute sicher zeigen: Es ist nicht möglich, die Geschichte, die Entstehung unseres Sonnensystems, zu erzählen, ohne gleichzeitig die Geschichte unserer Galaxis zu erzählen. Es ist nicht möglich, die Geschichte unserer Galaxis zu erzählen, ohne die Geschichte der Entstehung der Galaxien überhaupt zu erzählen. Alles hängt von allem ab und wirkt ineinander. Dieses Schauspiel ist von faszinierender, bis dahin so nie geahnter Komplexität und Ordnung. Eine Natur, die sich mit einer so einfachen Formel beschreiben läßt wie der EINSTEINschen Äquivalenzgleichung von Energie und Masse, ist für naturwissenschaftliche Augen eine schöne Welt.

Insofern kann man verstehen, daß EINSTEIN zuversichtlich glaubte, auf dem begonnenen Weg nur einfach weiterschreiten zu müssen. Seine Versuche, eine geschlossene Welterklärung zu erstellen, hätten zu seiner Zeit freilich vorausgesetzt, daß Quantenphysik und Relativitätstheorie hätten zusammenkommen können. Die letzten Jahre des denkerischen Schaffens EINSTEINS waren diesem Versuch gewidmet. Sie waren aber von Anfang an vergebens, denn es standen EINSTEIN nicht einmal die Grunderkenntnisse der heutigen Elementarteilchenphysik, der Quantenelektrodynamik und der Quantenchromodynamik, zur Verfügung, die immerhin in den „Teilchenzoo" der 50er Jahre seit etwa 35 Jahren eine verständliche Ordnung und Symmetrie gebracht haben.

Hat unser Weltbild nicht dennoch in den vergangenen Jahren deutlich an Geschlossenheit gewonnen?

■ Unser Weltbild hat in den letzten vierzig Jahren auf dem Boden der Physik durch die großen vereinheitlichten Theorien sogar ganz enorm an Geschlossenheit gewonnen. Die Vorstellung, die wir schon skizziert haben, herrscht, daß wir auf höheren Energiegraden die verschiedenen Naturkräfte ineinander überführen können und dabei einer immer weiter wachsenden Vereinfachung oder Symmetrie von Eigenschaften derjenigen Teilchen begegnen, in denen diese Grundkräfte in Erscheinung treten.

Shelden Glashow, Steven Weinberg und Abdus Salam etwa haben in den 60er Jahren den Nobelpreis für Physik bekommen für den Nachweis, daß die schwache Kernkraft und die elektromagnetische Kraft sich ineinander überführen lassen. Das war, wie schon erwähnt, ein erster wichtiger Schritt in Richtung der großen vereinheitlichten Theorien. Die Auffindung der sogenannten elektroschwachen Kraft setzt voraus, daß man in gewissem Sinne näher an die Situation nach dem Urknall herankommt, in der das Weltall sich noch nicht so weit ausgedehnt und abgekühlt hatte, daß beide Kräfte voneinander getrennt wurden. Die Theorie der elektroschwachen Kraft hatte dabei zunächst als eine rein mathematische Konstruktion begonnen: Unsere Welt heute besteht ja in bereits angegebenem Sinne aus Quark- und Leptonenfamilien. Man kann nun aber mathematisch ein Arrangement treffen, in dem die Beschreibung der Quark- und der Leptonenfamilien zueinander symmetrisch wird. Und das haben die drei Physiker getan, und entsprechende Experimente bestätigten im nachhinein ihre Rechnungen (IA 867–870). Alles wartet jetzt darauf, daß man mit ähnlichen Verfahren auch die Gravitation integrieren kann. Die großen vereinheitlichten Theorien als mathematische Konstruktionen schießen derzeit ins Kraut wie Pilze auf sumpfig-warmem Waldboden. Es bleibt aber natürlich die Frage, wie wir die Mathematik auf die Wirklichkeit beziehen können (IA 878–881). Das noch viel größere Problem werden wir gleich thematisieren müssen – was denn die Folge wäre, wenn wir tatsächlich einer plausiblen „grand unified theory" folgen könnten, die uns erlauben würde, vom Urknall beginnend bis in die Gegenwart, das gesamte kosmische Geschehen komprehensiv zu erklären.

Läßt sich das kosmische Geschehen denn wie ein Computerprogramm beschreiben?

■ Es gibt tatsächlich, auch im Erbe ALBERT EINSTEINS, Mathematiker und Physiker wie beispielsweise JOHN D. BARROW, ROGER PENROSE oder STEPHEN HAWKING, die der Meinung sind, das kosmische Geschehen lasse sich wie ein mathematisches Computerprogramm beschreiben, das auf der Festplatte der materiellen Welt ablaufe. Dieses Programm zu kennen, so denken sie, sei identisch damit, „Gottes" Vorsehung zu kennen, Gott zu wissen.

Das Problem liegt aber bereits darin, daß wir die Mathematik nicht als eine metaphysische Größe einführen sollten. Das ist eine Prämisse, die auch in der christlichen Theologiegeschichte manches korrigieren müßte. Man findet, bei AUGUSTINUS zum Beispiel, die Vorstellung, die von PLATON herkommt, daß die mathematischen Gesetze so etwas darstellten wie die Repräsentation einer idealen göttlichen Welt. Danach sind Mathematik und Geometrie gewissermaßen ein Beweis dafür, daß es etwas Ewiges gibt, das einer rein geistigen, immateriellen Sphäre angehört. AUGUSTINUS etwa sagte wirklich, daß unser eigenes Denken, wenn es Mathematik betreibt, an eben jenen Gedanken Gottes partizipiere, die im Akt der Schöpfung in die Materie hineingelegt worden seien. Gegen diesen Ansatz, der eine theologisch ruhmreiche Geschichte besitzt, sind zwei einfache, aber gewichtige Einwände möglich.

Der erste ist fast simpel: Wenn die ganze Welt in einem fertigen Programm enthalten wäre und sich mathematisch strukturiert formulieren ließe, warum machte dieses Programm sich dann überhaupt noch die Mühe, sich aufzuführen? Wenn wir uns einen Geist dächten, der die ganze Welt voraussähe, würde ihm durch die Ausführung dieses Programms nicht die geringste Neuigkeit begegnen. Für einen derartigen Geist wäre die ganze Veranstaltung, die er in Szene setzen sollte, absolut langweilig, so wie ein guter Schachspieler ein Programmspiel, das er bis zum achtzigsten oder hundertzwanzigsten Zug auswendig kennt, durchaus nicht mehr wirklich zu spielen braucht. Ein Gegner, der dumm genug ist, gibt ihm gewissermaßen nur den Anlaß, dieses Programm routinemäßig abzuspulen.

Der zweite Einwand liegt darin, daß die Mathematik wie die gesamte Physik nicht aus metaphysischen Setzungen abzuleiten ist, sondern ganz und gar eine Veranstaltung des menschlichen Geistes darstellt. Die Mathematik ist keine Wesenheit an sich, sondern ein Verfahren, das wir Menschen uns geschaffen haben, um einigermaßen klar strukturiert zu denken und unsere Begriffe möglichst exakt einander zuzuordnen. Bis dahin ist nichts Geheimnisvolles an der Mathematik. Wunderbar bleibt in der Tat – das wurde auch von ALBERT EINSTEIN immer wieder betont –, daß dieses unser Denken zur Wirklichkeit passend ist. Wie kommt es, daß unsere mathematischen Überlegungen tatsächlich sinnvolle Beschreibungen der Natur erlauben? Das ist wirklich ein phantastisches Phänomen, das sich aber nicht damit erklären läßt, daß wir gewissermaßen an einer Überintelligenz in PLATONischem oder AUGUSTINischem Sinne teilhätten. Wir unterliegen, wenn wir Mathematik betreiben, bestimmten Konstruktionen, die unser Gehirn liefert und die im Umgang mit der Welt, so wie sie uns bekannt wird, sinnvolle Operationen erlauben. Viel weiter wird dieser Ansatz nicht führen.

Mit Blick auf die konkrete Welt spricht sogar vieles dafür, daß die Vertreter der großen vereinheitlichten Theorien und, damit verbunden, die Propheten jener vollkommenen Weltenharmonie, die sich unseren Augen darbieten würde, kämen wir mit unserer Art von mathematischer Erkenntnis nur an ein plausibles Ende, sich fundamental irren. Es ist merkwürdigerweise die Quantenphysik selbst, die es nicht erlaubt, eine geschlossene Weltbeschreibung zu formulieren. Es sieht nämlich ganz danach aus, daß sich die Vielzahl der Zufälle im Makrokosmos als Aufgipfelung der Nichtdeterminiertheit im Mikrokosmos lesen läßt. Mit anderen Worten: Selbst wenn es gelänge, die Bedingungen des Urknalls genau genug zu erkennen und die weitere Abfolge der kosmischen Entwicklung, gestützt auf die physikalischen Gesetze, vorherzusagen, würde man doch erleben, daß es an unendlich vielen Einzelstellen immer noch Verzweigungen gäbe, die zu einem ganz anderen Evolutionsverlauf führten als zu demjenigen, der wirklich eingetreten ist.

Ein ganz anderer Evolutionsverlauf – können Sie das konkretisieren?

■ Beginnen wir an der für uns nächstliegenden Stelle: Argumentieren wir noch einmal paläontologisch. Selbst wenn die Evolution des Lebens auf dieser Erde vor etwa sechs Millionen Jahren einen Zustand geliefert hätte, dessen Beschreibung uns zugänglich wäre, und wir den Film der Entwicklung des Lebens noch einmal an der Stelle starten könnten, wo sich die Wege zum Beispiel von Schimpansen und Menschen getrennt haben, so spricht doch alles dafür, daß selbst in diesem evolutiv relativ kurzen Zeitraum von sechs Millionen Jahren alles noch einmal ganz anders kommen würde. Es ist nicht vorstellbar, daß die Kette von Zufällen, die zu uns heutigen Menschen geführt hat, sich auch nur annähernd wiederholen würde. Was wir beobachten, ist eine grandiose Wechselwirkung von zum Beispiel klimatischen Veränderungen, verursacht durch die Verschiebungen der Kontinente, und damit einhergehenden entsprechenden Wandlungen der Fauna und Flora; es ist unmöglich davon auszugehen, auch nur in einem relativ kurzen Zeitraum der Evolution würde das gleiche noch einmal sich ereignen, wenn wir den entsprechenden Film an einem bestimmten Datum einlegen und neu belichten würden. Und in dieser Weise können wir immer weiter in der Geschichte des Lebens zurückschauen.

Wollten wir den Film der Evolution vor etwa 670 bis 550 Millionen Jahren, noch vor der kambrischen Explosion des Lebens, starten, als damals in der Ediacara-Fauna eine überraschende Vielfalt von Arten hervorgebracht und ganz neue Tierstämme entworfen wurden, so wäre es genauso denkbar, daß sich alles, was wir heute Leben nennen, in bizarrer Weise vollkommen anders entfaltet hätte, als es dann tatsächlich geschehen ist.

Und mit ähnlichen Überlegungen muß man nun den Kosmos betrachten. Unsere Milchstraße müßte durchaus nicht a priori so sein, wie sie jetzt ist. Daß unsere Sonne an genau dieser Stelle eines äußeren Arms der Galaxis geboren wurde, hat zweifellos mit gewissen Notwendigkeiten zu tun – wir sprachen bereits von der Dichtewellen-Theorie, nach der sich in bestimmten Regionen der Milchstraße kosmischer Staub zu großen Materieansammlungen zusammenballt, die dann zur Bildung von Gestirnen wie unserer Sonne führen können, aber auch zu Supernovae, deren Explosionen wieder neue Dichtewellen verursachen. Aber an welchen Stellen, zu welcher Zeit, in welcher Form sich all das ereignet, unterliegt wieder einer Fülle von beliebigen Zufällen. All diese Zufälle entscheiden über nicht mehr und nicht weniger als über Tod und Leben. Zumindest wenn wir diese Zusammenhänge auf der Ebene fühlender Wesen betrachten, entscheiden sie über Glück und Unglück, über Gelingen und Scheitern, über Freude und Leid. Aus diesem Spiel des Zufalls, innerhalb bestimmter formulierbarer Gesetze, kommen wir niemals heraus. Insofern ist nicht zu sehen, wie uns von den großen vereinheitlichten Theorien eine Weltenharmonie präsentiert werden könnte, die beispielsweise das Theodizee-Problem lösen würde.

Freiheit oder Determination?

Haben Theologen und einige Naturwissenschaftler ein Problem mit der Freiheit? Daß sie zum Beispiel Determination und Freiheit nicht miteinander vereinbaren können?

Man muß noch einmal auch manchen Theologen ins Gewissen reden, die mit der Quantenphysik ein merkwürdiges Wesen oder Unwesen treiben. Eines ihrer Argumente haben wir bereits ein Stück weit behandelt, wonach die Nichtdeterminiertheit des Mikrokosmischen alle möglichen göttlichen Wunder erlauben würde, gewissermaßen so, als seien die Lükken unserer Erkenntnis identisch mit den Eingreifzonen, die Gott sich offen gehalten hätte, um staunenswerte Effekte zur Nachbesserung oder Weiterführung seiner Schöpfung zu erzielen. Diese Vorstellung bedarf wohl keiner langen Widerlegung mehr. Denn die Quantenphysik ist nicht das Einfallstor für mystische Interventionen, sie macht auch nicht aus der Natur einen Schweizer Käse, in dessen Löchern Göttliches zu finden wäre; sie beschreibt die Natur im Gegenteil viel exakter als alle physikalischen Theorien vor ihr; sie legt allerdings zugleich auch die Grenzen des Wißbaren viel genauer fest, oder anders gesagt: sie ist ein äußerst exaktes Maß unserer Unwissenheit.

Eine andere Argumentationsrichtung wird indessen auch außerhalb der Theologie von manchen Naturwissenschaftlern vertreten, und sie hat in der Tat mit dem Problem der Freiheit zu tun. Man stellt sich vor, daß in einer vollständig determinierten Welt Freiheit nicht möglich sei – eine Idee, die auch EINSTEIN und SPINOZA geäußert haben. SPINOZA konnte sagen:

Wenn die Steine ein Bewußtsein hätten, würden sie glauben, frei zu fallen. Der Grundgedanke für ihn war, daß Determination und Freiheit miteinander nicht vereinbar seien. Nun erklärt die Quantenphysik allerdings, daß es eine Determination des Naturgeschehens im Sinne des NEWTONschen Weltbildes nicht gibt. Und diese Tatsache scheint für allerlei Spekulationen gut zu sein. Manche Theologen oder Naturphilosophen zeigen sich geradezu dankbar für die quantenphysikalische Unbestimmtheit, denn – so sagen sie – nur in einer Welt, in welcher der Zufall eine so große Rolle spielt wie in der Quantenphysik, könne auf höherer Ebene später Freiheit entstehen. An dieser Stelle könnten manche Theologen sogar verführt sein, eine neue Art der Lösung des Theodizee-Problems vorzuschlagen: Wenn Freiheit wirklich nur in einer Welt, in welcher der Zufall eine gewaltige Rolle spielt, möglich sein sollte, dann muß man offenbar alle Übel, die aus dem Spiel des Zufalls über uns hereinbrechen, akzeptieren um dieses hohen Guts der Freiheit willen. Theologisch ausgedrückt: Ein Gott, der freie Wesen wollte – gewissermaßen als die rechten Gesprächspartner seiner selbst auf einer geistig korrespondierenden Ebene –, konnte gar nicht anders, als eine Welt zu kreieren, die scheinbar in hohem Maße auch Qual und Sinnloses zuläßt.

Ich glaube, um es kurz zu sagen, daß diese Argumentation in keiner Weise konsistent ist, weil sie sich in allen Punkten vertut; im nachhinein bleibt es erstaunlich, daß man die Fehler einer solchen Beweisführung im Grunde schon um 1800, seit KANT und HEGEL, erkannt hat. Gesetzt, wir wären darauf angewiesen, in eine Welt hineinzuschauen, in welcher die Quantenphysik Geltung besäße, so würden die tanzenden Zufälle um uns her die Bildung eines Bewußtseins überhaupt nicht erlauben. Denn das, was wir Bewußtsein nennen, hängt sehr stark davon ab, daß es feste Gesetzmäßigkeiten gibt – daß es möglich ist, die Vielzahl unserer Eindrücke in einer bestimmten Art zu ordnen und übersichtlich zu gliedern. Mit anderen Worten: Unser Bewußtsein selbst setzt nicht Beliebigkeit voraus, sondern Ordnung in relativ stabilen Strukturen.

Ein einfacher HEGELscher Gedanke bietet sich förmlich als Beweis dafür an, daß man Freiheit nicht einfach als die Ausnahme von der Gesetzmäßigkeit verstehen kann, sondern daß man sie als das radikale Anderssein der Notwendigkeit begreifen muß. HEGEL hat vereinfachend gesagt, Freiheit sei erkannte Notwendigkeit. Dieser dialektische Gedanke ist sehr wichtig. Er setzt nämlich voraus, daß als erstes Notwendigkeit besteht und daß sich die Freiheit vermittels der Erkenntnis derselben über das Reich der Natur erhebt.

Um ein einfaches Beispiel zu geben: Jemand setzt sich an das Steuer seines Autos und will damit losfahren. Dann wird seine Freiheit darin bestehen, daß er in der Fahrstunde über die Mechanik seines Autos, speziell über die Lenkung und die Bedienung von Gas- und Bremspedal, einigermaßen zuverlässig belehrt wurde. Denn wofern das nicht der Fall ist, wird das Auto mit seinem Fahrer nach den Gesetzen der Mechanik fahren oder verfahren; der Einfluß auf das Geschehen wird einem völlig unausgebildeten Fahrer rasch abhanden kommen. Mit anderen Worten: Wir sind überhaupt erst auf Grund dessen zur Freiheit imstande, was wir uns durch Erkenntnis bestehender Notwendigkeit zugänglich gemacht haben. KANT konnte deshalb auch sagen, Freiheit sei das Vermögen, Kausalität anfangen zu lassen. Das ist ein ganz ähnlicher Gedanke. Anders ausgedrückt, ist es absolut nicht nötig, daß wir eine Welt voller Leid und voller Absurditäten vorgestellt bekommen, um freie Wesen sein zu können. Ganz im Gegenteil: Sobald wir von Freiheit reden, müssen wir uns fragen, wie ein Gott in Freiheit und Verantwortung eine solche Welt, wie wir sie vorfinden, zu konzipieren imstande war. Freiheit – wieder IMMANUEL KANT – ist gebunden an Sittlichkeit, an Moralität.

Wir sinken in das Problem, das wir gerade lösen wollten, in die Theodizee-Frage, nur noch viel tiefer zurück.

Ist also der Traum Einsteins ausgeträumt?

■ Ja, mir scheint, daß der Traum EINSTEINS in dieser Hinsicht absolut ausgeträumt ist. Wir werden eine Gotteserkenntnis in der Art, wie sie ihm vorschwebte, niemals gewinnen können.

Vielleicht hilft zum Verständnis ein kleines Detail, das EINSTEIN als Person sicher nicht ganz gerecht wird, die aber in etwa das Gefühl wiedergibt, aus dem heraus mir seine kosmische Religiosität gespeist zu sein scheint. Was EINSTEIN über alles liebte, war eine bestimmte Form der Ruhe. Nichts schien ihm intellektuell beruhigender, als zu wissen, wie die Welt funktioniert. Seine liebste Freizeitbeschäftigung aber war das Segeln. Zum Horizont zu blicken, sich vom Wind treiben zu lassen, das Steuer richtig einzustellen, alles würde nach ewigen Gesetzen ablaufen – wunderbar! Ganz so verstand er auch den Fluß der Zeit. So interpretierte er die gesamte Relativitätstheorie: Alles ist in einer vollständigen, ungestörten Ordnung befindlich. Alle Ereignisse sind nichts als eine kurzzeitige Störung in diesem vollkommen homogen beschreibbaren Raum, eine Kräuselung an der Oberfläche, die bald wieder verschwinden wird. Nicht zu Unrecht hat man EINSTEIN verglichen mit PARMENIDES, dem großen eleatischen Philosophen des Seins um 500 v. Chr., der durch erkenntnistheoretische und ontologische Gründe bewies, daß es Bewegung, Veränderung und Werden überhaupt nicht geben könne.

Man muß sich noch einmal klarmachen, in welchem Grade die Relativitätstheorie im Sinne EINSTEINS beruhigend wirken konnte. Man geht von ISAAC NEWTON aus und erfährt, daß Körper durch ihre Massenanziehung, durch die Gravitation, aufeinander wirken sollen. Diese Auffassung von Gravitation ist immer noch hilfreich, um Schülern klarzumachen, warum der Planet Erde um die Sonne kreist. Aber im Sinne der Allgemeinen Relativitätstheorie ist diese Denkweise im Grunde falsch oder im besten Falle ein nur annäherungsweise brauchbares, gleichwohl unzureichendes Bild. Für EINSTEIN ist es einfach die Struktur der Raum-Zeit, die in Anwesenheit von Materie so gekrümmt wird, daß die Bewegungsbahnen der Körper vorgeschrieben sind. Mit anderen Worten: Es gibt im Grunde gar keine Gravitation; es gibt lediglich eine geometrische Eigenschaft der Raum-Zeit, die Effekte hervorbringt, die sich mit NEWTONS Mechanik begrenzt zutreffend beschreiben lassen. Die Struktur der Raum-Zeit selbst liegt so weit fest, daß sich ereignen mag, was will – es verdient eigentlich keine große Aufmerksamkeit, sondern es nimmt sich wirklich aus wie das Dahingleiten eines Bootes bei ruhiger See über das Meer. Wenn *das* Religion ist, kann sie sehr dazu beitragen, einen Geist, der erkennen will, mit der Möglichkeit zu trösten, daß es bei völliger Ungestörtheit des Gemüts eine unglaubliche Fülle zu erkennen gibt und daß jeder Schritt der Erkenntnis unzweifelhaft eine große geistige Befriedigung mit sich bringen wird. Viel mehr an Trost aber halte ich in diesem EINSTEINschen Weltbild, in dieser Form von Religiosität, für ausgeschlossen. Alle Unruhe beginnt ja überhaupt erst damit, daß man sich klarmacht, wie ein Mensch in einer solchen Welt leben soll. Auch EINSTEIN war, historisch gesehen, von einer großen Hilflosigkeit und Ratlosigkeit gegenüber dem politischen und sogar gegenüber dem privaten Geschehen. Es bleibt wirklich die Frage, was man im Rahmen einer physikalischen Betrachtung von der Wirklichkeit, insbesondere vom Menschen, zu begreifen vermag.

Es sind nach meiner Meinung vor allem drei Erfahrungen, die sich aus allem, wovon wir gesprochen haben, unmittelbar dem menschlichen Erleben aufdrängen. Sie lassen sich verdichten oder überschreiben mit der Erfahrung der *Fremdheit*, der *Einsamkeit* und der *Absurdität*. Alle drei Ebenen lassen sich ausformulieren, und ich halte es für möglich, daß wir sie den drei Grundfragen zuordnen können, die schon IMMANUEL KANT – außerhalb der Erkenntnistheorie – zum Inhalt aller Philosophie erklärt hat. Seine Fragen waren: *Was ist der Mensch? Was muß ich tun?* Und: *Was darf ich hoffen?* Anthropologie, Ethik und Religion bildeten demnach die eigentlichen Denkräume der Philosophie.

Fremdheit, Einsamkeit und Absurdität – wie lassen sich diese fundamentalen Erfahrungen für den Menschen deuten?

■ Beginnen wir vielleicht mit dem Eindruck der *Fremdheit*, den ein Mensch gewinnt, gerade wenn er Physik oder Biochemie oder Neurologie betreibt. Helfen wir uns mit einem kleinen Beispiel. Nehmen wir an, daß an einem Spätnachmittag, nach dem Treffen mit Bekannten oder Verwandten, sich jemand in sein Auto setzt. Es ist ein Wintertag, und der Weg durchs Mittelgebirge führt in Zonen, die je nach Windrichtung vereist sein können. An einer solchen überraschend vereisten Stelle kommt sein Auto ins Schleudern und prallt auf ein entgegenkommendes Fahrzeug. Es kommt zu einem Unglück, bei dem Menschen schwer verletzt oder gar getötet werden. Von diesem Punkt an brauchen wir uns nur den weiteren Verlauf vorzustellen: Die Polizei wird kommen und das Geschehen aufnehmen. Sie wird die Schleuder- und die Bremsspuren messen, um das Fahrverhalten rekonstruieren zu können; der Notarzt wird kommen und den medizinischen Befund der Verletzten oder Getöteten aufnehmen; erste Maßnahmen zur Rettung oder Bergung werden getroffen werden. Das alles geschieht in Kenntnis von Zusammenhängen, die genau beschreibbar sind: physikalische Gesetze, biologische Gegebenheiten. Nichts ist passiert, das in irgendeiner Weise eine Ausnahme von den Naturgesetzen bilden würde. Und dennoch muß man schon Arzt oder Polizist sein, um sich im Rahmen der Naturwissenschaft mit dem Unfallgeschehen zu beschäftigen und dabei nichts weiter für nötig zu halten, als was sich in diesen Beschreibungsmustern darstellen läßt.

Die wirklichen Fragen, soviel scheint klar, beginnen vollkommen außerhalb dieses Weltbildes. Wenn ein Mensch darum ringt, warum das alles so kommen mußte, will er nicht eigentlich eine physikalische oder biochemische Antwort hören. Er möchte wissen, welch ein Sinn in einem solchen Unfall liegen soll. Die Antwort wird sein: Objektiv überhaupt keiner. Wie aber tröstet man eine Familie, deren Mutter gerade durch einen solch sinnlosen Unfall ums Leben kam oder seither querschnittgelähmt ist? Wie lebt man damit, unwillentlich zur Ursache eines solchen Geschehens geworden zu sein? Und immer wieder wird man Fragen wie diesen nachgehen: Was wäre gewesen, wenn ich an dieser Stelle langsamer gefahren wäre? Hätte ich wirklich wissen können, daß gerade dort Glatteis auf mich wartete? Hätte ein anderer Reifentyp bei meinem Auto vielleicht dies und das verhindern können? Oder war es überhaupt ein Fehler, an diesem Nachmittag noch mit dem Auto nach Hause fahren zu wollen? Kurz, man wird immer wieder nach Erklärungen suchen, die jenseits der Erklärbarkeiten der Naturwissenschaften liegen; und dieser Raum des existentiell Rätselhaften öffnet sich wie zum Zeugnis der vollkommenen Fremdheit, mit der wir Menschen dem Naturgeschehen gegenüberstehen, spätestens dann, wenn es uns selbst in Zusammenhängen betrifft, die wir so nicht haben wollen können, wie sie dann gekommen sind. An solchen Stellen wird auf geradezu brutale Weise deutlich, wie weit wir uns mit unseren eigentlichen menschlichen Fragen von dem entfernen, was wir objektiv in der Physik oder in anderen Naturwissenschaften allgemein zu beschreiben vermeinen.

Dabei ist dies nur erst ein Bild, um zu zeigen, wie inadäquat die Betrachtungen der Naturwissenschaften gegenüber den menschlichen Problemstellungen sind. Um es einfach zu sagen: Kein Physiker wird ernsthaft glauben, daß er Tränen trocknen, daß er Verzweifelte trösten, daß er die Fragen von Leben und Tod auch nur entfernt mit seiner Wissenschaft zu erfassen vermöchte. Wenn Biologen versuchen, uns zu überzeugen, was für einen funktionalen Sinn die Fähigkeit hat, Schmerz zu empfinden, oder wenn die Psychologen sich daranmachen, zu demonstrieren, wie Verzweiflungszustände entstehen können, ist das alles nur von sehr begrenzter Nützlichkeit bei dem Versuch, auf die menschlichen Infragestellungen wirklich Antworten zu geben. Spätestens dann verkommt dies alles fast zur Farce, wenn wir verstehen, daß Schmerz und Leid und radikale Fremdheit des Daseins zu den Grundbefindlichkeiten unserer Existenz gehören. Denn wir begreifen: Alle Antworten der Naturwissenschaften können nur funktional sein. Wir aber treten plötzlich aus dem Funktionszusammenhang heraus; wir sind erschrocken über all das, was da funktioniert, und darüber, wie es funktioniert; und dann brauchen wir einen vollkommen neuen Hintergrund, um unser Leben noch einmal zu beginnen.

Hat sich nicht auch die Erfahrung existentieller Einsamkeit mit dem Fortschritt der Kosmologie vertieft?

■ Die Situation der radikalen *Einsamkeit* ist für einen jeden spätestens im Tod gegeben. Aber das ganze Leben über bereits erlebt man, daß man immer wieder Dinge tun muß, die man grundsätzlich nur selber verrichten kann. Niemand etwa kann für einen anderen essen, schlafen oder atmen. All das sind Vorgänge, in denen jeder mit sich selbst alleine ist. Schon das ist ein Moment der Einsamkeit, das, wenn es einem denkenden Wesen klar wird, erschreckende Züge annehmen kann. Nun aber sich vorzustellen, daß die Einsamkeit des Menschen darin besteht, leben zu müssen ohne ein Gegenüber, das uns gewollt, gemocht, gemeint hätte, und in eine Welt geworfen zu sein, die uns zwar ermöglicht hat, die aber in völliger Gleichgültigkeit uns gegenübersteht und uns nach Belieben zurücknehmen kann und zurückzunehmen gewillt ist – das enthält eine Dimension von Einsamkeit, die von keiner Naturwissenschaft mehr zu schließen ist. Dieses Gefühl der Einsamkeit vermehrt sich ganz im Gegenteil fortschreitend mit den Erkenntnissen der Kosmologie.

Manche Naturwissenschaftler meinen, daß ein Stück dieser Einsamkeit zumindest abgemildert werde dadurch, daß – etwa im Erkenntnisprozeß auf dem Boden der Quantenphysik – wir selbst es seien, die das Objekt unserer Erkenntnis mitkonstruierten, daß wir also niemals radikal in einer Subjekt- und Objektwelt voneinander getrennt wären. Ich glaube nicht, daß die Subjekt-Objekt-Verschränkung in der Experimentalsituation der Quantenphysik einen sinnvollen Hinweis zur Lösung des Problems der radikalen Einsamkeit unserer Existenz darstellt. Auch das an sich richtige Argument, daß wir in einer vernetzten Welt leben, führt nicht prinzipiell weiter. Wohl, diese Vernetztheit gehört mit dazu, daß es uns geben kann, aber sie beantwortet nicht die Frage, warum es denn nun gerade diesen Einzelnen, diesen Menschen, diese Person als eine individuelle Existenz gibt.

Es genügt, daß man sich einmal bei einem Waldspaziergang den Zug der Ameisen anschaut. Ein jedes dieser Lebewesen versucht zu tun, was es soll und kann. Die Biologen können heute sogar mit recht einfachen mathematischen Algorithmen erläutern, wie ohne eine zentrale Befehlsausgabe Ameisen imstande sind, ganz unterschiedliche Tätigkeiten in sinnvoller Arbeitsteilung für das Kollektiv durchzuführen: Die einen schwärmen aus, um als Suchtrupps neue Wege und Nahrungsquellen zu finden, die anderen holen ertragreiche Nahrungsquellen in das Zentraldepot ein, manche rüsten sich zur Verteidigung des Haufens, andere wiederum sorgen dafür, daß die Temperatur des Nestes einen erträglichen Mittelwert behält – kurz, wir haben es mit einem ganz komplizierten Geflecht von Lebewesen zu tun, die in keiner Form über das verfügen, was wir Bewußtsein nennen, und die dennoch fähig sind, sich auf einem außerordentlich komplexen Niveau kooperativ zu verhalten und arbeitsteilig zu organisieren. Gleichwohl zeigt es sich, daß auch nur der Schritt *eines* Menschen es vermag, beliebig viele dieser Tiere zu töten, selbst ohne es zu wollen; es geschieht vielleicht ganz unbemerkt. Dem Ameisenhaufen als ganzem entsteht durch solche Zerstörung durchaus kein irreparabler Schaden. Aber es ist so sinnenfällig, daß auf der Erlebnisebene einer einzelnen Ameise Tod und Leben über alles entscheiden, ohne für das Ganze als solches irgendeine zentrale Bedeutung zu erlangen.

Ich will sagen: Bezogen auf uns Menschen ist eine solche Betrachtungsweise geradezu fatal. Wenn *das* bedeutet, *einsam* zu sein in dieser Welt, verschlägt es uns den Atem.

Die Existenzphilosophie hat das mit der Erfahrung von Absurdität gekennzeichnet.

■ Ja, das ergibt sich beinahe von selbst daraus. Die flagrante *Absurdität* ist in der Existenzphilosophie vor allem der 50er Jahre immer wieder – von ALBERT CAMUS etwa – formuliert worden: Man geht jeden Morgen, wie es der Wecker vorschreibt, inmitten einer festgelegten Welt, gezogen an den Seilen bestimmter bürgerlicher Pflichten, ins Büro; man tut seine Arbeit; man kehrt nachmittags um fünf Uhr zurück. Man hat Frau und Kinder, man hat sogar schon einen Ferienplan für den kommenden Sommer. Man hat eigentlich alles, was im Grunde funktional nur so weiterlaufen müßte oder könnte. Doch dann tritt plötzlich der Schrecken ein, sich fragen zu müssen: Warum das alles? Und auf einmal, mit dieser Fragestellung, bricht das Absurde ein. Es gibt eigentlich keine Erklärung für dieses Warum, ganz im Gegenteil: Alle Erklärungen zeigen nur, wie die funktionalen Zuordnungen ablaufen, aber sie zeigen in keiner Weise, was man selbst mit ihnen zu tun hat. Mittels welcher Wahl gerät man eigentlich in diese Funktionszusammenhänge? Plötzlich sind wir bei dem Problem der Freiheit, und wir begreifen, daß alle Erklärungen nur bis zu dieser Grenze unserer eigenen Verfügtheit oder Entschiedenheit erklären können. Sie können eventuell bestimmte Tendenzen der Weltentwicklung aufzeigen, aber sie werden uns nie beantworten können, wie unsere eigene Lebensausrichtung sein sollte.

Und vor allem kommt jene Erfahrung hinzu, die ALBERT CAMUS als das blutige Gesetz der Mathematik über uns bezeichnet hat; als den Dreschflegel, der über Tod und Leben nach im Grunde sinnlosen Zufällen oder Unfällen entscheidet. In all dem findet gerade das nicht statt, was wir als Menschen brauchen würden: ein vernünftiger Plan, in Freiheit entworfen, in Güte konzipiert und mit entsprechendem Vermögen zum Schutz der uns Anvertrauten durchgesetzt. Wir entdecken, daß wir uns morgens zur Arbeit bewegen können und es nicht die geringste Garantie gibt, daß wir, eine halbe Stunde später auch nur, da ankommen. Der Bus kann verunglücken, die Metro in Flammen aufgehen. Es muß gar kein Terrorist sein, der für unsere Beunruhigung sorgt: Es genügt, daß irgendeine Oberleitung defekt oder eine Weiche falsch gestellt ist.

Als Menschen machen wir die Erfahrung, daß es eine unbewußte Kraft in uns gibt, die uns etwa in Träumen Botschaften gibt, die man nicht erklären und nicht erfassen kann. Solche Botschaften gibt es eben auch nur für den Menschen, für den, der Bewußtsein hat. Was hilft das für unser Verständnis von Freiheit?

■ Es ist ganz sicher so, daß die gegenwärtige Entwicklung der Naturwissenschaften dramatische Veränderungen alter Selbstgewißheiten auch in der Anthropologie nach sich ziehen wird. Das Träumen ist von der Psychoanalyse Ende des 19. Jahrhunderts als ein ganz wichtiger Vorgang der Selbstregeneration und der Selbstfindung ins Spiel gebracht worden. Erstaunlicherweise geschah das ohne historische Anknüpfung an die Religion des Asklepios im alten Griechenland, die geradewegs darin bestand, die Träume im Heiligtum des Gottes in Epidauros als ein Therapeutikum unter Anleitung traumdeutender Priester zu verstehen. Aber natürlich ist die moderne Neurologie nicht einfach bei den frühen Intuitionen der Psychoanalyse vor über 100 Jahren stehengeblieben. Man will und wollte wissen, was da passiert.

In der Tat gibt es viele Hinweise darauf, daß auch höhere Säugetiere träumen. Man sieht, wie ein Kätzchen auf dem Sofa schläft, und bestimmte Bewegungen, bestimmte Geräusche, die es von sich gibt, sind offensichtlich an subjektive Traumerlebnisse gebunden. Wovon träumt eine Katze? Da kann man sich vieles vorstellen. Bei einem Hund nicht anders. Kurz: Eine bestimmte, weit genug entwickelte Architektur des Gehirns wird uns das Erleben von Träumen bescheren, und wir dürfen vermuten, daß Tiere seit etwa 70 Millionen

Jahren träumen, ähnlich wie wir Menschen auch. Da sind offensichtlich subkortikale Vorgänge fähig, sich dem Kortex mitzuteilen. In der Schlußphase des Schlafs sind wir auch in der Lage, uns an bestimmte Fragmente des Traumgeschehens zu erinnern. Welch ein Sinn im Träumen liegt, wird heute neu diskutiert. Man muß dabei der Psychoanalyse nicht direkt widersprechen, wenn man den Anschauungen folgt, die von manchen Neurologen heute vorgeschlagen werden.

Sie weisen zum Beispiel darauf hin, daß schon das Gehirn eines Kindes vor der Geburt imstande ist zu träumen; ganz sicher aber ist die Art des Traumes eines Kindes vor der Geburt nicht identisch mit dem Traum eines Neurotikers, der einen Wirrwarr von Tagesresten und Kindheitseindrücken zu bearbeiten versucht.

Was für einen Sinn also hat das Träumen von Kindern vor der Geburt?

■ Man glaubt, daß der Sinn solcher Träume im Einüben potentieller Erfahrungen liegt, im virtuellen Spielen mit Möglichkeiten. Eine solche Deutung wäre umfassend genug, um auch den Theorien der Psychoanalyse ihr Recht zu lassen: Der Traum lieferte eine Art von geistigem Probehandeln, eine Vielfalt von freigesetzten Chancen. Wenn das so wäre, stellte das Traumerleben tatsächlich den Versuch dar, dem Determinismus der sogenannten Wirklichkeit durch eine fiktive Gegenwelt zu entrinnen. Imagination als Negation der Realität bildete den Raum der Freiheit, aus dem später auch bestimmte Vorstellungen auf die Realität zurückwirken könnten und im eigenen Verhalten bestimmte vorgestellte Absichten zu realisieren vermöchten. Das Ganze, wohlgemerkt, ist bislang nur erst ein wunderschönes Konstrukt der Neurologie.

Aber, wie Naturwissenschaftler nun einmal sind: Freiheit ist ein Begriff, den sie nicht gerne mögen und der in ihrer Methodik eigentlich auch gar nicht vorkommt.

Es waren 1985 Benjamin Libet und sein Team, die wissen wollten, was es mit der Vorstellung der Freiheit im spinozistischen Sinn von den fallenden Steinen auf sich habe, und sie starteten ein Experiment, dessen Einfachheit die Philosophen gewissermaßen zu beleidigen verspricht. Sagen Sie selbst: Wie kann ein Problem, das über Jahrtausende immer wieder diskutiert wurde, mit der folgenden Versuchsanordnung gelöst werden? Aber die ganze Naturwissenschaft besteht ja darin, einfache und eindeutige Versuchsanordnungen zur Beantwortung von anscheinend komplexen und vieldeutigen Fragen zu ersinnen. Also: Man stellte eine Scheibe vor einer Testperson auf, markierte sie an einer Stelle und ließ sie rotieren. Daneben stand eine Uhr mit Sekundenzeiger. Und nun wurde die Versuchsperson aufgefordert, bei einer bestimmten Zeigerstellung den Finger oder die Hand auszustrecken – eine Aufgabe, die nicht gerade schwierig, im Gegenteil geradezu sinnlos in ihrer Einfachheit scheint. Was aber Libet wissen wollte, war, was sich im Gehirn abspielt, wenn jemand beschließt, seinen Finger auszustrecken. Und da beobachtete er, daß sich subkortikal ein Bereitstellungspotential aufbaut, noch bevor die Testperson bewußt den Willen erlebt, den Finger oder die Hand auszustrecken. Mit anderen Worten: Die Bereitschaft, etwas zu tun, wird subkortikal aufgebaut, längst bevor unser Gehirn den Eindruck bekommt, etwas tun zu wollen; der Willensentschluß ist nicht die Ursache, sondern nur das Begleitgefühl einer Handlung.

Dieses Ergebnis führte natürlich zu der Folgerung, daß unser Wollen ganz allgemein nichts weiter sei als eine Begleiterscheinung für etwas, das sich im Grunde vollkommen ohne unser Bewußtsein aufführt. Ein solches Resultat entspräche in der Tat sehr dem, was SPINOZA sich auch gedacht hat. LIBET versuchte allerdings die Willensfreiheit ein Stück weit zu retten, indem er glaubte, daß der Kortex zu dem Bereitstellungspotential, das sich motorisch gerade in Handlung umsetzt, zumindest nein sagen könnte: Man könnte also das, was in unserem Gehirn handlungsbereit angeboten wird, zumindest noch stoppen. Ob das allerdings ausreicht, um damit unsere menschliche Erwartung von Willensfreiheit zu bestätigen, erscheint als sehr fragwürdig. Wiederum glaube ich an dieser Stelle, daß wir uns bei dem Problem der Freiheit nicht anders helfen können, als mit HEGEL grundsätzlich zu sagen, daß Freiheit niemals eine Mitgift der Natur sein wird; wir werden sie in der Natur, naturwissenschaftlich beschrieben, überhaupt niemals antreffen können. Vielmehr müssen wir uns die Freiheit durch Erkenntnis erarbeiten. Erst wenn wir wissen, wie etwas abläuft, können wir die bewußten Abläufe verändern. Damit aber begeben wir uns ganz rasch auf das Gebiet, wo die wirklichen Probleme beginnen und wo die Naturwissenschaften allesamt methodisch nicht mehr zuständig sein können.

Was machen wir mit unserer Freiheit?

■ Ja, was machen wir mit unserer Freiheit? Beginnen wir mit IMMANUEL KANTS Frage: „*Was muß ich tun?*“, dann ist diese Frage nur zu stellen, wenn uns die Natur und weil uns die Natur eben nicht sagt, was wir tun sollen. Gerade indem wir heute zum Beispiel eine Fülle von Erkenntnissen über genetische Zusammenhänge gewinnen, stehen wir derzeit dem Problem gegenüber, was wir mit unserer rapide wachsenden Kenntnis wirklich anfangen sollen. Wie sollen, wie dürfen, wie können wir verantwortlicherweise in das Genom eingreifen? Bei Tieren und Pflanzen geben wir uns inzwischen absolut bedenkenlos und nehmen die folgenschwersten Eingriffe aus irgendwelchen marktorientierten Gründen buchstäblich in Kauf. Beim Menschen haben wir noch gewisse Formen des Zögerns, doch alles spricht dafür, daß wir in wenigen Jahren auch diese letzten Hemmschwellen rasch hinter uns lassen werden. Warum wir das eine tun und das andere nicht tun, ergibt sich jedenfalls nicht aus den Naturwissenschaften. Es liegt ganz und gar in unserer Entscheidungsmacht als Menschen. An dieser Stelle sind wir wirklich frei, frei geworden durch den Gang des eigenen Erkenntnisweges.

Oder nehmen wir die Frage, die wir bereits angesprochen haben: Was machen wir mit unserem wachsenden Wissen über die Vorgänge im Atom, über die Eigenart der Elementarteilchen? Welchen Nutzen ziehen wir daraus außerhalb der bloßen Erkenntnis? Wir haben inzwischen Fusionsreaktoren zur Energiegewinnung gebaut, aber wir haben mit dieser Erkenntnis auch Wasserstoffbomben gezündet und die Neutronenbombe konstruiert. Kurz gesagt: Alles, was wir erkennen, unterliegt einer grausigen Ambivalenz von Effekten, die uns wohltuend zu sein scheinen, die aber in immer weiter steigendem Ausmaß auch Destruktions- und Vernichtungsmöglichkeiten eröffnen. Wie also sollen wir entscheiden?

Die Naturwissenschaften geben uns ihre Erkenntnisse gewissermaßen wie einen Staffelstab in die Hand und sagen: Mit diesem Stab kannst du laufen. Aber sie sind absolut außerstande uns zu sagen, in welche Richtung wir nun laufen sollen und ob wir überhaupt irgendwohin laufen sollen. Das ist eine Merkwürdigkeit, die sich in ihrer Radikalität gar nicht deutlich genug beschreiben läßt. Denn alle Ethik basiert darauf, daß wir als Menschen einen Raum betreten haben, der mit den naturwissenschaftlichen Erkenntnissen zwar verwoben ist, der aber von ihnen durch keinerlei Orientierung und Hilfe strukturiert wird.

Eine gewisse Vorgabe naturwissenschaftlicher Erkenntnis läßt sich allerdings doch formulieren: daß wir Menschen mit unserer Existenz immer nur ein Teil des Ganzen sind und sein können. In dieser Einsicht liegt die Warnung, unseren Herrschaftsanspruch nicht zu überdehnen. Eine solche Mahnung ist viel wert, aber sie bietet doch nur einen sehr groben Parameter für unser Handeln; sie beschreibt eine Vernunft, zu der wir uns übrigens im Praktischen bis heute immer noch außerstande zeigen. Wir betrachten uns nach wie vor als den Mittelpunkt der Welt. Wir setzen die Naturwissenschaften gewissermaßen zu dem Zweck ein, den verlorenen Thron unseres artspezifischen Narzißmus zurückzuerobern oder sogar zu erweitern. Wir benutzen die Naturwissenschaften mithin als bloßes Herrschaftswissen, und die Frage, wie wir Menschen werden oder Menschen bleiben, gehört ganz offensichtlich einer anderen Frageebene an: einer religiösen Dimension! Und so stehen wir unbedingt vor der Aufgabe, Menschsein und Religion auf dem Hintergrund unseres durch die Naturwissenschaften radikal veränderten Weltbildes noch einmal neu zu durchdenken und zu definieren.

Die Welt als Geschenk erleben

Wenn wir den Zusammenhang von Menschsein und Religion heute völlig neu durchdenken müssen: Wie kann auf dem Hintergrund der naturwissenschaftlichen Erkenntnisse der Mensch heute noch beten: „Vater unser, der du bist im Himmel“?

■ Die ganz entscheidende Frage, die von den Theologen bislang, zumindest im Gespräch mit den Naturwissenschaftlern, kaum gestellt oder beantwortet wurde, lautet, wie denn die Bedingungen sein müssen, damit uns die Welt als Schöpfung beschreibbar wird. Wir haben schon ausführlich darauf hingewiesen, daß die tradierte Theologie versucht hat, die Tatsache der Schöpfung mit Hilfe des Kausalsatzes abzuleiten. Die Naturwissenschaften sollten uns an ihrem Ende wie einen Gottesbeweis den Schöpfer selber demonstrieren. Genau diese Vorstellung hat sich, wie gesagt, als irrig erwiesen. Also müssen wir uns fragen, wie eine Welt, die in sich erklärbar zu sein scheint und dazu keines Schöpfers bedarf, sich als Schöpfung erfahren läßt.

Mir scheint, daß wir dringend eine menschliche Erfahrungsvorgabe benötigen, um uns generell als Menschen allererst finden zu können, so daß wir von daher Religion überhaupt erst zu erleben vermögen. Erst dann sind wir fähig, von der Welt als Schöpfung reden und in dem biblischen Bild von Gott als dem Vater zu sprechen.

Ich habe in dem Buch *Im Anfang* … an einer Stelle ein kleines Gedicht von Rainer Maria Rilke zitiert, das diesen Übergang bestimmter Formen des Welterlebens sehr gut beschreibt. Dieses Gedicht ist wie ein Gebet zu Gott, wie eine

Reflexion über die Erfahrung Gottes beziehungsweise über die Wirkung, die sie im Menschen hinterläßt; RILKE schreibt: „*Wer dich zum ersten Mal gewahrt, / den stört der Nachbar und die Uhr, / der geht, gebeugt zu deiner Spur, / und wie beladen und bejahrt. / Erst später naht er der Natur / und fühlt die Winde und die Fernen, / hört dich, geflüstert von der Flur, / sieht dich, gesungen von den Sternen, / und kann dich nirgends mehr verlernen, / und alles ist dein Mantel nur.*" Was RILKE sagen wollte, ist, daß das Gewahrwerden von Göttlichem eine erschütternde Erfahrung darstellt, die den Menschen aus allem herausreißt, was ihm gewohnt ist. Es ist wie ein Lastgewicht, das sich auf des Menschen Schultern legt und das er nie mehr abschütteln wird. Das Problem des Menschseins selbst ist identisch mit diesem Erleben, mit diesem ganz anderen Du, auf das der Mensch, wenn er Gottes innewird, stößt. In der Natur beruhigt ihn gar nichts, sondern umgekehrt: Erst im Lichte oder im Schatten dieser Begegnung wendet er sich der Natur zu, und dann allerdings mag ihm alles Naturhafte wie ein Gleichnis erscheinen. Dann ist es möglich, die Gesetze, nach denen sich die Sterne bewegen, im Sinne des PYTHAGORAS zu vernehmen wie eine Sphärenmusik, wie eine Harmonie, die vor unseren Ohren erklingt, ohne daß sie sich jemals akustisch aufführen würde. Dann ist es möglich, die gesamte Welt wie ein Bild für eine innere Wahrheit zu betrachten, die sich in ihr mitteilt.

Ein wenig anders ausgedrückt: Es ist möglich, die Welt zu erleben, wie sie GOETHE im *Werther* beschreibt: Werther weiß, daß er durch seine Liebe zu Charlotte ein Verlorener ist, und er quält sich unter dem Riß, der die gesamte Natur durchzieht. Er leidet darunter, daß jeder Schritt eines Menschen unschuldige Lebewesen tötet. Die gesamte Weltveranstaltung betrachtet er als das Schlingen und Verdauen einer gefühllosen Vernichtungsmaschinerie, welcher der Mensch unerbittlich ausgeliefert ist.

So, weiß Gott, kann man die Welt erleben, und kein einziges naturwissenschaftliches Gesetz spricht dagegen, sie so zu sehen. Ganz im Gegenteil! Alle Naturwissenschaft läßt sich zur Begründung einer solchen Naturerfahrung absolut schlüssig einsetzen. Derselbe Werther aber konnte wenig zuvor noch, als er in seiner Liebe zu Charlotte glücklich war, derselben Natur vollkommen anders begegnen. Da galt sie ihm für eine Offenbarung des Göttlichen. Durchströmende Liebe bildete ihm einen Ort voller Glück und Poesie. Keine Lerche trillerte da, ohne im Gespräch zu sein mit ihr, der Geliebten. Jeder Pfad im Walde erschien als ein Suchwanderweg der Sehnsucht, dem es zu folgen galt. – Der Kontrast zwischen beiden Arten des Weltempfindens nun liegt offensichtlich darin, ob uns die Welt auf eine Art gegenübertritt, in der wir uns von ihr ausgeschlossen fühlen, weil es keinen wirklichen Bezug zu ihr gibt, oder ob wir uns mit ihr verbunden wissen, weil ein solcher Bezug für uns existiert. Über das eine oder das andere entscheidet nicht die Natur an sich, darüber entscheidet im Leben und Erleben von GOETHES *Werther* ein einziger Mensch, der für seine Liebe in Frage kommt oder erst gar nicht in Frage kommen darf. Die Zuwendung oder Verweigerung dieses geliebten Menschen ist in GOETHES Tagebuchroman identisch mit einer Entscheidung über Sein oder Nichtsein.

Worauf ich hinauswill, ist jetzt im Grunde einfach. Sagen wir es in einem Beispiel. Stellen wir uns vor, ein Hotelzimmer zu betreten. Dieses Zimmer ist vorbereitet, wie es sich gehört; irgendein Bild hängt da, vielleicht stehen sogar ein paar Papierblumen auf dem Tisch; für solche Dekorationen hat man ja schließlich bezahlt. Ein solches Zimmer ist wohnlich, aber nichtssagend, es ist leer. Nun ist es aber auch vorstellbar, daß man einen Raum betritt, in dem irgend etwas hingestellt wurde, und man ahnt, daß es hinter diesem Etwas einen Menschen gibt, der darauf gewartet hat, daß man in dieses Zimmer kommt. Da steht nun also keine Papierblume, sondern eine richtige Blume, und man begreift, daß es jemanden gibt, der gerade mit dieser Blume uns etwas sagen möchte. In diesem Augenblick wird die ganze Welt vollkommen anders. Plötzlich ist ein Gegenstand erlebbar als Geschenk, und dieser Umstand verändert alles.

Die entscheidende Frage stellt sich demnach so: Wie können wir die ganze Welt als ein Geschenk erleben?

■ Keine Naturwissenschaft kann uns dahin bringen zu sagen, daß irgend etwas in der Welt als Geschenk betrachtet werden könne oder müsse. Es ist möglich, daß jemand sich ganz einfach schon dadurch glücklich fühlt, daß er mit seiner Arbeit zurechtkommt oder weil er sich mit seinen Projekten auf dem richtigen Weg befindlich weiß – weil die funktionalen Zusammenhänge ihm seinen Platz zuweisen; und in einem solchen festen Rahmen mag es genügen, nichts weiter sein zu wollen als Naturwissenschaftler oder als Parteifunktionär oder als Finanzbeamter. Aber an jenem Gefühl, von dem wir gerade gesprochen haben, das in Bruchteilen von Sekunden alles ganz anders erscheinen lassen kann, ändern die Naturwissenschaften natürlich nichts. Wenn wir in der Religion sagen, die Welt sei eine Schöpfung, möchten wir als eine jenseits aller Ambivalenzen befindliche Gewißheit die Erfahrung aussprechen, es sei die gesamte kosmische Veranstaltung des Universums als ein solches Geschenk zu betrachten – wie diese Blume im Hotelzimmer, nur daß sich das entsprechende Empfinden jetzt auf alles ausdehnt. Wir müssen also von dem Gefühl der Liebe reden, von der Erfahrung eines Austauschs, einer Begegnung, die nicht mehr stattfindet zwischen Mensch und Natur, zwischen Subjekt und Objekt, zwischen Person und Gegenstand, sondern zwischen Person und Person, zwischen Ich und Du.

Das Neue des Johannes-Evangeliums

Der jüdische Religionsphilosoph Martin Buber hat das Phänomen der Anrede, des Du, zum zentralen Ausgangspunkt seiner Rede von Gott gemacht. Ist das der Ausgangspunkt für Theologie?

■ Wir müssen ganz unbedingt von dem Phänomen der Anrede sprechen. MARTIN BUBER hat nicht das Johannes-Evangelium interpretiert, aber mit seiner Arbeit *Ich und Du* von 1923 hätte er als Jude den besten theologischen Einstieg in die Welt des Christentums über dieses Evangelium finden können. Ich vermute, daß der Jude MARTIN BUBER große Schwierigkeiten gehabt hätte, die Spannungen zu akzeptieren, die wir bislang in unserem ganzen Dialog thematisiert haben: daß die Natur als derart fremd erscheinen sollte. BUBER dachte im Grunde viel stärker auf sein Volk hin bezogen. Die jüdische Frömmigkeit galt ihm als identisch mit der Volkszugehörigkeit. Dadurch ist die radikale Entscheidungseinsamkeit, die zum Christentum, zum Buddhismus, zum Islam gehört, vermutlich für ihn nie in diesem Ausmaß spürbar geworden. Die Frage, die im Christentum ständig artikuliert wird – wie man vom Glauben her eine Gemeinde bildet –, existiert für einen Juden nicht in dieser Weise, indem er als erstes ein Volk vorfindet, in dem sein Glaube sich immer schon organisiert hat und im Grunde in der Tradition bereits begründet ist. Von daher ist das BUBERsche religiöse Erleben und auch sein Naturempfinden viel bodenständiger. Andererseits waren die Naturwissenschaften ihm von Hause aus vollkommen fremd, so wie den meisten Theologen. Buber konnte deshalb über Spinoza allen Ernstes schreiben, er halte diesen großen jüdischen Philosophen für eine Antwort auf die barocke Vergegenständlichung des Religiösen. Das naturwissenschaftliche Problem, das in den Tagen des Spinoza aufzudämmern begann und sich mit Isaac Newtons Physik verbindet, hat Buber schlechthin übersehen. Dennoch ist das, was Buber über die Eigenart personaler Begegnung gesagt hat, von erheblicher Bedeutung für das Verständnis einer auch biblisch fundierten Schöpfungstheologie.

Das Johannes-Evangelium, in dem unsere Problemstellung sich am deutlichsten niederschlägt, steht in einem Gedankenstrom, der in aller Vorsicht mit dem Begriff der Gnosis verbunden werden kann. Die hellenistische Welt machte in der Entstehungszeit des Christentums eine Entdeckung, die uns Heutige außerordentlich modern anmutet. Man war in der griechischen Naturphilosophie so weit gekommen, eine Menge im Raum der Natur verstehen zu können, und doch fand sich gerade dadurch das, was die Griechen bis dahin als Kosmos bezeichnet hatten, völlig neu besetzt. Das Wort Kosmos bedeutet im Griechischen so viel wie „Ordnung", so wie wir noch heute etwa von Kosmetik sprechen: eine Frau, die ihre Haare schön macht, vereinigt Ordnung und Ästhetik. So galt eigentlich die Weltbetrachtung der alten Griechen vom Kosmos einer Natur, die als eine Aufführung geordneter Schönheit sich den Sinnen wie dem Denken darbot. Genau das aber glaubte man im ersten Jahrhundert nach Christus nicht mehr. Im Gegenteil, man entdeckte den Kosmos als sinnentleert, als ein Getriebe von Gesetzen, mit denen wir Menschen nichts zu tun haben. Die stoische Philosophie siedelte die Götter buchstäblich in den Intermundien, „zwischen den Welten", an – sie kommen in der realen Erfahrungswelt des Menschen überhaupt nicht mehr vor. Ihr Treiben und Walten reduzierte sich auf eine blinde *ananke*, auf eine Notwendigkeit, die sich abspult und auf die wir am besten noch mit dem heroischen Willensentschluß seelischer Unerschütterlichkeit antworten können. Und die Vermutung wuchs, daß wir Menschen der Natur ausgeliefert sind, daß wir ihr fremd gegenüberstehen und daß das, was uns umgibt, in sich selbst leer, leidvoll und sinnlos ist.

Natürlich fehlt es nicht an Soziologen und Kulturhistorikern, die bestimmte gesellschaftliche Zustände im Herrschaftsgebiet des antiken Rom für diesen relativ desolaten Reflex des Bewußtseins in jener Zeit zuständig machen. Mir liegt indessen daran, etwas Wesentliches in dieser Beschreibung der menschlichen Existenz zu sehen. Das Johannes-Evangelium jedenfalls geht auf diese neue, radikale Infragestellung des Menschseins und der Welt zentral ein. Es greift die Frage auf: Wie kommt es denn dahin, daß wir Menschen die uns so fremde Welt überhaupt als Schöpfung eines Gottes entdecken können? Und um die Antwort kurz zu fassen: Für das Johannes-Evangelium ist klar, daß wir den Schöpfungsgedanken ohne die Vermittlung und Entdeckung des Jesus aus Nazareth nie und nimmer zu fassen vermöchten.

Diese Überzeugung spricht sich bereits im ersten Satz des Johannes-Evangeliums aus, der da heißt: „*Im Anfang war das Wort.*" Das klingt ganz wie eine Auslegung, wie ein Midrasch, zu jenem Satz, den jeder, der die Bibel schon einmal gelesen hat, im Ohr haben wird: „*Im Anfang schuf Gott Himmel und Erde.*" Die Schöpfungstheologen sind auf Grund dieses Satzes nicht müde geworden, den Wortcharakter des Schöpfungsvorgangs zu betonen. Denn in der Tat wird die Welt in Gen 1, 1 durch einen gewissermaßen verbalen Imperativ Gottes ins Werk gestellt. Der Gott der Bibel hat es offensichtlich nicht mehr nötig, wie der babylonische Marduk herumzuagieren oder wie der germanische Wotan in gigantischen Kämpfen zunächst einmal urzeitliche Ungeheuer zu zerlegen, aus deren Restbeständen dann die Welt gefügt werden soll. Die Welt in dem Schöpfungsbericht der Priesterschrift, entstanden nach dem babylonischen Exil, Ende des 6., Anfang des 5. vorchristlichen Jahrhunderts, folgt dem Gebot und der Weisung eines Gottes, der mit seiner Vernunft, Güte und Planung Stufe für Stufe die Weltwirklichkeit etabliert. So die alte Schöpfungstheologie. Man muß die Herausforderung begreifen, die darin liegt, wenn Johannes gerade so nicht weiterdenken will. *„Im Anfang war das Wort"* – damit meint er, daß wir von dem Wort Gottes, das schöpfungsmächtig in die Welt ergehen soll, nicht die geringste Kenntnis hätten, wüßten wir nicht von Jesus aus Nazareth. Das ganze Johannes-Evangelium möchte uns förmlich beschwören zu glauben, daß das entscheidende Wort von Gott allererst in Jesus Christus Gestalt gewonnen habe.

Leider, muß man fast sagen, hat sich gerade aus diesem Ansatz eine Theologie entwickelt, die streng dogmatisch „Christus" zum Mittelpunkt der gesamten göttlichen Weltveranstaltung erklärt und das Christentum damit natürlich als eine Religion ausweist, die gegenüber allen anderen Religionen über ein Herrschaftswissen in göttlicher Offenbarung verfügt und die schon deshalb mit der Pflicht ausgestattet ist, alle anderen Religionen von dieser Weisheit in Kenntnis zu setzen. Ich glaube, daß man das Johannes-Evangelium tiefer verstehen sollte. Mit Blick vor allem auf den historischen Jesus, der im Vierten Evangelium so gut wie keine Rolle spielt, glaube ich, daß in dem Beispiel des Mannes aus Nazareth tatsächlich etwas Entscheidendes enthalten ist, das sich im Johannes-Evangelium ganz richtig interpretiert findet. Dieses Entscheidende liegt darin, daß es überhaupt nur dann möglich ist, an einen Gott im Hintergrund der Welt zu glauben, wenn jemand auf uns zutritt, der uns durch seine Person, durch seine Gegenwart, einer Güte versichert, die sich im Unendlichen festmacht und uns selbst zum Unendlichen öffnet.

Zentral für religiöses Verstehen, für diesen besonderen Zugang zur Wirklichkeit und auch für eine religiöse Sprache ist also das Gegenüber, das Du.

■ MARTIN BUBER hätte dies als Inbegriff der Religion verstanden. Er meinte, es sei nur möglich, auf Gott zu treffen, wenn wir in dem Gespräch unter Personen, zwischen Ich und Du, auf dem Hintergrund des Anderen, den wir als Du anreden, immer neu ein absolutes Du vernehmen. Das sind jetzt zwei Ebenen, die da ineinandergehen und die wir am einfachsten vielleicht getrennt beschreiben.

Beginnen wir mit MARTIN BUBERS Problem des Dialogs zwischen Ich und Du als der entscheidenden Erfahrungsdimension des Religiösen. Dieser Beziehung zwischen Ich und Du hat MARTIN BUBER die Beziehung zwischen Ich und Es gegenübergestellt; und er hat ganz richtig darauf hingewiesen, daß wir in diesen zwei Arten die ganze Welt radikal unterschiedlich anreden können.

Nehmen wir an, eine Katze kommt von draußen, aus dem Garten, durch die Tür in unser Zimmer herein. Dann können wir sie ansehen als ein Es, als ein Objekt, und wir können mit der Katze als Objekt eine ganze Menge anstellen. Wir können sie als Versuchstier behandeln, wir können Reflexe an ihr messen, wir können sie verhaltenspsychologisch studieren als ein Lebewesen, das Wärme und Nahrung braucht. In all diesen Fällen haben wir ein Es vor uns, dessen naturwissenschaftliche Beschreibung uns auf diese Weise ein Stück weit zugänglich wird. Ein Kind jedoch, das auf die Katze zugeht und sie streichelt oder anredet – „meine Pussie, meine Lilly“ oder mit irgendeinem anderen schönen Namen –, redet mit der Katze nicht wie mit einem Es, sondern buchstäblich wie mit einem Du. Und offensichtlich ist dieser Unterschied außerordentlich wichtig für die Katze, ebenso wie für das Kind. Schaut man einer Katze, die sich wohl fühlt, beim Hereinkommen zu, wird man bemerken, daß sie mit ihrem Köpfchen an den Tischbeinen, aber auch zum Beispiel an den Beinen des Kindes, Duftmarken setzt, um zu sagen: Dieser ganze Bereich ist meine Welt, in der ich zu Hause bin, und du gehörst dazu; mir liegt an deiner Anwesenheit, und ich nehme dich auf als zu meiner Welt gehörig. So in etwa würde der Vorgang der Begrüßung aus der Sicht der Katze ablaufen. Das Kind seinerseits erklärt: Du gehörst zu meiner Welt, denn ich habe dich gern; ich freue mich, daß du kommst. So verläuft eine Beziehung zwischen Ich und Du.

Was mir sehr wichtig ist: In der Beziehung zwischen Ich und Es können wir mit Tieren alles Mögliche anfangen. Noch einmal gesagt: Wir können Katzen benutzen als Material für die Forschung des Militärs, konkret: für die Frage, wie man sie am besten zu Tode quälen kann; die Erkenntnisse, die wir aus solchen Experimenten gewinnen, wie zum Beispiel bestimmte Neurotransmitter blockiert oder mit welcher Wirkung sie im Übermaß verabreicht werden können, sind bei der Vorbereitung des nächsten Krieges zur Herstellung von Massenvernichtungsmitteln im Pentagon womöglich höchst willkommen. Dieselben Kenntnisse könnten und müßten freilich auch in den Augen eines Arztes dazu führen, Leid und Schmerz zu vermindern. Wieder zeigt sich die enorme Ambivalenz aller Naturwissenschaft: Was wir mit bestimmten Erkenntnissen machen, hängt davon ab, was wir für Menschen sind. Aber die Frage ist: Wie werden wir Menschen? Und: Was für Menschen sollten wir werden? Wichtig scheint mir, daß bei einer Beziehung zwischen Ich und Du bestimmte Handlungen gar nicht erst möglich sind. Wir werden niemals im Leben dulden, daß eben diese Katze, die wir gerade als Du angeredet haben, in einen Forschungsgegenstand des Militärs verwandelt wird, in ein Es-Objekt, in ein studienhalber vorzuführendes Tötungsmodell, das noch den Vorteil bietet, daß es fühlend und lebendig ist.

Wir können den Unterschied der Beziehung zwischen Ich und Du sowie zwischen Ich und Es auch anders verdeutlichen, indem wir einen begrifflichen Gegensatz verwenden, auf den WILHELM DILTHEY hingewiesen hat. DILTHEY hat im 19. Jahrhundert bereits zwei Formen des Zugangs zur Wirklichkeit voneinander unterschieden, indem er Erklären und Verstehen einander gegenüberstellte. Man kann philosophiegeschichtlich in gleichem Sinne noch ein Stück weiter zurückgehen und jene Unterscheidung urgieren, die IMMANUEL KANT zwischen Verstand und Vernunft gesetzt hat. Leider ist das deutsche Wort „verstehen" natürlich etymologisch mit Verstand in Verbindung zu bringen, der, KANTianisch begriffen, gerade mit dem Erklären zu tun hat, während die Vernunft KANTianisch dem Verstehen dient. Das alles klingt recht kompliziert, doch was es meint, ist etwas sehr Einfaches: Die Naturwissenschaften versuchen, die Welt zu erklären; und sie unterlegen dabei der Beziehung zwischen Mensch und Welt ein Verhältnis von Subjekt und Objekt, von Ich und Es. In dieser Relation zur Es-Welt spielt sich Naturwissenschaft ab. Kein Wunder also, daß wir innerhalb dieses Denkens zum Beispiel nie auf die Idee kommen, eine Katze als einen Wert zu betrachten, der in sich selbst bestimmte Handlungen nicht zuläßt. Für eine solche Einsicht bräuchten wir eine ganz andere Beziehung: die zwischen Ich und Du. Allein in diesem Raum käme die Dimension dessen zum Tragen, was IMMANUEL

Kant als Vernunft bezeichnet hat: ein Gefüge von Sinn, ein Gefüge von sich ethisch darbietender Ordnung. Dieser Bereich ist gebunden an das Verstehen, und er unterscheidet sich spezifisch von dem, was wir „erklären“ nennen. Zum Verstehen gehört gerade das, was das wunderbare deutsche Wort nahelegt: Hier ist ein Ich, das in seiner Welt lebt, und es trifft als Subjekt auf ein anderes Subjekt, das in seiner Welt lebt. Der Vorgang des Verstehens gründet darin, daß ich mich ganz wörtlich an den Standort des anderen begebe und versuche, die Welt aus seiner Sicht zu betrachten. Es ist ein Vorgang der wechselseitigen Verschmelzung: Ich halte den anderen dabei gerade nicht auf Distanz, sondern versuche, in seine Welt Einlaß zu erhalten. Ich entdecke vor allem, daß dieser Vorgang der Verschmelzung, des Einlaß-Findens in die fremde Welt, überhaupt nicht möglich ist, ohne daß der andere seine Türe öffnet. Er muß von sich reden, damit ich verstehen kann, wo er sich befindet. Der ganze Vorgang gründet in einem Dialog der Wechselseitigkeit und unterscheidet sich mithin charakteristisch vom Vorgang des Erklärens, wo ich bestimmte Bedingungen festlege, unter denen, je nach gegebener Fragestellung, die Natur sich eindeutig verhält und insofern meinem Fragen eine Antwort gibt. Aber natürlich gibt sie keine „Antwort“; ich muß im Gegenteil ein künstliches Arrangement erfinden, um meine eigene Fragestellung so einzuschränken, daß die Natur möglichst nur eine eindeutig definierte Wirkung zeigen kann. Man sieht: Die Subjekt-Objekt-Spaltung ist wesentlich für die Erkennbarkeit im Raum der Naturwissenschaften.

Man könnte psychologisch auch sagen: In den Naturwissenschaften herrscht die völlige Unterdrückung des Gefühls, ja die vollkommene Ausschaltung der subjektiven Dimension. Die Erkenntnisvorgänge selbst haben so weit objektiv zu sein, daß es nicht mehr darauf ankommt, von wem die betreffenden Erkenntnisse eigentlich stammen. Um einen Vergleich anzustrengen: Natürlich ist die Formulierung der Speziellen und Allgemeinen Relativitätstheorie durch ALBERT EINSTEIN eine ungeheure menschliche Leistung gewesen; selbst ein Genie wie er brauchte über zehn Jahre, um zwischen 1905 und 1915 die Allgemeine Relativitätstheorie formulieren zu können; vor allem die nötige Mathematik mußte er sich allererst beibringen, zum Teil auch beibringen lassen. Dann hielt er es lange Zeit überhaupt nicht für möglich, daß seine rein mathematischen Gedanken imstande wären, wirklich die Natur zu beschreiben, so daß wichtige Einsichten, die eigentlich schon reif gewesen wären, verworfen und erst Jahre später wieder aufgegriffen wurden. An der menschlichen, subjektiven Leistung EINSTEINS ist also kein Zweifel. Gleichwohl darf man denken, daß die Ergebnisse aus dem MICHELSON-Versuch so klar auf dem Tisch der Physiker lagen, daß irgendwann irgendein anderer nach beliebig langer Zeit mit aller Wahrscheinlichkeit zu derselben Theorie gelangt wäre.

Und nun die Folgerung: Es ist hochinteressant, wissenschaftsgeschichtlich den Wegen nachzugehen, die sich mit der Biographie EINSTEINS verknüpfen. Aber zum Verständnis der Allgemeinen Relativitätstheorie ist es vollkommen uninteressant, wer ALBERT EINSTEIN war. In gewissem Sinne kann man ihn als Menschen absolut vergessen. Er ist in seiner Person der Anlaß geworden, etwas ganz Wesentliches für die Physik zu finden, aber daß es gefunden wurde, folgte einer Logik, in die er sich bloß eingeklinkt hat und die durchaus nicht von ihm selbst stammt. Mit anderen Worten: Die HEGELsche Betrachtung der Geistesgeschichte ist für die Naturwissenschaften so falsch nicht: Die menschliche Geschichte gelangt durch eine immanente Logik des Geistes selbst zu ihrem Erkenntnisfortschritt. Die Individuen sind dabei austauschbar. Das war genau der Gedanke, der ARTHUR SCHOPENHAUER rasend gemacht hat: als ob die *Kritik der reinen Vernunft*, wenn KANT die Krätze bekommen hätte, genauso hätte geschrieben werden können! SCHOPENHAUER wollte gerade sagen, das subjektive Element, der Wille, die Person sei viel entscheidender als die objektive Logik. Wer hat nun recht? Offenbar ist SCHOPENHAUER zuzustimmen bei allen Kulturleistungen außerhalb der Naturwissenschaften. Es ist wirklich vollkommen unmöglich, daß BEETHOVENS *Siebte Symphonie* entstanden wäre, wenn es BEETHOVEN nicht gegeben hätte. Alles im Raum der Kunst ist absolut gebunden an den Künstler, der es gestaltet hat. Und genauso sind alle Schöpfungen, die sich austauschen zwischen Ich und Du. Sie hängen unbedingt ab von der Eigentümlichkeit der Personen, die miteinander im Gespräch sind. Für die Hervorbringungen der Wissenschaftsgeschichte hingegen wird HEGEL zuzustimmen sein; hier herrscht subjektlos der Verstand.

Schöpfungen der Kunst, personale Akte sind also geistesgeschichtlich immer eine Einzigartigkeit?

■ Ja, vollkommen unverwechselbar, vollkommen unaustauschbar, radikal einmalig. Eben diese Dimension der Subjektivität, der Personalität, der Individualität, wenn wir sie konfrontieren mit den völlig anderen Vorstellungen der Naturwissenschaften, spannt diesen Hiatus auf, der zwischen Mensch und Welt besteht, macht die Absurdität aus, erzeugt die Einsamkeit und Fremdheit, von der wir geredet haben. Gerade das, was uns auszeichnet, was uns als Menschen wertvoll macht, die Einmaligkeit von Ich und Du, basiert auf diesem Riß, auf diesem Gegensatz.

Nun brauchen wir uns nur noch einmal in diesen Dialog des Verstehens hineinzuversetzen. Es ist unerläßlich für einen verständnisvollen Dialog, die Worte des anderen mit den Bedeutungen zu vergleichen, die die Begriffe, die verwendeten

Bezeichnungen, in unserem eigenen Erfahrungsraum haben, und sie abzugleichen mit dem, was der andere offenbar meint. Es ist auf diese Weise möglich, sich immer intensiver in den anderen hineinzuversetzen. Was wir Liebe nennen, ist eigentlich nichts anderes als das unendliche Verlangen, dieser Verschmelzung, dieser Kongruenz des Verstehens nahezukommen. Gleichzeitig ist die Liebe aber auch identisch mit der Erfahrung der Unterschiedlichkeit. Je näher wir einander als Personen kommen, um so mehr entdecken wir auch, daß wir nie dieselben sind und nie dieselben sein werden. Ganz im Gegenteil! Je tiefer wir einander verstehen, um so mehr wächst auch das Gefühl der Andersartigkeit, der unaufhebbaren Einsamkeit. Und ein Drittes, das in der Liebe erfahren wird, ist die mögliche Ergänzung: Irgendwann beginnen wir zu begreifen, wie wunderbar es ist, daß der andere nicht ist wie wir. Diese Entdeckung schafft uns in aller Regel eine große Erleichterung. Wir haben es fortan niemals nur mit uns zu tun. Die Einseitigkeit, die mit unserer Einzigkeit gegeben ist, läßt sich durch den anderen ein Stück weit korrigieren, aufheben, abmildern, so daß die Verschmelzung, die dann zustande kommt, beides bestätigt: die Einheit sowohl wie den Unterschied. Gerade darin liegt die immer neue, die überraschende, die alle Neugier erzeugende und alles Verlangen bildende Spannung, welche die Liebe mit sich zu bringen pflegt.

Kommen wir zurück zu Martin Buber, so müssen wir sagen, daß das Verhältnis zwischen Ich und Du auf der personalen Ebene der Beginn der wirklichen Religiosität und ganz sicher der Beginn der Menschwerdung ist. Für diese These können wir vor allem psychologisch eine Menge guter Argumente beibringen.

Es gab und gibt Ethnologen, Strukturalisten, Psychoanalytiker, wie Jacques Lacan in Frankreich, die gemeint haben, Person sei im Grunde das Ergebnis einer kulturellen Festlegung. Menschen fangen an, sich für Personen zu halten, wenn man sie lange genug als solche angeredet hat. Würde man sie als Arara-Papagei angeredet haben, hätten sie die Vorstellung, sich nach dem Modell des Arara-Papageis verhalten zu müssen. Aber nun hat man ihnen beigebracht, sie wären Personen, und dadurch malt sich in ihnen ein Selbstbild, in dem sich auch später ihr Verhalten und ihr Handeln organisieren wird. Worauf LACAN wohl zu Recht Wert gelegt hat, ist die unleugbare Tatsache, daß Menschen nur zu Personen werden können, wenn sie anderen Personen begegnen, von denen sie angesprochen werden. Was er freilich meiner Meinung nach maßlos übertrieben hat, ist die Prägbarkeit dieses Vorgangs. Gäbe es nicht eine innere Organisation auf das Personsein hin, könnten Menschen mit Menschen reden, so lange sie wollten, sie selbst würden keine Personen, und sie würden auch ein Kind niemals dahin bringen, eine Person zu werden. Es gibt offenbar innere Organisatoren, die förmlich darauf warten, aktiviert zu werden.

Es verhält sich mit der Personwerdung ähnlich wie mit der zweifellos angeborenen Fähigkeit zum Spracherwerb. Ein Kind beginnt, Laute zu bilden – eine wunderbare Begabung –, und es möchte in Antwort darauf hören, daß mit ihm geredet wird; auf diese Weise lernt es buchstäblich seine Muttersprache. Es extrahiert aus der Vielzahl von Lauten gewisse Regelmäßigkeiten, die speziell in der Sprache seiner Mutter enthalten sind. Man weiß, daß ein Kind natürlich jede Sprache lernen kann – daß es nicht nur die etwa achtundzwanzig Laute der deutschen Sprache zu sprechen imstande ist, sondern daß es schätzungsweise über siebzig verschiedene Laute bilden könnte und tatsächlich probeweise plappert. Beim Erwerb der Einzelsprache reduziert also der Lernprozeß das angeborene Vermögen.

Ganz ähnlich kann man auch denken, daß das, was wir Person nennen, auf einer Reduktion von Entfaltungsmöglichkeiten und in diesem Sinne auch auf kulturellen Festlegungen basiert. Zweifellos würden wir in einer anderen Kultur, in einer anderen Familie eine andere Person werden und eine andere Identität entwickeln. Diese Wechselwirkung des persönlichen Austauschs ist psychologisch ganz entscheidend. Grundlegend aber bleibt die Erkenntnis, daß ein Mensch zur Person nur wird durch eine andere Person, die ihn anredet. Und diese Erfahrung läßt sich ins Generelle und Grundsätzliche ausweiten.

Verlangt die menschliche Personwerdung also so etwas wie Anrede, Zuwendung, Liebe?

■ Unbedingt. Würden wir einen Menschen lieblos anreden, ohne ihn wirklich zu meinen, indem wir mit ihm umgehen würden wie mit einem Es, mit einem Etwas, das unserem Kommandobefehl ausgesetzt wäre und unserer Willkür verfügbar bliebe, so würden auf der Erlebnisseite sich nie ein eigener Wille, eine eigene Weltwahrnehmung, ein eigenes Urteil, kurz, all die Fähigkeiten entwickeln können, die wir mit Personsein verbinden. So wenig wie eine Blume ohne Sonnenschein und Wärme aufzublühen vermag, so wenig kann ein Mensch sich ohne Liebe zu einer Person entfalten. Eine Anrede in Liebe ist die Grundlage aller Religionen.

Wenn Martin Buber bis dahin zuzustimmen ist, können wir nochmals den Gedanken des Johannes-Evangeliums aufgreifen. Es formuliert die Entdeckung des Jesus aus Nazareth in einer Radikalität, die selbst den ersten drei Evangelien im Neuen Testament bis dahin fremd war. Das Vierte Evangelium redet von *Welt* ja nicht rein naturwissenschaftlich, sondern der Begriff der Welt erstreckt sich auf alles, was wir in der Natur-, aber auch in der Kulturgeschichte antreffen. Wie handeln Menschen eigentlich, wenn sie sich nur von der Natur her verstehen? Wir haben das schon ein Stück weit aufgegriffen: Wenn der DARWINismus die letzte Handlungsgrundlage darstellte, wäre weit und breit nicht zu sehen, warum im Umgang mit Menschen nicht der Sozialdarwinismus fast zur Pflicht erhoben werden sollte, indem nur die Fittesten und Fettesten zu prämieren und alle anderen als Versager auszusondern wären. Die Frage der Arbeitslosen, der Sozialhilfeempfänger, der Kranken, der Alten löste sich auf diese Weise scheinbar ganz einfach selektiv.

Rein funktional, rein pragmatisch betrachtet, gäbe es immer das Überleben der Stärkeren?

■ Rein funktional – es überleben die Stärkeren; und die haben offenbar nur ganz begrenzt ein Interesse daran, daß die Schwachen am Leben erhalten werden. Man kann sie eine Weile lang als Arbeitssklaven ausbeuten, man kann sie als Konsumenten einspannen, aber sie bleiben im Grunde Objekte der Funktionszuweisungen der Mächtigen und Besitzenden. Schaut man sich derzeit um, spricht vieles dafür, daß sich die Welt, die wir Menschen gestalten, gerade so darbietet. Doch wann war es je anders?

Zur Normalität von Geschichte gehört es bis heute, daß wir Kriege führen, daß die Staaten sich das Recht nehmen, Achtzehnjährigen, nur weil sie Männer sind, das Töten auf Befehl beizubringen. Offensichtlich gehört zur Normalität der Welt nach wie vor auch das Recht des Stärkeren. Es gehört dazu die Mitleidlosigkeit im Ausbeuten der Natur, insbesondere die Rücksichtslosigkeit gegenüber den Tieren. Wenn *das* die „Welt" ist, kann man ohne zu dramatisieren sagen, läßt sich die Anrede eines liebenden Gottes in ihr nicht vernehmen.

Und genauer – wir hätten in ihr nicht die geringste Ahnung, daß es so eine Anrede überhaupt geben könnte. Die Rede von Liebe, von einem Reich Gottes erscheint in ihr geradewegs lächerlich. Und so kommt sie den Regierenden bis heute denn auch vor.

Es ist undenkbar, daß wir uns im Bundestag auf die Bergpredigt berufen könnten. Wer so etwas täte, würde als christlicher Ayatollah abgestempelt, als Fundamentalist verdächtigt oder als Märchenerzähler diskreditiert. Selbst zu Gesprächen über Krieg und Frieden werden Sie in keiner Talk-Show zugelassen, ohne als erstes zu sagen, Sie seien kein Pazifist; sonst sind Sie nicht gesellschaftsfähig in derartigen Diskussionen.

Es ist das Entscheidende am Johannes-Evangelium, daß diese ganze Welt, die uns normal erscheint, als unmenschlich qualifiziert wird. Schon daß eine solche Umwertung möglich ist, setzt eine Gegenerfahrung voraus. Es ist ganz einfach nicht nur das Leid, nicht nur die Unerträglichkeit des Schmerzes, sondern es ist wesentlich die Einnahme einer Weltsicht aus der Perspektive der Leidenden, aus der Perspektive derer, die bei dieser Art der Normalität ewig unter die Räder geraten; diese Menschen begreifen, womöglich als erste, daß Menschlichkeit gerade darin gründet, die Schwachen leben zu lassen und ihnen eine Chance zu geben. Das knüpft ohne Zweifel auch im historischen Sinne bei dem Bemühen des Jesus aus Nazareth an: Jesus wollte nicht länger, daß es eine Welt gibt, in der es genügt, schwach zu sein, um an den Rand gedrängt zu werden, in der es genügt, schuldig zu werden, um von den immer Richtigen abgeurteilt zu werden, in der es genügt, einen Fehler gemacht zu haben, um an die Wand gestellt zu werden.

Das ganze Bemühen Jesu ging dahin, eine Welt zu entwerfen, in der die Ohnmächtigen, die Kranken, die Suchenden, die Verzweifelten, die schuldig Gewordenen eine Chance gewönnen. Sein Gleichnis vom hundertsten Schaf etwa, mit dem er im 15. Kapitel des Lukas-Evangeliums sein Bemühen rechtfertigt, zählt für mich immer wieder zu dem Erschütterndsten der ganzen Bibel. Schon daß er sich für seine Menschlichkeit rechtfertigen muß, ist charakteristisch – der übliche Betrieb schriftgelehrter Textauslegung kommt auf solche Gedanken von Gnade und Vergebung gar nicht. Die normale Jurisprudenz wird immer wieder ganz einfach sagen, ein schuldig Gewordener gehöre bestraft – so wie der amerikanische Präsident GEORGE W. BUSH erklären kann: *„Die Welt wird erleben, was amerikanische Gerechtigkeit ist."* Das hat sie tatsächlich schon getan: in der Todesfabrik von Huntsville, Texas, unter seinem Regime beim Vergasen von 130 Menschen. Schuldig bedeutet da, daß jemand bestraft gehört im Namen der Gerechtigkeit. Es fällt uns scheinbar leicht, eine Ethik des Verurteilens und Hinrichtens zu errichten, die sich womöglich sogar religiös motiviert: Ist Gott etwa nicht die Gerechtigkeit? Genau gegen diese Art, die Welt zu sehen, hatte offensichtlich der Mann aus Nazareth Entscheidendes einzuwenden, und es war für ihn eine Frage auf Leben und Tod.

Insofern kann man sagen, daß Jesus auf eine entscheidende Weise neu und anders von Gott geredet hat als alle anderen bisher. Zweifellos gab es auch in seiner Zeit Rabbiner wie RABBI HILLEL, die ihm vorgearbeitet haben; es gab in der Bibel Ansätze, die zu ihm hinführten. Doch was er in seiner Person verkörpert hat, ist ohne Vorbilder und leider – wenige Ausnahmen dahingestellt – auch ohne Nachfolger. Er war und ist in jeder Weise in sich einzigartig.

Das Johannes-Evangelium hat deshalb in meinen Augen völlig recht, wenn es sagt: Was uns der Mann aus Nazareth vorgelebt hat, läuft darauf hinaus, daß wir alles noch einmal gründlich anders sehen, buchstäblich alles. Denn in der Botschaft und in der Person Jesu wird uns überhaupt erst deutlich, weswegen es uns in dieser Welt geben kann. Das Johannes-Evangelium kann die „Welt" mit Dunkelheit, Nacht, Angst, Sturm, Lüge, Tod und Teufel identifizieren, und es will damit sagen: Ein Mensch, der sich nur von der Welt her versteht, die ihn im Raum der Natur umgibt, sowie von der Geschichte der Menschen her, wie sie sich im Raum der Kultur darbietet, ein solcher Mensch wird nie wirklich zu sich selber finden. Es wird in seiner Art zu leben das ganze Getriebe der „Welt" nur einfach so weiterlaufen; es wird vermutlich hundert gelehrte Ausreden auf den Plan rufen und eine Fülle rechtfertigender Pflichtzuweisungen auf sich ziehen, und dennoch wird es ständig an ihm selbst als Menschen vorbeiführen; alles, was er unternimmt, wird eine einzigartige Todespraxis sein und bleiben. Um anders zu leben, bräuchten wir eine Anrede buchstäblich wie aus einer anderen Welt. Und diese verkörpert sich in dem Mann aus Nazareth.

Gerade so lautet denn auch die zentrale Aussage des Johannes-Evangeliums: Wer begreift, wer Jesus ist – nicht wer er war, sondern wer er ist –, der vernimmt im Hintergrund der Welt Gott als eine Anrede, als ein Wort, das unser ganzes Leben verändert. Da ist die Rede von einer Liebe, der wir so nie begegnet sind. Dergleichen ist nicht in der Natur zu finden; wer aber mit den Augen Jesu in die Welt schaut, dem erscheint alles noch einmal völlig neu und gänzlich anders. Er wird nicht aufhören, an der Welt zu leiden, aber er wird Mitleid haben mit den Leidenden, und allein schon dieser Umstand verändert alles. Er wird das Häßliche nicht übersehen, aber selbst in dem Zerstörten wird er so etwas entdecken wie eine zerbrochene Schönheit, die er nie vergessen wird. Das Johannes-Evangelium meint, daß Jesus dieses Wort Gottes an uns war, das uns erlaubt, die ganze Welt als ein Geschenk zu erfahren.

Sagen wir das Gemeinte ein Stück poetischer, malerischer oder musikalischer; es ist ja die Eigenart von Künstlern, daß sie imstande sind, das scheinbar Unbedeutende einfach durch die Intensität ihrer Zuwendung herauszuheben aus dem Strom des Zufälligen und es in seiner Einzigartigkeit kostbar zu machen.

Wenn ein VINCENT VAN GOGH etwa die Brücke von Arles malt, die bis dahin einfach dagestanden hat und über die bis dahin Tausende von Menschen unbedacht gegangen sind, so wird in dem Kunstwerk die Brücke von Arles noch einmal als etwas Einzigartiges neu gestaltet. Oder: Ein Kind sitzt an einem Fluß und schaut dem Spiel der Wellen zu; dabei entdeckt es die Schönheit eines Kiesels. Dieser Stein hat schon immer da gelegen, aber in der Hand eines Kindes, das ihn lange genug betrachtet, wird er nach und nach wert, in der Tasche mit nach Hause getragen zu werden. Der Kiesel erzählt dem Kind nicht die Geschichte seiner Entstehung, so wie Geologen sie erzählen würden; er erzählt ihm vielmehr etwas vom Geschenkcharakter der Welt. Durch seine bloße Aufmerksamkeit und Zuwendung entdeckt das Kind eine Schönheit, welche mit diesem Stein die ganze Welt liebenswert macht. Schauen wir genau hin, so können wir auch sagen: Es überträgt sich das Gespräch zwischen Ich und Du auf die gesamte, nur scheinbar „gegenständliche" Welt. Denn auch die bislang für tot gehaltene Welt einer Anhäufung bloßer Gegenstände hat plötzlich etwas zu sagen; ja, die Vorgabe, alles Leben sei eingetaucht in ein solches unendliches Gespräch zwischen Ich und Du, überträgt sich und erweitert sich nunmehr auf die Welterfahrung insgesamt. Alles, was uns umgibt, ist in diesem Sinne dialogfähig; es wird zum Teil eines Gesprächs, das Gott mit uns führen möchte.

So ergibt sich ein vollkommen anderer Anknüpfungspunkt für die Schöpfungstheologie, der indessen die wahre Basis darstellt, auf welcher Menschwerdung und Gottesbegegnung einander wechselseitig hervorrufen. Und gerade so beschreibt das Johannes-Evangelium den Vorgang der Erlösung, des Aufwachens, des Endes der Blindheit, des Anfangs richtigen Sehens, der Auferstehung aus dem Grab, der Entdeckung des eigentlichen, des unendlichen Lebens.

■
Liebe braucht Religion
■

Auf dem Hintergrund dieser biblischen Aussagen noch einmal die radikale Frage: Warum existieren wir? Und: Wie beantwortet Religion die Frage der Fremdheit, Einsamkeit und Absurdität?

■ Wenn wir noch einmal auf die drei genannten Begriffe zurückkommen, die sich negativ aus der naturwissenschaftlichen Betrachtung der Weltwirklichkeit ergeben haben, so können wir sie jetzt alle drei noch einmal vom Gegenteil her, im Sinne der Antworten einer gültigen Religion auf die Daseinsfragen des Menschen, bearbeiten.

Wir sprachen von der *Fremdheit*, von jener eigentümlichen Infragestellung unseres Daseins, die bereits ein beliebiger Autounfall hervorrufen kann. Wie ganz anders indessen entdeckt sich unser Leben, wenn es trotz seiner zweifellos radikalen Kontingenz betrachtet wird als Teil eines Dialogs im Gegenüber einer absoluten Anrede! Die Welt verliert nicht ihre Kontingenz, ganz im Gegenteil. Die Feststellung bleibt bestehen, daß alle naturwissenschaftlichen Erklärungen den Raum des radikal Zufälligen nicht beseitigen, sondern an jeder Stelle mit in ihre Rechnung einbeziehen müssen. Mit anderen Worten, die beste Naturerklärung langt nicht an die Ebene des Individuellen heran; das, was uns als Menschen am meisten interessieren muß, die Individualität unserer Existenz und unseres Schicksals, fällt prinzipiell heraus aus jeder noch so verständigen naturwissenschaftlichen Erklärbarkeit.

Nehmen wir nur die simple Frage jedes Kindes an seine Eltern: „Warum gibt es mich?“ Die Antwort der Biologie ist nicht falsch: Es gibt den einzelnen Menschen, weil es ein Elternpaar gab, dessen Samen und Eizelle miteinander verschmolzen und dadurch einen Entwicklungsweg eingeleitet haben, der schließlich zu dem führte, was jetzt in Gestalt eines Mädchens oder eines Jungen vor uns steht. „Es gibt dich als Produkt der Gene von Vater und Mutter“, müßten wir dem Kind antworten. Doch ist das eine Antwort auf die Frage, die es wirklich gestellt hat? Jeder weiß, daß der Zeugungsvorgang mit Millionen von Samenzellen arbeitet, von denen nur jeweils eine erfolgreich sein kann. Selbst die eine Eizelle, die befruchtet wird, ist nur eine von 400.000, von denen im Verlauf des Lebens einer Frau rund 400 zur Reifung kommen können. Also kam es, damit gerade dieses eine Kind entstehen konnte, auf eine unglaubliche Häufung von Zufällen an. Wieder stellt sich daher die Frage: „Und wieso eigentlich ich?“ Selbst wenn man voraussetzt, die Eltern hätten einander sehr lieb und hätten sich sogar ein Kind gewünscht, haben die Liebe der Eltern und ihr Kinderwunsch doch nicht das Mindeste damit zu tun, daß nun gerade dieses eine Lebewesen entstand. Die Mutter mag sich ein Mädchen gewünscht haben, der Vater einen Jungen; doch was dabei herauskam, war von allen Wünschen absolut unabhängig. Und dasselbe gilt auch für den weiteren Lebensweg. Welche Eigenschaften das Kind ausbilden, welch eine Persönlichkeit es entfalten wird, ist genetisch nur der Anlage nach vorgegeben; was wirklich sich gestalten wird, hängt von zahllosen biographisch zufälligen Gegebenheiten der Umwelt im weitesten Sinne ab.

Wieder stehen wir vor der radikalen Kontingenz unseres Daseins. Die Antwort auf jene Frage „Warum gibt es mich?“ wird eine Mutter, die ihr Kind liebhat, besser ganz anders geben. Sie wird nicht auf biologische Ursachen, auf naturwissenschaftliche Beschreibungsmodelle rekurrieren. Sie wird einfach sagen: „Es gibt dich, weil ich dich liebhabe." Und vielleicht – wenn sie religiös ist – wird sie sogar noch von sich selbst absehen. Sie wird dann sagen: „Es gibt dich, weil Gott wollte, daß es dich gibt." Sie setzt damit einfach den Hintergrund der Liebe, die sie selber fühlt, absolut, und das ist in jedem Falle die Art von Antwort, die ein Kind braucht, um eine sinnvolle Beruhigung auf seine Fragen zu bekommen: Warum gibt es mich – oder: Warum gibt es mein Brüderchen? oder: Warum scheint die Sonne am Himmel? Auch die Antwort auf die letztere Frage kann für ein Kind nicht naturwissenschaftlich gegeben werden: „Weil da ein Fusionsreaktor von ungeheurer Energie, gasförmig, am Himmel steht, hervorgebracht vor 4,6 Milliarden Jahren." Die Antwort, die ein Kind versteht und die wir als Menschen wesentlich benötigen, wird lauten: „Damit du es schön hast; damit du glücklich bist."

Wesentlich brauchen wir alle derartige Antworten, die uns einbeziehen in ein Feld der Liebe, in dem wir gemeint, gewollt und berechtigt sind zu sein. Begrifflich ausgedrückt: Die Kontingenz, die zu unserer Existenz gehört, die Fremdheit, der wir ausgeliefert sind, läßt sich niemals durch eine naturhafte Notwendigkeit aufheben. Sie läßt sich im Grunde nur durch etwas schließen, das ebenfalls bloß kontingent ist, das selber nicht sein müßte – durch eine Willensentscheidung, die aber, weil sie eine Willensentscheidung ist, ein Sollen hervorbringt, indem sie versichert: Dich soll es geben, weil ich dich liebe. Das ist die einzige Art von Antwort, durch die ein Menschenwesen zu begreifen vermag, warum es existiert. Da ist ein Sollen, das nicht in sich notwendig ist, sondern aus einem Wollen geboren wird; und nur so ist es möglich, Notwendigkeit im Raum von Freiheit zu schaffen. Wenn wir vorhin sagten, das zentrale menschliche Problem habe mit Individualität und Freiheit zu tun, so ist eine bejahende Zuwendung die einzige Antwort, die unserer Not adäquat ist. Wir brauchen eine andere Freiheit, die erklärt, daß es für sie uns geben soll – etwas, das nicht naturnotwendig ist, das aber in der Anerkennung einer fremden Freiheit notwendig wird und dadurch seine eigene Fremdheit verliert.

Genauso ist die Liebe. Sie erklärt: „Dich müßte man erfinden, wenn es dich nicht gäbe. Ich entdecke dich in meiner Liebe als etwas absolut Notwendiges. Ich kann mir überhaupt nicht mehr vorstellen, wie ich leben sollte ohne dich." Genau dieser Vorgang einer bejahenden Bestätigung ist die „Erklärung" von allem: Da sinken wir gewissermaßen Etage für Etage durch all die naturwissenschaftlichen Erklärbarkeiten hindurch und fragen nach dem Grund, weswegen überhaupt etwas existiert. Diese kosmologisch gestellte Frage haben wir zum Beispiel mit der Hypothese von einer Quantenvakuumfluktuation zu beantworten versucht; aber wir waren uns im klaren, daß es unmöglich ist, dabei stehenzubleiben. Als Grund von allem akzeptieren wir letztlich nur *eine* „Erklärung": Es gibt etwas, weil eine unbedingte und absolute Liebe wollte, daß es das alles gibt. Diese Erklärung allein entdeckt eine Welt, die uns sonst schweigend und stumm, in Fremdheit und Einsamkeit zurücklassen müßte, als Schöpfung Gottes.

Auf dem Hintergrund einer solchen Erfahrung erst ist es möglich, Gott als Vater (oder als Mutter) zu bezeichnen. Natürlich sind das ganz und gar bildhafte Worte. Wir nehmen uns einfach das Recht, unsere Religion auf unsere Säugetier-Bedürfnisse zurechtzubiegen. Selbst wenn wir von Liebe sprechen, müssen wir immer in Rechnung stellen, daß wir damit Erfahrungen verknüpfen, die im Grunde nur wir Menschen machen können. Der griechische Philosoph XENOPHANES im 6. Jahrhundert v. Chr. hatte nicht unrecht, als er die Ansicht vertrat, daß alles, was Religion heiße, in gewissem Sinne von projektiven Bildern getragen werde. Er sagte: *Die Äthiopier behaupten, ihre Götter seien schwarz und hätten stumpfe Nasen. Würden die Ochsen sich Götter entwerfen, wären sie ochsenförmig.* – Das war völlig richtig beobachtet und trifft das Problem genau: Nur wir Säugetiere sind darauf angewiesen, daß es mütterliche Wesen gibt, die uns großziehen. Nur wir Säugetiere sind darauf angewiesen, daß es einen behüteten Umraum gibt, für eine relativ lange Zeit sogar außerhalb der Leibeshöhle des Muttertieres, der uns Schutz und Geborgenheit schenkt.

Vor allem: Nur wir Menschen entwickeln die Vorstellung einer absoluten, personhaften, elternähnlichen Liebe, die begründet, daß es uns gibt. Würden die Frösche denken können, hätten sie keine Ahnung davon, daß es überhaupt so etwas geben sollte wie Vater und Mutter. Wir beobachten im Frühling, wie Kaulquappen in einem Teich umherschwimmen und irgendwann zu Fröschen werden. Keine dieser Kaulquappen weiß, daß es einmal einen weiblichen und einen männlichen Frosch gegeben hat, die sie gezeugt haben. Für die Kaulquappe – wenn sie religiös wäre – könnten Bilder von Vater und Mutter erkennbar keine Rolle spielen. Wahrscheinlich würde eine denkende Kaulquappe, die ein Problem mit der Tatsache ihrer Existenz hätte, darüber nachsinnen, wie unerläßlich Wasser ist, insbesondere von Sonnenstrahlen gewärmtes Wasser; das warme Wasser wäre für eine Kaulquappe in etwa das, was wir meinen, wenn wir von Mutter reden.

Alles Leben kommt, wenn es über sich nachdenkt, zu Bildern, die seine Existenz begründen. Solche Bilder und Symbole sind die einzige Form, wie wir von dem unsichtbaren Hintergrund unserer Existenz reden können. Ich glaube nicht, daß es richtig ist, bei der rationalen Religionskritik stehen zu bleiben und Bilder in sich selbst schon als irreführend zu entwerten, nur weil sie Bilder sind; denn etwas anderes als Bilder steht uns nicht zur Verfügung. Die religiöse Funktion dieser Symbole besteht darin, daß sie uns helfen, uns zurechtzufinden. Deshalb sind religiöse Symbole für die Beschreibung unserer Existenz mindestens so wichtig wie die Begriffe und Kategorien der Naturwissenschaften zur Beschreibung der äußeren Weltwirklichkeit, der Natur. Worauf wir zugehen sollten, wäre deshalb eine Korrespondenz zwischen den Symbolen der Religionen und den Kategorien der Wissenschaften. Manchmal träume ich davon oder träume mich dahin zurück, daß es einmal eine Welt gab, in welcher ein und dieselbe Weltbetrachtung Symbol und Begriff noch ungetrennt miteinander verschmelzen konnte.

Aber steht nicht die naturwissenschaftliche Disziplin Mathematik der Metaphysik sehr nahe?

■ Wir haben begonnen mit den Babyloniern, die, wenn sie *zum* Himmel schauten, zugleich *in* den Himmel schauten und in den Sternen ihre Götter sahen. In jenen Tagen waren Mathematik und Naturwissenschaft auf der einen Seite und Sinnsuche und Religion auf der anderen Seite vollkommen identisch und miteinander verschmolzen. Der Weg der Kulturen ist gleichbedeutend mit einer fortschreitenden Differenzierung beider Betrachtungsweisen. Wir haben vorhin noch angedeutet, daß es immerhin auch in unseren Tagen noch möglich ist, darüber zu spekulieren, ob Mathematik nicht in sich selbst ein Gottesbeweis sei, ob Mathematik und Metaphysik nicht auf das engste zusammenhingen. Ich habe vorhin diesen Gedanken ausgeschlossen, aber überlegenswert war er und ist er nach wie vor. Der Mathematik steht die Metaphysik offenbar tatsächlich noch sehr nahe. Von der Physik würden wir gewiß nicht mehr sagen, daß wir sie in eine religiöse Weltbeschreibung überführen könnten; bei der Biologie und der Soziologie fangen wir sogar an, uns dagegen zu wehren, sie mit göttlichen Ideen gleichzusetzen. Eine Soziologie, die sich religiös verstünde, wäre eine diktatorische Ideologie. Im Verlauf der Kulturgeschichte wurden und werden immer neue Wissenschaftszweige ausdifferenziert, und die Schere zwischen Religion und Naturwissenschaft geht immer weiter auseinander. Dennoch möchten wir jenen Einheitspunkt finden, von dem NIKOLAUS CUSANUS bereits um 1440 geträumt hat: einen Punkt, an dem alle Gegensätze und Widersprüche sich aufheben.

Auch der Traum IMMANUEL KANTS galt der Erkenntnis des höchsten Guts, der Einheit von Naturgesetz und Moralgesetz. Verdeutlichen wir uns das Ziel noch einmal mit Bezug zu dem Theodizee-Problem, zu der Frage, wie die Moralität Gottes vereinbart werden könne mit dem Zustand der von ihm geschaffenen Welt. Noch leiden wir ungeheuer an der Zerrissenheit der Welt und wissen vor allem nicht, was ein gütiger Gott mit all dem Leid der Welt zu tun hat. All die Erklärungsversuche der Theologie, die uns sagen, daß Gott die Übel und das Böse auf Erden hätte in Kauf nehmen müssen zur Erreichung höherer Ziele, zum Beispiel einer noch größeren Manifestation seiner Liebe und seines Mitleids, dürfen für gescheitert gelten. Nicht erst seit Auschwitz sind all diese Theorien als im Grunde gottesverräterisch entlarvt. Ein Gott, der mit solchen Argumenten gerechtfertigt wird oder werden muß, kann kein Gott sein. Ein solcher Gott provoziert vielmehr tiefgreifende Zweifel an seinem Wesen; jedenfalls fällt es schwer, wo nicht unmöglich, an einen solchen Gott zu glauben. Zugeben muß man, daß es religiös keine Erklärung für all das Leid gibt. Für die Erklärung des Leids der Welt ist nicht die Religion, sondern die Naturwissenschaft zuständig. Von der Religion können wir hingegen lernen, wie man mit Leiden umgeht. Wir gewinnen den Mut zum Mitleiden, wir wagen es, der Naturordnung zu widersprechen, und dafür brauchen wir Gott wirklich. Das Geheimnis indessen, wie es möglich ist, daß in einer Schöpfung Gottes die Wirklichkeit sich derart grausam malt, wie wir es vorfinden, brauchen wir in gewissem Sinne auch gar nicht zu beantworten. Wir sind nicht Gott, wir sind nicht dabeigewesen, als er die Welt erschuf.

Schon das Buch Hiob stellte die Frage: *„Wie denn, Hiob, gebiert die Hündin ihr Kind, und wie denn gestalten sich Ebbe und Flut? Wer denn hat den Gürtel des Orion an den Himmel gehängt? Hiob, erzähl es mir, du warst doch dabei?"* (vgl. Hi 38; 39). Das ist eine sehr ironische Rede, die sagen will: „Du, Menschlein, wirst nie dahin kommen, Gott über die Schulter zu schauen und am Ende von Gott her zu erklären, wie alles kam. Das aber ist auch nicht deine Aufgabe. Deine Aufgabe besteht darin, über alles Leid hinweg an Gott zu glauben. Du mußt die Welt nicht begreifen können, aber du kannst dich als Mensch in ihr erhalten. Und dafür ist die Religion gut. Sie trägt als erstes nicht dazu bei, die Welt noch besser zu erklären, als die Naturwissenschaftler es versuchen; ein derartiger theologischer Anspruch gehört der Vergangenheit an. Aber die Religion kann den Naturwissenschaftlern helfen, die Begrenztheit auch ihres Tuns zu erkennen und sich als Menschen inmitten einer Welt wiederzufinden, die menschlich nicht sein kann." – Wir erinnern uns der Diskussion zwischen ALBERT EINSTEIN und EDWARD TELLER über die Wasserstoffbombe. Zu einer solchen Auseinandersetzung kann die Religion doch immerhin beitragen, und darin ist sie buchstäblich lebenrettend und für die Kulturgeschichte aller Zukunft entscheidend.

Müssen wir viel stärker in Bildern und Symbolen denken?

■ Wir können den Gedanken mit KIERKEGAARD auch so formulieren: Alle Erklärungen stammen aus der Vergangenheit; existieren aber kann man nicht nach rückwärts, sondern nur nach vorwärts; im vorhinein aber ist überhaupt nichts erklärbar. Stets erhebt sich die Frage: Was soll jetzt werden? Zur Antwort auf diese Frage haben wir nur uns selber; alles wird nach der Art geschehen, wie wir selber als Menschen sind. Die Art aber, was für Menschen wir sind, hängt wesentlich davon ab, woher wir uns verstehen: ob von der „Welt" her oder von Gott her, in der Sprache des Johannes-Evangeliums gesagt; in diesen Entscheidungsraum hinein redet das Vertrauen zu Gott. Wir können das Erleben der Fremdheit – zum Beispiel angesichts jenes Unfalls – übersteigen, wenn wir denken dürfen, auch ein solches Geschehen bleibe eingebettet in ein Umgreifendes, dem wir selbst uns verdanken. Dann ist es möglich, daß ein Mensch, den ich sehr liebhabe, mir durch einen noch so lächerlichen und schnöden Unfall, der allen menschlichen Widerspruch hervorruft, genommen wird und ich trotzdem zu glauben vermag, dieser andere stehe mit seiner Existenz in den Händen Gottes und werde niemals verlorengehen.

Durch eine solche duhafte Anrede Gottes beantwortet sich neben dem Gefühl der Fremdheit zugleich auch das Empfinden der *Einsamkeit*. Es war bereits das Bildangebot der alten Religionen, insbesondere der Alten Ägypter, die ich wegen ihres Symbolreichtums über alle Maßen schätze und liebe, daß wir sogar den Tod als das Eingehen in einen Raum der Begegnung betrachten müßten. Mich hat dieses Bild seit Kindertagen, als ich es zum ersten Mal kennengelernt habe, in Erstaunen versetzt. Ich hatte im Griechischunterricht gehört, daß das deutsche Wort „Sarg" von dem griechischen „Sarkophagon" komme, das heißt wörtlich: das, was das Fleisch frißt – die Stätte der Verwesung. Ein solches Wort klingt gruselig. Aber dann bekam ich gezeigt, daß die Alten Ägypter einen Sarg nach dem Körperumriß der Himmelsgöttin Nut formten: Auf die Unterseite des Sargbodens malten sie ihre Gestalt, in aller Regel sogar so, daß der Lauf der Sonne durch ihren ganzen Körper hindurchging. Denn die Ägypter dachten, wenn die Sonne im Westen untergehe, werde die Himmelsgöttin Nut sie mit ihren Lippen vom Himmel küssen – sie nehme sie in ihren Mund auf und empfange sie dadurch neu; die Sonne wandere durch ihren mütterlichen Körper und werde im Osten, am Morgen, aus ihrem Schoße verjüngt zu neuem Leben geboren. Alles Sterben sahen die Ägypter eingebettet in einen solchen Regenerationsvorgang. Die Zeit kehrte sich dabei um, denn der Sonnenlauf geht in der Unterwelt, bildhaft gesprochen, nicht mehr von Ost nach West, sondern umgekehrt von West nach Ost. So ist es möglich, daß sich auch das Altern umkehrt und zum Vorgang einer Erneuerung wird.

Das alles muß in unseren Augen als eine bizarre Art der Weltbetrachtung erscheinen, solange wir es naturwissenschaftlich begreifen wollen. Wir verstehen aber erneut, daß man die alte Religion, selbst wenn sie Natur beschreibt, nicht naturwissenschaftlich, sondern symbolisch lesen muß. Alles, was daran Naturwissenschaft sein sollte oder so betrachtet werden könnte, war immer gleichzeitig auch und sogar in erster Linie eine Antwort auf die Sinnsuche des Menschen. Und in diesem Falle sollte die sinngebende Antwort lauten: Wenn du stirbst, wirst du nicht einfach hinausgestoßen aus dem Dasein. Ganz im Gegenteil. Sterben bedeutet, zum Himmel versetzt zu werden. Die Göttin der Nacht, die Himmelskönigin Nut mit ihrem sternenüberglänzten Kleid, wölbt sich am Ende jedes Tages über die Erde; und so wie sie die Sonne empfängt, wird sie auch dich empfangen; du ruhst im Tode in ihren Armen, und wie sie mit der Sonne alles Leben immer wieder von neuem hervorbringt, so wird sie auch dich wieder neu hervorbringen. Insofern gibt es eigentlich gar keinen Tod, sondern nur eine Liebe, die alles umfaßt, wie zwischen Ost und West, und der ganze sich drehende Sternenhimmel ist in sich bereits die Vorbildstätte der Wirklichkeit, die auf dich wartet.

All das sind Bilder, die sich endlos vervielfältigen lassen; dreitausend Jahre ägyptischer Kulturgeschichte haben zur Überwindung der Einsamkeit des Menschen im Angesicht des Todes insbesondere dem Christentum ein unerschöpfliches Kaleidoskop tröstender Bilder zu vermitteln vermocht.

Das Christentum hat zweifellos im Kern diese Art von Weltbetrachtung übernommen und ihre Symbolsprache mit der Person des Jesus aus Nazareth verbunden. Dadurch allerdings trat eine wichtige Änderung ein. Den Ägyptern war es noch wichtig, was aus ihrem toten Körper wurde. Sie behandelten ihn mit äußerster Fürsorge, weil für sie die Existenz des materiellen Körpers über die ganze Ewigkeit entschied. In diesem Falle aber war die Sorge für den Körper natürlich abhängig auch von den Vermögensverhältnissen der Menschen. Die armen Leute hatten keine Mittel, um ihre Körper kostspielig einbalsamieren zu lassen. Das Christentum hat demgegenüber die gesamte Frage danach, was aus unserem Körper wird, die Sorge, wie wir unseren Sarg einrichten, mithin das ganze Beerdigungs- und Bestattungswesen für null und nichtig erklärt. Das Einzige, was im Christentum bleibt, ist die Frage: Was sind wir für Menschen gewesen? Nur das zählt vor Gott. Und dann stellt sich erneut die Frage: Wer sind wir als Personen?

Ja, wer sind wir als Personen, und in welcher Beziehung stehen wir zur Personalität Gottes?

■ Das Christentum ist in diesem Punkt erstaunlich. Die Neurologen werden mit aller Wahrscheinlichkeit in den nächsten dreißig Jahren versuchen, die Begriffe Freiheit, Person oder Bewußtsein mit Hilfe ähnlicher Experimente zu erforschen, wie BENJAMIN LIBET sie schon vor rund zwanzig Jahren durchgeführt hat. Deshalb scheint es mir wichtig, jetzt schon als christlicher Theologe zu sagen, daß die Einsamkeit und Vergänglichkeit des Menschen im Tod, seine Identität in all den Werdevorgängen, an ein Gegenüber gebunden ist, das ihn in allem Wandelbaren als Person unverändert meint und anredet. Ich denke dabei etwa an das Beispiel von DIETRICH BONHOEFFER, der mit dem Blick auf seine immer wahrscheinlicher werdende Hinrichtung darüber nachdachte, wer er eigentlich als Mensch sei, wofür er geradestehen könne, was seine Wahrheit sei. Wofür hat er gelebt? BONHOEFFER hat nicht erleben müssen, daß man ihn folterte, daß man sein Bewußtsein mit Drogen veränderte, aber die Infragestellung alles Menschlichen hat er zutiefst gespürt. Der Protestantismus ist menschlich darin groß, daß er im Unterschied zum Katholizismus nie geglaubt hat, sich auf etwas metaphysisch Festes berufen zu können, das man dann womöglich physisch oder physikalisch objektivieren könnte, sondern daß der ganze Halt des Menschen in der Relation zu Gott, in der Beziehung zwischen Ich und Du liege. So ist im Grunde das Beste, was uns BONHOEFFER angesichts des Todes wie sein eigentliches Testament hinterlassen hat, in dem Glauben verdichtet, daß wir bis zum Ende nicht wirklich wissen werden, wer wir sind, aber daß es unendlich tröstlich ist, darauf zu vertrauen, daß Gott es weiß und sein Urteil gütig sein wird, egal wer und wie wir waren. In dieser Zuversicht liegt in der Tat unser ganzes Leben.

Mit anderen Worten: Um an die Person des Menschen zu glauben, brauchen wir immer wieder zugleich den Glauben an die Personalität Gottes. Beides steht in direkter Korrespondenz zueinander. Ich vermute, daß eine Kultur, welche die Religion beseitigt in der Meinung, daß die Naturwissenschaften zum Selbstverständnis des Menschen ausreichten, augenblicklich auch die Personalität des Menschen aufheben wird. Käme es dahin, so wäre die Ersetzbarkeit des Menschen durch künstliche Intelligenzen an sich wohl nicht länger zu bedauern; wir würden dann ohne Zögern zur Selbstabschaffung des Menschen schreiten und darin vermutlich den vorerst letzten großen Fortschritt unserer Zivilisation erblicken.

Heißt das: Wahre Liebe dem Du gegenüber kommt nie ohne eine Metaebene, nie ohne Religion aus? Und nur in dem Du, das ich annehme, erfahre ich Transzendenz und Göttlichkeit?

■ Exakt! Ich glaube, beides bedingt sich und bestätigt sich wechselseitig. An Gott glauben kann nur ein Mensch, der Liebe spürt oder zumindest sich nach Liebe sehnt. Immer wenn Menschen sagen, sie glaubten nicht mehr an Gott, treffen sie in aller Regel nicht ein metaphysisches Urteil, sondern sie wollen sagen: „Mir ist jeder Glaube an den Sinn meines Lebens abhanden gekommen. Ich weiß nicht mehr, weswegen es mich überhaupt gibt. Ich begreife nicht, warum das Ganze existiert; mir sind Leben und Tod im Grunde einerlei geworden." Sobald etwas auftaucht, das in der Liebe einzigartig wird, beginnt die Weigerung gegenüber der Vergleichgültigung, mit welcher die Natur über kurz oder lang den Tod jedes Lebewesens verfügt, und es beginnt die Suche nach einem haltgebenden Hintergrund. Umgekehrt ist die Religion immer wieder eine Aufforderung, ganz gleich, was geschehen wird, nicht in Zynismus abzugleiten, eben weil alle Dinge kostbar sind. Die Religion setzt eigentlich die so schwache, brüchige, irritierbare Erfahrung der Liebe ins Absolute und nennt am Ende, wie der 1. Johannesbrief im 4. Kapitel, Gott selbst die

Liebe. Das ist nur konsequent. Es entspricht der ganzen Theologie, mit der insbesondere das Vierte Evangelium die Person Jesu zum *Wort*, zum entscheidenden Wort Gottes erklärt –, zur Bedingung der Möglichkeit, überhaupt erst die Welt als Schöpfung entdecken zu können.

Mir liegt noch daran, auch die dritte Erfahrung, die der *Absurdität*, aufzugreifen. ALBERT CAMUS hat im *Mythos von Sisyphos* das klassische Beschreibungsmodell einer absurden Welterfahrung zu Papier gebracht und sich gleichzeitig damit der Frage ausgesetzt, wie denn im Rahmen einer solchen Weltsicht die Folgerung für die Ethik aussehen wird. Zwischen dem *Mythos von Sisyphos* und seiner Arbeit *Der Mensch in der Revolte* liegen etwa zehn Jahre, die Erfahrung der Résistance, das Ende des 2. Weltkrieges, die Erfahrung des Schweigens des Vatikans zum Holocaust, der Aufstieg des Stalinismus, die Auseinandersetzung mit dem Kommunismus und dem Kapitalismus – eine dramatische Zeit, in der die Atommächte einander mit Planspielen bedrohten, in denen je nach Winddrehung 100 bis 150 Millionen Tote die Ouvertüre für das wechselseitige Abschlachten zum Zwecke der Durchsetzung ihrer jeweiligen Ideologien bilden sollten. Gibt es für all das, fragte sich ALBERT CAMUS völlig zu Recht, nicht letztlich eine verzweifelte Legitimation? Wenn alles absurd ist, worauf soll es dann noch ankommen?

In dem Bühnenstück *Caligula* etwa hat CAMUS die Person eines römischen Kaisers geschildert, der die Rechtfertigung für den zynischen Umgang mit seinen Untertanen darin sieht, daß die Menschen leiden und nicht glücklich sind und daß die Welt so eingerichtet ist, daß sie es gewißlich niemals werden. Worauf also soll es dann ankommen, wenn ohnedies schon alles dahingeht in Vergänglichkeit und Tod? Warum dem sinnlosen Töten der Natur nicht zuvorkommen, indem man wenigstens die „Richtigen" zur „richtigen" Zeit umbringt? CAMUS hat sich immer wieder energisch gegen diese Konsequenz aus dem Absurden gewehrt und darauf hingewiesen, daß das Empfinden des Absurden einen Widerspruch voraussetzt: Man kann ja an der Absurdität nur wirklich leiden, wenn man eine gewisse Vorstellung vom Sinn des Lebens besitzt. Für jemanden, dem das Leben nichts bedeutet, ist der Tod niemals ein Skandal. Also, meinte CAMUS, bilde die Absurdität die Aufforderung an den Menschen zum heroischen Widerspruch.

In seinem Roman *Die Pest* schildert CAMUS dementsprechend einen Arzt als eine Idealgestalt. Dr. Rieux weiß ganz genau, daß die Pest nicht zu besiegen sein wird – sie wird irgendwann wiederkommen; aber es ist für ihn absolut nicht gleichgültig, ob ein paar Menschen vor ihr gerettet werden oder nicht. Ich glaube, daß CAMUS' Antwort auf das Absurde richtig ist, daß aber ihre Begründung tiefer liegen muß. Die Frage ist: Woher kommt das Gefühl für die Schönheit, die CAMUS so tief empfunden hat? Woher kommt die Überzeugung vom Wert des Lebens, den CAMUS so leidenschaftlich verteidigt hat? Welche Vorgaben sind gerade in der Beschreibung des Absurden bei CAMUS anzutreffen? Darüber hat der französische Existentialist und wunderbare Schriftsteller sich nicht genügend Rechenschaft gegeben; vielleicht, ja, höchstwahrscheinlich, hätte er das später getan, wäre er nicht allzu früh durch einen Autounfall ums Leben gekommen. Eines jedenfalls bleibt festzuhalten: In der Argumentation seines Buches *Der Mensch in der Revolte* schreit CAMUS förmlich nach der Entdeckung von Inhalten, von Werten, von Sinnantworten, die in sich gültig sind.

Noch einmal ganz fundamental nachgefragt: Wozu brauchen wir Religion?

■ Die damalige Auseinandersetzung zwischen ALBERT CAMUS und JEAN-PAUL SARTRE in der Frage der Begründung einer politischen Ethik hatte ein hohes Format. CAMUS argumentierte zum Beispiel gegen SARTRES historische Rechtfertigung des Gulag-Kommunismus auf Grund der dialektischen Notwendigkeiten der Geschichte damit, daß Wahrheit und Menschlichkeit niemals das Resultat der geschichtlichen Entwicklung sein könnten; wenn man HEGELianisch erst am Ende der Geschichte wisse, was Wahrheit sei, sei der gesamte geschichtliche Verlauf bis dahin Lüge; wenn die Menschlichkeit erst am Ende der menschlichen Geschichte geboren werde, sei die ganze menschliche Geschichte unmenschlich. In der Tat: Wenn jede Art von Verbrechen dialektisch nötig sein kann, um die Freiheit des Proletariats oder wessen sonst auch immer durchzusetzen, befindet sich die gesamte menschliche Geschichte in Unfreiheit. Mit anderen Worten: Wer nicht von bestimmten menschlichen Werten als absoluten Größen ausgeht, verrät sich an die Geschichte, vor allem an die dialektisch interpretierte Geschichte des Marxismus, aber auch die des Kapitalismus.

Damit wir Menschen sind, müssen wir also von bestimmten menschlichen Evidenzen ausgehen. Dieser Auffassung kann ich nur zustimmen. Es ist dann aber an CAMUS die Frage zu stellen, woher diese Evidenzen denn kommen. Da hat die SARTREsche Kritik natürlich recht: Humane Evidenzen sind nicht einfach eine Mitgift des Menschen; sie fallen nicht einfach vom Himmel – das wäre zu schön. Wenn man aber den Menschen überhaupt erst durch die Kulturgeschichte in Verlängerung seiner biologischen Evolution begründen muß, finden sich keine Werte, die sich absolut setzen ließen. An genau dieser Stelle bedürfen wir der Religion, um die Absurdität des Welterlebens im Sinne von CAMUS allererst begründen zu können. Zusammen damit hängt eine Einsicht, die mich immer wieder verbindet mit dem Theologen ALBERT SCHWEITZER, aber auch mit dem Atheisten ARTHUR SCHOPENHAUER: Wir müssen den Raum gewinnen, um auf das eklatante Leid der Kreaturen mit Mitleid antworten zu können, indem wir alle Kreaturen in ein universales Mitleid einbeziehen, das die Natur nicht kennt. Darin sehe ich den wichtigsten Auftrag der Religion, wenn wir die Welt zur Schöpfung Gottes erklären.

Immer wieder haben wir gesagt, in den Naturwissenschaften könne das Leid der Kreaturen kein Problem darstellen, weil es gewissermaßen das Arbeitsinstrument, der Motor sogar, der Evolution sei. Ein kleines Beispiel nur: Damit es überhaupt eine Verbesserung im Genom der Arten geben kann, braucht es Änderungen im Erbgut, Mutationen; im Verhältnis von 1 Million zu 1 aber sind die Mutationen, die sich zufällig ergeben, identisch mit lebenslanger Qual oder baldigem Tod für die betroffenen Individuen. Mit einem solchen Ausmaß von zufallsproduziertem Leid arbeitet das Wechselspiel von Mutation und Selektion in der Evolution, um kleinste Fortschritte in der Entwicklung der Arten zu begründen. Und die Natur muß so verfahren. Denn es kann ja im Verhältnis von 1 zu 10^6 auch einmal sein, daß, unter gegebenen Umständen, etwas Besseres, Funktionsfähigeres entsteht, indem der Synergismus der so erkauften Zufälle am Ende überlebensfähigere, besser angepaßte Strukturen bildet.

Mit anderen Worten: Der DARWINismus lehrt uns, die Welt als einem gigantischen Maß von Leid verpflichtet zu sehen. Wenn man bei dieser Betrachtungsweise stehenbleibt, kann man DARWIN nur zustimmen: Sich einen Gott zu denken, der ein derartiges Getriebe von Leiderzeugung in Gang gesetzt hätte, ist unmöglich. An dieser Stelle helfen sich die Dogmatisten und Fundamentalisten mit der Leugnung der Evolutionstheorie und der Rückkehr zu einem bibelgestützten Kreatianismus, wonach Gott selbst von Fall zu Fall die einzelnen Arten geschaffen habe. Doch dann wäre Gott noch viel stärker in das Leid der Welt involviert. Entscheidend ist, daß der DARWINISmus kein Mitleid zuläßt, bestenfalls eine Art von Bedauern; alles in dieser Betrachtung ist ein Glücksspiel: Man hat vielleicht das Glück, auf der Gewinnerseite zu stehen, aber es gibt niemanden, dem man dafür danken könnte. Und es gibt allzu viele, die Pech gehabt haben und denen man nichts anderes als schulterklopfend sagen kann: „Mach das Beste draus, Junge." In einer solchen Welt kann man als Mensch nicht leben. Die Religion aber zeigt uns, daß diese Welt, gerade diese Welt, auch als ein Geschenk zu begreifen ist, als das Angebot einer Anrede. Darin allein liegt eine Aufforderung zu einem Mitleid ohne Grenzen, mit den Menschen genauso wie mit den Tieren und Pflanzen.

Eine solche Einstellung läßt sich ausschließlich mit einer religiösen Option begründen. Auch das Beispiel SCHOPENHAUERS spricht nicht dagegen. SCHOPENHAUER wurde zum Atheisten, weil ihm die Theologen die Welt lilafarben schön gemalt hatten, stets entsprechend der Aussage von Gen 1, 31: *Gott sah alles an, was er gemacht hatte, und siehe, es war gut.* Das ist genau der Gedanke, der SCHOPENHAUER maßlos empört hat. Wenn *das* Religion ist, wollte er überhaupt keine Religion. Eine Religion, die das Leiden einfach verleugnet, statt es als wesentlichen Bestand der Welt zu erkennen, ist so weitab von der Wirklichkeit, daß man mit ihr nicht leben kann. Das ist die unmittelbare Folge einer Theologie, die Gott von der Welt aus zu erkennen sucht und die umgekehrt die Welt von Gott her zu erklären trachtet. Aber nun zu denken, daß über die Liebe und das Mitleid eine Weltbetrachtung möglich wird, die uns als Menschen in einer ansonsten absurden Welt Sinn verleiht – das erlaubt es, durchzuhalten und eine Zukunft zu entwerfen, auf die hin zu leben und zu schauen sich lohnt.

In diesem Kontext ist das Beispiel Jesu in einem absoluten Maßstab Vorbild und Sinnbild. Die Bibel drückt sich an dieser Stelle wieder mythisch aus, indem sie von dem Christus spricht, der wiederkommt, oder anders gesagt: von dem Christus, auf den man in Ewigkeit zugeht. Das übrigens ist ein Bild, das im Matthäus-Evangelium (28, 7) anklingt: Der Engel am Grabe Jesu sagt bei Matthäus den Frauen, die den Toten suchen, Jesus sei lebendig, sie sollten den Jüngern verkünden, hinüberzugehen nach Galiläa, dorthin sei er ihnen vorausgegangen. Das ist ein wunderbares Bild für die gesamte christliche Existenz. Da sind von Jesus Worte gesprochen worden von unglaublicher Veränderungskraft: *„Glücklich sind die Menschen, die noch weinen können; glücklich sind die Menschen, die den Mut haben, wehrlos zu bleiben; glücklich sind die Menschen, die ihre Armut erkennen und sich zu ihr bekennen"* (Mt 5, 1–12). Eine solche Botschaft bedeutet das Ende der Konkurrenzkämpfe, der Machtkämpfe, der Ausbeutung; sie ist ein absoluter Neuanfang, wie er nur in einem Vertrauen möglich ist, das über die Angst hinweggeht und die „Welt" in johanneischem Sinne damit hinter sich läßt. Mit diesen Worten im Ohr läßt es sich leben. Man bewegt sich vom Grab, aus der Sphäre des Todes, zurück nach Galiläa, wo all diese Worte zum ersten Mal erklangen, und das Matthäus-Evangelium meint, während die Frauen liefen, es den Jüngern zu verkünden, sei Jesus ihnen entgegengekommen. Ich glaube, so kann man das erleben: Es gibt keinen Beweis dafür, daß der Mann aus Nazareth recht hat mit seiner Botschaft, daß diese Welt eine Schöpfung Gottes sei; es gibt keinen Beweis; aber wer versucht, sich auf den Lebensweg dieses Mannes einzulassen, der wird an jeder Stelle eine begegnende Bestätigung dieses Standpunktes und dieser Sichtweise erfahren; ja, er wird verspüren, daß er anders gar nicht leben kann. Er würde sich als Mensch verleugnen müssen, wollte er noch über Alternativen nachdenken. Es kann im übrigen passieren, was will: Äußerer Erfolg, Karriere, Anerkennung – alles das ist nicht mehr wichtig; es steht in jedem Falle allein bei Gott. Aber daß in unserem Leben ein Stück Wahrheit möglich ist, nicht erst am Ende der Geschichte, sondern jetzt, wo wir gerade sind, das ist entscheidend, und das verdanken wir allein der Religion.

Das Geheimnis der Seele

Zum Schluß noch eine Frage, die das Verhältnis zwischen Naturwissenschaften und Schöpfungstheologie zentral berührt. Bisher ist ein Begriff nicht gefallen: der Begriff der Seele. Warum haben wir ihn vermieden, warum haben Sie ihn nicht aufgegriffen?

■ In gewissem Sinne ist das mein Arbeitsprogramm für die nächsten Jahre. Ich möchte nach der Fertigstellung des zweibändigen Kommentars zum Johannes-Evangelium unbedingt über die Seele nachdenken, weil die Herausforderungen durch die Neurologie, aber auch durch die Modelle, die in den Computerwissenschaften entwickelt werden, für die Theologen gewaltig sein werden und sie meiner Meinung nach vor ganz neue Fragen stellen werden – ganz neu in dem Sinne, daß die veralteten Antworten als solche klar erkennbar werden.

Ich selber bin noch groß geworden in einer Theologie, die sehr stark von Karl Rahner geprägt war. Der Ausgangspunkt dieses zweifellos bedeutendsten katholischen Theologen im 20. Jahrhundert lag wesentlich im Deutschen Idealismus. Rahner glaubte in seiner Promotions- und Habilitationsschrift *Geist in Welt* – später in der Überarbeitung von Johann Baptist Metz neu herausgegeben –, die Erkenntnismetaphysik von Johann Gottlieb Fichte und von G. W. F. Hegel als Grundlage der Religionsphilosophie benutzen zu können: Der Mensch ist ein erkennendes Wesen, der Mensch ist Geist. Die Frage Rahners lautete: Wie erwirkt sich der Geist die Materie, mittels derer er der Welt als ein erkennendes Wesen begegnen kann? Alle Erkenntnis besteht darin, geistige Ordnungsbegriffe an das Material der Sinnlichkeit, der Empfindungen heranzutragen. Für RAHNER war „Seele" identisch mit „Geist", und „Geist" war identisch damit, in jedem einzelnen Erkenntnisvorgang das endliche Material der Sinneswahrnehmung ins Unendliche hineinzuhalten, um es erkennen zu können. Man sprach in der Scholastik vom *intellectus agens*, von dem Intellekt, der sich seine Erkenntnisbedingungen selbst schafft. Für RAHNER bedeutete jeder Erkenntnisvorgang einen Vorgriff ins Unendliche. Damit erklärte er, daß wir ein Abstraktionsvermögen besitzen, und darin sah er ein wesentliches Kennzeichen unseres Menschseins.

Das war ein theologisches Modell, das sich um die Naturwissenschaften absolut nicht kümmerte. Wenn RAHNER von Geist sprach, waren ihm die Gedanken der Neurologie oder der Psychiatrie selbst auf dem begrenzten Wissensstand der damaligen Zeit vollkommen fremd. Die Psychoanalyse stellte für ihn kein Thema dar, das seine Logozentrik hätte in Frage stellen können. Natürlich schrieb er davon, daß Geist und Körper, Idee und Sinnlichkeit miteinander zu tun hätten, und er wußte, das könne auch zu verwirrten Zuständen führen; doch über solche Abstraktionen war mit dieser Art von Theologie nicht hinauszukommen.

Ähnlich großzügig beantwortete RAHNER die Fragen der Evolution. In den 50er Jahren sollten unter PIUS XII. die Paläontologen dogmatisch auf die Theorie verpflichtet werden, die ganze Menschheit entstamme einem einzigen Vorläuferpaar; denn Gott habe einem einzelnen Wesen die Seele eingehaucht, und das Einhauchen der Seele habe ein Tier zum Menschen gemacht. Dem konnte RAHNER damals durchaus Geschmack abgewinnen; er rechtfertigte den Monogenismus mit einer Art theologischen Sparsamkeitsprinzips: Gott werde nicht zwei Wege beschreiten, wenn er auch auf einem Wege zum Ziel gelangen könne. Den Paläontologen war natürlich längst klar, daß dieser ganze Denkansatz verkehrt war. Nie in der Evolution steuert etwas zielgerecht auf einen Punkt zu, sondern es wird strauch- und büschelartig verzweigt, es wird mit einer Vielfalt von Möglichkeiten experimentiert und aus den vielen Zufallsangeboten ein möglichst überlebensfähiges und bestangepaßtes Ergebnis selektiert. Diese Vorstellung durchzieht den ganzen DARWINismus. Warum soll es beim Menschen anders gewesen sein? Dann aber verstarb PIUS XII., die Diskussion öffnete sich, und jetzt erklärte RAHNER, daß der Reichtum Gottes es durchaus ermögliche, viele Versuche zu wagen; und besonders der Mensch stelle einen großartigen Versuch Gottes dar. Jetzt also war auch der Polygenismus theologisch denkmöglich.

Was man so oder so beobachten konnte, war die absolute Beliebigkeit des Resultates. Man konnte mit den RAHNERschen Kategorien so passend umgehen wie mit Wasser, das man in jeden Eimer zu gießen vermag und das augenblicklich die Farbe des Eimers annehmen wird. Es war ein Denken, das zu allem taugt, aber damit im Grunde auch zu gar nichts. In jedem Falle verlief RAHNERS Argumentation stets von oben nach unten, nie von unten nach oben. Für Theologen – und ich glaube nach wie vor: besonders für katholische Theologen – ist dieser Denkansatz bis heute immer noch vorherrschend: Man kann, so das Axiom, die Freiheit nur von der Freiheit her erklären, und die Seele nur von Gott her. Dabei wurde auffallend wenig darüber reflektiert, daß alle Erklärungsversuche von oben ideologiebildend sind und die Konsequenz beinhalten, daß auch die Strukturen der Kirche von oben nach unten abgeleitet und gerechtfertigt werden.

Ergänzend ist deshalb darauf hinzuweisen, daß speziell die Evolutionslehre den Monarchien schon im 19. Jahrhundert stets gefährlich war. Wenn es möglich ist, die kompliziertesten Gebilde, das Leben selbst, den Geist des Menschen, von unten her zu begründen, nicht durch befehlgebende Instanzen, sondern durch Selbstorganisation, so braucht man ja vielleicht letzten Endes gar keine Monarchen mehr. Vielleicht gibt es dann eine Wahrheit ohne den Papst – das wäre ja möglich! Vielleicht ist ja der rege Austausch im Dialog wahrheitfördernd und nicht irgendein lehramtlich verordnetes Dogma. Man versteht, warum Theologen sehr gerne auf der Seite des „von oben" waren und sind, schließlich sind sie als Kirchenbeamte ja auch von oben in Dienst genommen.

Woran ich derzeit arbeite, ist, wie Sie merken, eine Umkehrung dieses Denkansatzes, der bis in die Sozialpsychologie der Kirche hinein wirken muß, indem die Denkmodelle selbst sich ändern. Speziell in bezug auf die Frage nach der Seele ist deutlich, daß wir – genau so wie in der Kosmologie – den Versuch drangeben müssen, „physikotheologische" oder metaphysische Beweise für ihre Existenz konstruieren zu wollen. Man kann, was die Psychologie unter Seele versteht, nicht identisch setzen mit dem, was die Theologen, im Erbe der Alten Ägypter und nicht zuletzt im Erbe PLATONS, darunter verstanden haben.

Für die Alten Ägypter war die Seele (wie) ein goldener Vogel, der im Tod auffliegt, die Hülle des Körpers verläßt und sich zurückbegibt zu seiner ewigen Heimat unter den Sternen. PLATON hat diese Vorstellung in seine Philosophie übernommen, zum Beispiel wenn er Werdevorgänge der psychischen Entwicklung deshalb als so schmerzhaft betrachtet, weil dem Vogel der Seele sozusagen Federn wüchsen. Es ist wirklich nicht verwunderlich, daß PLATON ganz und gar ägyptisch geprägt war. Die Alten Ägypter besaßen eine wunderbare Religion, wenn man sie symbolisch nimmt. Liest man sie indessen metaphysisch, wie PLATON als Grieche es versucht hat, so führt sie rasch zu Fragestellungen, die uns im Rückblick als irrig oder prinzipiell unbeantwortbar erscheinen.

Die Seele als die Form des Körpers?

■ Sprechen wir von der Seele im Sinne der Psychologie, so müssen wir darauf vorbereitet sein, daß uns die verbesserte Kenntnis der Neurowissenschaften zeigt, daß sich das, was wir Seele nennen, aus bestimmten Strukturen der Vernetzung von Neuronen ergibt. Wie immer in der Natur haben wir es vorwiegend mit Selbstorganisationsprozessen zu tun, die ihre eigene Struktur bilden. Es war übrigens im 14. Jahrhundert, als das Konzil von Vienne unter CLEMENS V. für die Dogmengeschichte der katholischen Kirche die Richtung bestimmte und eigentlich etwas genial Vernünftiges geäußert hat; es definierte, die Seele sei die Form des Körpers, *forma corporis*. Bis hin zu RAHNER aber hat dieser Gedanke nahegelegen, daß die Seele als Form sich die Materie erwirke; man ging von einer geistigen Substanz aus, welche die an sich formlose Materie prägen sollte, wie immer man sich das im einzelnen vorstellte. Daß die Seele die Form des Körpers ist, läßt sich im Sinne moderner Biologie und Neurologie indessen auch anders und dann sehr vernünftig beschreiben. Man müßte nur sagen, daß es sich bei der Formung der Materie um autokatalytische Prozesse handelt, die sich selbst organisieren; die Struktur, die sich dadurch in immer neuen Rückkoppelungsschleifen durch Selbstorganisation prägt, läßt sich natürlich dann als geistig verstehen. Da passiert etwas, das man nicht mehr einfach aus der materiellen Zusammensetzung erklären kann, sondern die Struktur, in der sich das Zusammenwirken der materiellen Komponenten miteinander vernetzt, wird selber entscheidend. Bezogen auf die Neuronen in unserem Gehirn, kann ein solches Konzept durchaus erklären, was wir Seele nennen; und so könnten wir ganz allgemein definieren: Geist, oder Seele, ist eine Struktureigenschaft komplexer Systeme – komplex im Sinne von „auf sich selbst zurückwirkend".

Einen solchen Gedanken findet man interessanterweise bereits bei F. W. J. Schelling. Schelling konnte sagen, daß ein Organismus eine Kausalität sei, die auf sich selbst zurückwirke. Das ist für die Zeit um 1820 erstaunlich klar gesehen, in einer Zeit, in der man noch nicht einmal wußte, daß es Elektrizität gibt, geschweige denn, daß man im Schein von Glühbirnen irgend etwas hätte zu Papier bringen können.

Wir müssen diese spekulativen Ahnungen jetzt aber ins Wesentliche treiben. Würden wir nur bei den Naturwissenschaften stehenbleiben, wäre es klar, daß es keine Seelen geben kann, die unabhängig von materiellen Prozessen sind. So betrachtet, stirbt die Seele in dem Moment, da die stoffgebundenen Abläufe, denen sie sich verdankt, zu Ende sind, und das kann durch beliebige Zufälle geschehen – es genügt ein Blutgerinnsel, es genügt ein Hirnschlag oder Herzinfarkt, es genügt eine kurzzeitige Unterbrechung der Sauerstoffzufuhr im Gehirn. Zwei Minuten genügen, und alles, was wir im Menschen Geist nennen, ist ein für allemal verloren. Das ist eine erschreckende Tatsache.

Unterscheidet sich der theologische Begriff der Seele von dem der Psychologie oder der Biologie?

■ Die Theologen müssen auf genau diese beunruhigende Tatsache antworten, und sie versuchen das auch, ohne daß sie, zumindest katholischerseits, darüber allerdings allzu geständig wären. Der Protestantismus hat demgegenüber schon im 20. Jahrhundert klar gesehen, daß man mit griechischer Metaphysik keine biblisch begründete Theologie entwickeln kann. Die Bibel, das jüdische Denken, kennt keine Seele in PLATONIschem Sinne. Jesus selbst hat nicht an unsterbliche Seelen, sondern an die Auferstehung geglaubt. Das allerdings ist nicht nur etwas grundlegend anderes, es ist auch existentiell ein äußerst wichtiger Gedanke. Er besagt: Das menschliche Leben liegt in Gottes Hand, und Gott ist stärker als der Tod. Das eigentlich war die zentrale Überzeugung des Juden Jesus. Sie freilich ist begründet in den späten Teilen der Bibel und vor allem im Neuen Testament. In der protestantischen Theologie hat sich demgemäß die Lehre vom Ganz-Tod gebildet: Im Vorgang des Sterbens endet nicht nur der Leib, sondern auch die Seele. Es gibt heute eine Menge protestantischer Theologen – wenn ich richtig sehe, eigentlich alle –, die diese Meinung teilen. Auch katholischerseits schließt man sich dieser Auffassung zunehmend an. Lediglich auf den Kanzeln, vor dem einfachen Kirchenvolk, spricht sich diese veränderte Anschauung nicht herum, weil 2000 Jahre Dogmentradition eine solche Kehrtwende sehr schwermachen, ohne Schockerfahrungen bei den Gläubigen zu erzeugen.

Ich glaube, daß sich der theologische Begriff der Seele von dem Begriff des Psychischen oder des Seelischen in den Naturwissenschaften, der Neurologie oder der Biologie etwa, fundamental unterscheidet. Wir sollten sagen, daß Seele ein Bild dafür sei, daß Gott in uns lebt und daß unser Leben auf ihn zugeht, ähnlich wie wir vorhin sagten, daß angesichts des Todes der wichtigste Trost darin liege, daß wir als Personen in Gottes Hand stünden und daß eigentlich nur Gott wisse, wer wir sind.

Wenn diese Zuversicht sich in dem Symbol Seele ausspräche, besäßen wir noch einmal ein gutes Analogon zu den Alten Ägyptern. Das Volk am Nil war derart bilderliebend, daß es sich zum Begriff der Seele das Bild des Vogels Phönix einfallen ließ, der im Feuer verbrennt und aus der Asche verjüngt emporsteigt. Die griechische Bezeichnung dieses mythischen Vogels, Phönix, stammt aus dem Ägyptischen und heißt dort *wbn*; das bedeutet eigentlich: vom Aufgang der Sonne her „emporsteigen“. Der Vogel Phönix war im Grunde für die Ägypter der Aufstieg der Sonne selbst, und darin sahen sie ein Bild auch für das, was wir Seele nennen. Wenn die Sonnenstrahlen sich auf den Spitzen der Obelisken brachen, zum Beispiel in der Sonnenstadt, in Heliopolis, in On, die dem Sonnenaufgang geweiht war, so ereignete sich mit ihnen das gleiche, was auch in dem Bild des Seelenvogels geschah. Die Rückkehr zur Sonne, zum Himmel, zu den Sternen war identisch mit dem Aufstieg der Seele. Sagen wir es sinndeutend ein wenig frei: Wenn alles in uns antwortet auf die Schönheit der Welt, auf die Güte unserer Empfindung, auf die Liebe, die wir brauchen, um zu leben, dann sind wir beseelte Menschen. Was wir so Seele nennen, ist unvergänglich. Aber es handelt sich, wie man sieht, um ein vollkommen anderes Sprechen von Seele als in den Naturwissenschaften. Wir haben es erneut zu tun mit sinndeutenden Bildern, nicht mit erklärenden Kategorien.

Läßt sich das einfacher sagen – mit Bildern, die noch näher an unserer Lebenserfahrung liegen?

■ Natürlich. Ich habe immer gerne Märchen gelesen und irgendwann auch das Märchen *Die kleine Meerjungfrau* von HANS CHRISTIAN ANDERSEN tiefenpsychologisch interpretiert. Diese Geschichte erzählt davon, daß es Wesen gibt, die sich eigentlich gar nicht als Menschen fühlen, sondern die tief drunten, in einer versunkenen Welt, groß geworden sind und immer voller Sehnsucht darauf hoffen, irgendwann zu den richtigen Menschen aufzusteigen. Die Meerjungfrauen aber sind nur zur Hälfte menschlich. Wie soll es ihnen da mit ihrem Fischschwanz gelingen, zur Welt der Menschen zu kommen? Die Großmutter erklärt der kleinen Meerjungfrau, es sei ihr nur möglich, ein Mensch zu werden, wenn es jemanden gäbe, der ihr seine ganze Liebe verspräche; denn dann gäbe er ihr seine Seele und behielte dabei doch seine eigene. Dann aber fügt die Alte hinzu, das könne nimmermehr sein, denn was bei ihrem Volke schön sei, der Fischschwanz, das gelte bei denen dort droben als häßlich. Es wird ein langer Entwicklungsweg für die kleine Meerjungfrau, ihren Fischschwanz loszuwerden. Der entscheidende Gedanke von HANS CHRISTIAN ANDERSEN, den er auch in anderen Erzählungen oft variiert hat, scheint mir in diesem Märchen genial richtig ausgedrückt. Er sagt nicht, ein Mensch habe keine Seele; doch er will sagen, ein Mensch, der sich nicht wirklich geliebt fühle, wisse eigentlich gar nicht, wer er selber ist. Das ganze Kunststück der Liebe besteht demnach darin, dem anderen das Gefühl zu geben, beseelt zu sein, und ihm für sich selbst einen eigenen Wert zu verleihen. Bei einem solchen Vorgang verliert man sich nicht. Ganz im Gegenteil. Man gibt dem anderen zwar alles von sich: die eigene Seele, die eigene Person, aber die Erfahrung ist stets, daß man erst darin überhaupt zu sich selbst findet. Ein solches Sich-Verschenken ist identisch mit einem Sich-selbst-Finden. Und so ist die Seele. Sie ist ein reiner Austausch, gebunden an ein unendliches Verbundensein. Noch einmal sind wir da bei der Beziehung von Ich und Du.

Die Geschichte bei HANS CHRISTIAN ANDERSEN endet übrigens damit, daß die kleine Meerjungfrau die Liebe, die sie sucht, unter den Menschen nicht findet. Dafür wird sie zu einer Tochter der Luft, die durch das Glück anderer Menschen, vor allem von Kindern, selber getröstet wird. ANDERSEN träumt davon, daß auch und gerade Menschen, die nach Liebe suchen, ohne sie in realem Glück auf Erden je zu erfahren, eine Seele bekommen, die imstande ist, durch die Kammern von Menschen hindurchzuwehen, die zum Beispiel fieberkrank daliegen, um sie mit dem Hauch ihrer Nähe zu trösten.

Ich glaube, daß es in diesem Zusammenhang wichtig ist, auch dies noch zu sagen: Wir reden jetzt schon eine geraume Zeit von der Religion in einer Weise, als bildete sie eine unerschöpfliche Energiequelle für jene Glücklichen, denen das Leben gelingt und die mit Mut und Courage in die Welt marschieren. Viel wichtiger aber ist womöglich der unbedingt dazugehörige umgekehrte Aspekt: Sie ist ein Trost für alle, die ganz am Rande stehen und in Gefahr sind, sich zu verlieren. Die kleine Meerjungfrau wäre in ihrer Enttäuschung beinahe bereit gewesen, ihren Geliebten zu ermorden. Das „Messer", mit dem sie es fast getan hätte, kann im übertragenen Sinne in unserem Leben aus ganz wenigen Worten bestehen, die so spitz sind, daß ein Mensch durch sie zugrunde geht. Ein solches Messer zu benutzen weigert sich aber die kleine Meerjungfrau. Sie riskiert damit ihren Untergang, doch gerade dadurch wird sie auf ihre Weise unsterblich. Vielleicht ist Religion nicht zuletzt auch jene seelische Kraft, die uns hilft, selbst das Scheitern zu akzeptieren, wenn es dazu beiträgt, tiefer in jener Liebe zu reifen, die ewig ist – die Gottes ist.

Zum Weiterlesen

Eugen Drewermann: *Der sechste Tag. Die Herkunft des Menschen und die Frage nach Gott,* Zürich – Düsseldorf 1998

Eugen Drewermann: *... und es geschah so. Die moderne Biologie und die Frage nach Gott,* Zürich – Düsseldorf 1999

Eugen Drewermann: *Jesus von Nazareth. Befreiung zum Frieden,* Zürich – Düsseldorf ⁵2000

Eugen Drewermann: *Ich steige hinab in die Barke der Sonne. Alt-Ägyptische Meditationen zu Tod und Auferstehung in bezug auf Joh 20/21,* Solothurn – Düsseldorf ⁶1989

Eugen Drewermann: *Das Johannes-Evangelium. Bilder einer neuen Welt,* 2 Bde., Düsseldorf 2003

Eugen Drewermann: *Das Vaterunser* (1992), Düsseldorf 2003

Eugen Drewermann: *Und der Fisch spie Jona an Land. Das Buch Jona tiefenpsychologisch gedeutet,* Düsseldorf – Zürich 2001

Eugen Drewermann: *Liebe, Leiden und Unsterblichkeit. H. C. Andersens Märchen von der kleinen Meerjungfrau,* Freiburg – Basel – Wien 2003

Eugen Drewermann: *Giordano Bruno oder Der Spiegel des Unendlichen,* München 2000

Eugen Drewermann / Jürgen Hoeren, *Wozu Religion?,* Freiburg – Basel – Wien 2001